Käfer

Michael Käfer

Das Kochbuch

plus

Einkaufsguide & Food-Lexikon

Einfache Rezepte mit Stil und Niveau

Rezeptfotos: Michael Brauner

DAS KOCHBUCH

Käfer

INHALT

Spielanleitung
für das Buch von Michael Käfer 6

Salate, Kräuter, Essig, Öl
Frische, leckere Salate, die pur und als Beilage schmecken, sowie tolle Tipps rund um den Salat und zu allem, was dazugehört ... 10

Gemüse und Pilze
Gemüsegerichte mit Pfiff, im Nu gekocht und einfach köstlich, mit den Supertricks von Profiköchen rund ums Gemüse ... 30

Eier, Milch und Käse
Gratin, Auflauf, Souffle und Co. – klasse Rezepte zum Nachkochen für jeden, mit Insiderinfos rund um Milchprodukte ... 50

Fisch und Meeresfrüchte
Gerichte, die echt nach Meer und mehr schmecken, so einfach, dass sie jedem gelingen und trotzdem beeindrucken ... 68

Fleisch, Wild und Geflügel
Für Gäste und Feste oder jeden Tag, feine Fleischgerichte mit dem gewissen Etwas mit tollen Tipps zum Thema ... 90

Kartoffeln, Reis, Getreide
Vom traditionellen Kartoffelsalat bis zu Sushi, die wirklich jeder hinkriegt, Profiköche verraten, wie's ganz einfach geht ... 112

Nudeln
Pasta, Pasta, Pasta mit köstlichen Saucen schnell gekocht und aufgetischt, mit den richtigen Tipps fürs Zubereiten ... 130

Obst und Süßes
Desserts mit und ohne Früchte, die pure Verführung in der »Käferküche« und zu Hause, das Know-how wird mitgeliefert ... 150

Schnell und bequem
Tolle Gerichte für die ganz schnelle Küche mit Fertigprodukten, die ideenreich verfeinert und aufgepeppt werden – Käfer verrät wie ... 170

Food-Lexikon von A–Z 191

Menüvorschläge 232

Rezeptregister 233

Impressum 240

EINKAUFSGUIDE

Laden Sie gerne **Freunde** ein? Dann schaffen Sie sich ein **Gästebuch** an. Bitten Sie Ihre Gäste um ein paar **persönliche** Sätze, wer mag, darf auch etwas **zeichnen**, und bald wird das **Buch** zu einem schönen **Erinnerungsstück**.

Spielanleitung

für ein Kochbuch – das ist ja was ganz Neues, werden Sie vielleicht denken. Doch dieses besondere Kochbuch ist so vielseitig, dass wir Ihnen einfach ein paar Spielregeln mitgeben möchten. Aber keine Angst, man muß kein Fachmann zu sein, um sich darin zurechtzufinden. Betrachten Sie das Kochen mit diesem Buch als ein Spiel – es soll Ihnen Spaß machen!

Mehrfach erprobte Rezepte in klarer Sprache geschrieben, der natürliche Umgang mit den Produkten und viele, viele Tipps ermöglichen geübten und weniger geübten Köchinnen und Köche wirklich tolle Gerichte zu zaubern, ohne sich dabei im Dschungel der Fachausdrücke zu verirren.

Mit diesem Kochbuch habe ich mir einen langjährigen persönlichen Wunsch erfüllt. Ohne die unbezahlbare Hilfe meiner Mitarbeiter und das außergewöhnliche Know-how des Gräfe und Unzer Verlages wäre es allerdings nie zustande gekommen.

Unsere gemeinsame Idee war, ein hochwertiges und gleichzeitig optimal zu handhabendes Kochbuch zu schaffen, das neben Rezepten für verschiedenste Kreationen – von der leckeren Butter zum Brot bis zum raffinierten Fischgericht – viele gute Tipps und Tricks rund um Produkte, ihre Auswahl und Zubereitung bis hin zur Lagerung bietet. Basis einer guten Mahlzeit ist nämlich immer zuerst die Qualität des Produktes an sich, egal ob es sich um Nudeln oder Kaviar handelt.

Das i-Tüpfelchen ist aber der praktische Einkaufsführer im Taschenformat. Doch eines nach dem anderen ...

Die Rezepte

in diesem Buch stammen aus der kreativen Küche unserer Käfer Köche. Ihre Spezialität ist, das Beste aus jedem Produkt zu machen. Sie finden immer neue Wege, Zutaten zu kombinieren, den Produkten das gewisse Etwas zu entlocken. Und durch fantasievolle Dekorationen wird jedes Gericht zu einem kleinen Kunstwerk. Ohne diese großartige Kompetenz von Fachleuten wäre mein Unternehmen nicht das geworden, was es heute ist, weder in der Gastronomie, noch im Party Service. Stellvertretend für alle 130 Küchenchefs danke ich Claus Kratzeisen, dem Geschäftsführer in der Produktion des Party Service, der mit seinem fantastischen Team die vielen Ideen in dieses Buch eingebracht hat. Und stellvertretend für die Kreativabteilung möchte ich Christian Vogler und Klaus Geimann danke sagen – ihre Fantasie kennt wirklich keine Grenzen. Bekanntlich gehört zu einem guten Essen auch ein schöner Wein, und den hat unsere Spitzensommelière Renate Lausterer zu jedem Rezept passend ausgesucht.

Das Food-Lexikon

befindet sich mit 320 Stichwörtern im hinteren Teil des Buches. Hier gibt's den Gesamtüberblick über die vielen verschiedenen Lebensmittel – von Kräutern über Obst, Gemüse, Fisch, Fleisch ... Von Aal bis Zuckerschote ist hier alles bebildert und erklärt, auch ausgefallene und unbekanntere Produkte. Vor allem die Fachleute aus unserem Delikatessenhaus mit Siegfried Gläser an der Spitze kennen die Lebensmittel, mit denen sie täglich arbeiten, ganz genau.
Im Food Lexikon können Sie somit das geballte Wissen meiner Mitarbeiter nachschlagen.

Der Einkaufsguide

ist das absolut innovative Highlight diese Kochbuch-Pakets. Im praktischen Taschenformat sollte er Sie bei jedem Einkauf begleiten, denn er enthält alle frisch zu kaufenden Zutaten für jedes Rezept und die jeweilige Weinempfehlung. Einkaufszettel werden dadurch überflüssig. Wenn Sie nämlich auf dem Markt ein günstiges frisches Produkt entdecken, sagt Ihnen der Einkaufsführer sofort, was Sie damit machen können.
Meinen ganz besonderen Dank möchte ich hier an den Gräfe und Unzer Verlag richten. Das Wissen und die Ideen meines Teams so toll in Schrift und Bild umzusetzen, wäre ohne die Kompetenz dieses Verlages, insbesondere der Autorin dieses Buches, Claudia Bruckmann, und der Koordinatorin Stephanie von Werz, nicht denkbar gewesen.
Die Zusammenarbeit hat uns sehr viel Spaß gemacht, und ich glaube, das merkt man beim Schmökern und Nachkochen auf jeder Seite.

Michael Käfer

Siegfried Gläser, Geschäftsleiter des Feinkost Käfer Hauses

Fritz Schilling, Zwei-Sternekoch und Küchenchef der Käfer-Schänke

Ilona Walter, Sekretärin von Michael Käfer

Renate Lausterer, Sommelière und Leiterin des Weineinkaufs

Ein **schönes Essen** für Freunde zu organisieren, ist für mich **Lebensart**. Es macht mir einfach **Spaß**, zu überlegen, wen ich **einlade** und womit ich meine Gäste **überraschen** könnte. Und ein rundum **gelungener** Abend ist mir **jeden Aufwand** wert.

Die Mitspieler dieses Buches ...

sind Michael Käfer und seine Mitarbeiter sowie der Gräfe und Unzer Verlag – und Sie sind der Gewinner, das werden Sie spätestens dann merken, wenn Sie das eine oder andere tolle Rezept dieses Kochbuches ausprobiert haben und feststellen, dass alles ganz leicht gelingt und super schmeckt – dank der Ideen des Käfer-Teams und dank der Umsetzung dieser Ideen durch Claudia Bruckmann, Redakteurin und Autorin in der Kochbuchredaktion des Gräfe und Unzer Verlags.
Beim Käfer Party Service werden täglich Riesenmengen an Lebensmitteln verarbeitet, da wird nicht selten für 5000 Leute gekocht, mal eben 700 kg Blattsalat für die Bewirtung an einem normalen Messetag in München zubereitet. Für den »kleinen« Haushalt genügen meist 4 Portionen und so haben wir vom Verlag die Rezepte heruntergerechnet, für jeden verständlich formuliert und vor allem von unseren Testköchen und -köchinnen ausprobieren lassen.

Gebrauchsanweisung für ein Kochbuch

Was Sie hier gekauft haben, ist nicht nur ein einfaches Kochbuch, sondern ein ganzes Kochbuch-Paket, denn es besteht aus drei Teilen, die eng zusammenhängen:

- dem *Rezeptteil* mit über 200 Rezepten, Tipps und Tricks und vielen Seiten mit wichtigen Informationen rund ums jeweilige Thema
- dem *Food-Lexikon von A–Z* mit 320 Produkten
- dem *Einkaufsguide*.

Lassen Sie sich anregen durch den Rezeptteil,

der in neun Kapitel eingeteilt ist. Jedes davon hat eine eigene Farbe, die Sie am jeweils einleitenden Foto erkennen können (das Kapitel »Fisch und Meeresfrüchte« ist zum Beispiel blau). Wichtige Produkte, die in den Rezepten dieses Kapitels verwendet werden, können Sie an dieser Farbe auch im Food-Lexikon erkennen und ganz schnell finden. Auch innerhalb der Kapitel sind die Rezepte thematisch geordnet. So stehen zum Beispiel alle Chicoreesalate oder alle Rezepte mit Schweinefleisch auf je einer Doppelseite.

Claus Kratzeisen, Geschäftsführer für den Bereich Produktion des Käfer Party Service, der »Head der Logistik«

Christian Vogler, Küchenchef beim Käfer Party Service

Klaus Geimann, Stellvertretender Küchendirektor beim Käfer Party Service

Horst Engelke, Weinspezialist bei Feinkost Käfer

So sehen Sie auf einen Blick, was Sie mit ein und demselben Produkt alles zaubern können. Alle Rezepte kommen mit wenigen Zutaten aus, die Gerichte gelingen leicht, sind schnell fertig und schmecken dabei fantastisch. Einfach und mit Pfiff, das ist die Devise!

Ein tolles Plus sind die Käfer-Tipps und die vielen Varianten zu den Rezepten, die Ihnen beispielsweise helfen, ein Gericht ohne viel Aufwand für Gäste zu verändern.

Das Tüpfelchen auf dem i im Rezeptteil sind schließlich die ausgesuchten Getränke- und Weinempfehlungen.

Ganz wichtig sind in diesem Teil des Buches auch die so genannten Magazinseiten (meist am Anfang eines Kapitels). Hier erfahren Sie nochmals alles im Detail, was für das Nachkochen der Rezepte nützlich ist: angefangen von Saisonzeiten der Gemüse über Garzeiten und Garmethoden, bis hin zu richtig klasse Tipps für einfache Nudelsaucen, die immer passen, oder endlich mal einer genauen Anleitung für die Zubereitung eines Spiegeleis oder simpler Salzkartoffeln. Außerdem gibt Michael Käfer Ihnen hier zu jedem Thema die ultimativen Tipps in Form der Top Five (bis Ten).

Schlagen Sie im Food-Lexikon nach,

das die letzten 40 Seiten des Buches füllt. Die 320 Stichworte sind alphabetisch und, wie schon erwähnt, nach Farben gemäß der jeweiligen Kapitelzugehörigkeit geordnet. Das hat folgenden Sinn:

Sie möchten beispielsweise das Rezept »Jakobsmuscheln auf Orangennudeln« aus dem Fisch- und Meeresfrüchte-Kapitel kochen – das Kapitel hat die Grundfarbe blau – im Food-Lexikon finden Sie das Produkt »Jakobsmuscheln« sowohl alphabetisch als auch mit einem blauen Balken gekennzeichnet ganz schnell. Sie erfahren, wann und wo Sie Jakobsmuscheln am besten einkaufen und was sonst noch wichtig ist. Sie können aber auch umgekehrt verfahren:

Sie blättern im Food-Lexikon, lesen etwas über Jakobsmuscheln, sehen anhand der Farbe »aha, gehört zum Fisch- und Meeresfrüchte-Kapitel« und finden gleich die passenden Rezepte zum Produkt. Außerdem wird im Food-Lexikon bei jedem Produkt auf dazugehörige Rezepte verwiesen, und Sie erfahren gleich hier, welches Rezept »einfach« (1 Punkt), »noch einfacher« (2 Punkte) oder »supereinfach« (3 Punkte) nachzukochen ist. Achten Sie auch auf die Minirezepte im Foodlexikon, die eine besonders einfache und schnelle Zubereitung beschreiben.

Einkaufen mit dem Einkaufsguide,

der Ergänzung zu Rezeptteil und Food-Lexikon im Taschenformat. 180 Produkte aus dem Food-Lexikon mit dazugehörigen Rezepten und Hinweisen auf Personenzahl und Zubereitungszeit sind hier zu finden, sowie das, was Sie frisch einkaufen müssen. Einkaufszettelschreiben entfällt! Sie entscheiden direkt auf dem Markt, was Sie einkaufen und kochen möchten. Aber checken Sie vorher Ihre Vorräte (gemäß der Liste am Anfang des Einkaufsführers), denn Öl und Co. werden vorausgesetzt.

Viel Vergnügen beim »Spielen« mit diesem einmaligen Kochbuch-Paket nach dem Motto: *Gericht gelungen, gewonnen!*

Salate, Kräuter, Essig, Öl,

... Salz, Pfeffer, schon haben wir den Salat. Hauptsache knackig, so schmeckt er mit der einfachsten Salatsauce.

Eine Portion Extrapfiff erhält er mit einem besonderen Öl oder einer speziellen Essigsorte, wenig Aufwand, große Wirkung!

Käfers Top Five – Das Wichtigste

Salate und Kräuter immer erst kurz vor dem Servieren waschen und zerkleinern, sonst gehen viele Vitamine verloren.

Putzen und waschen

Von Blattsalaten erst einmal welke schlappe Blätter abmachen und wegwerfen, dann ein Blatt nach dem anderen ablösen, bis nur noch der Strunk übrig bleibt, den dann auch wegwerfen.
Feldsalat bekommt eine Sonderbehandlung: Würzelchen abschneiden (oft sind aber auch gar keine mehr dran), welke Blätter entfernen, dann den Salat mehrmals ganz gründlich waschen, bis sich kein Sand mehr absetzt.

Trockenschleudern

... ist ganz wichtig, damit der Salat beim Anmachen nicht matschig wird und die Salatsauce verwässert. Eine spezielle Salatschleuder (gibt's für wenig Geld im Haushaltwarengeschäft) ist am besten. Es geht aber auch mit einem sauberen **Küchentuch**: Salat einwickeln und das Tuch damit herumschleudern (aufpassen, dass nichts herausfällt). Die meisten Blattsalate fühlen sich in Zeitungspapier locker eingeschlagen ebenfalls (2–3 Tage) im Gemüsefach wohl (siehe auch Lexikon).

Salat zerkleinern

Kopfsalat, Batavia, Eichblatt, Lollo etc.: Die ganzen Blätter in mundgerechte Stücke zerpflücken.
Chicorée, Endivie, Radicchio erst längs halbieren, Strunk rausschneiden, dann die Blätter in Streifen schneiden.

Kräuter vorbereiten

Kräuter wie Petersilie, Dill, Kerbel auf einem Brett klein schneiden, dabei die dicken Stiele abschneiden und wegwerfen. Von Basilikum oder Minze die Blättchen abschneiden und in Streifen schneiden. Schnittlauch lässt sich prima mit der Küchenschere in Röllchen schneiden, auch Gartenkresse kann mit der Küchenschere direkt aus dem Kästchen in die Salatschüssel abgeschnitten werden. Von Thymian, Rosmarin, Oregano Blättchen einfach abzupfen.
Kräuter halten sich gut, wenn sie nach dem Waschen und Trockenschütteln in einen Plastikbeutel verpackt werden und dann im Gemüsefach des Kühlschranks liegen dürfen.

Zwiebel würfeln – ist very easy

Geschälte Zwiebel halbieren, mit der Schnittfläche nach unten mehrmals parallel zur Schnittfläche einschneiden, dann längs mehrmals (nicht ganz bis zum Wurzelende) einschneiden, dann wieder quer schneiden, so dass Würfel entstehen.

Eine einfache Salatsauce

Passt zu jedem Salat, reicht für etwa 1 Blattsalat: je 1 Messerspitze Salz und Pfeffer mit 1 Esslöffel Essig in einem Schüsselchen verrühren, 4 Esslöffel Öl dazugeben, nochmal rühren. Fertig!

Noch eine einfache Salatsauce

Passt immer, reicht für 1 großen Blattsalat: 1/2 Teelöffel Senf mit 2 Esslöffeln Weißweinessig, Salz und Pfeffer in einem Schüsselchen verrühren, 6 Esslöffel Pflanzenöl dazugeben und 1 Esslöffel gehackte Kräuter (Dill, Petersilie, Schnittlauch, je nachdem, was gerade da ist) untermischen. Fertig!

Und noch eine Joghurtsauce

Passt gut zu Chicorée oder Gemüsesalaten (zum Beispiel geraspelten Möhren): 150 g Naturjoghurt mit 2 Esslöffeln Zitronensaft und 1 Esslöffel Öl in einer Schüssel verrühren, mit Salz und Pfeffer würzen, 1 Esslöffel gehackte Kräuter untermischen. Fertig! Schmeckt auch mit saurer Sahne!

Das Geheimnis von Essig und Öl

Eigentlich genügen für jede Salatsauce ein einfaches Pflanzenöl (wie zum Beispiel Sonnenblumenöl) und ein ganz normaler Essig (zum Beispiel Weinessig), aber: Je besser und aromatischer Essig und Öl, desto leckerer der Salat. Besondere Sorten wie Himbeeressig oder richtig gutes Olivenöl (extra vergine) geben oft erst den Pfiff. Mehr über die einzelnen Sorten steht im Lexikon!
Salatsauce = Vinaigrette (französisch) = Dressing (englisch)

Super zum Drüberstreuen

Pinienkerne, Sesamsamen oder Sonnenblumenkerne in einer beschichteten Pfanne ohne Fett goldbraun rösten und kurz vor dem Servieren über den Salat streuen!

Das peppt auf

Gehackte Walnüsse (einfach drüberstreuen), zerbröckelter Roquefortkäse, Parmesanspäne (mit dem Sparschäler über den Salat hobeln), Croûtons (gibt's fertig zu kaufen), hart gekochte Eier hacken und über den Salat verteilen!

Das verschönert den Salat

Blüten von Gänseblümchen, Kapuzinerkresse, Thymian- oder Schnittlauchblüten

Wer lässt sich durch wen ersetzen?

Batavia durch Kopfsalat;
Eichblattsalat durch Kopfsalat oder Lollo;
Endivie durch Chinakohl;
Kopfsalat durch Eichblattsalat oder Lollo.
Kräuter lassen sich nur schwer austauschen. Kerbel kann zwar zum Beispiel durch Petersilie ersetzt werden, der Salat schmeckt dann aber anders. Natürlich lassen sich frische Kräuter auch durch getrocknete ersetzen, aber auch das geht auf Kosten des Aromas. Alles Frische ist viel besser!

Was hat wann Saison?

In guten Feinkostgeschäften ist zwar fast jeder Salat und jedes Kraut das ganze Jahr über zu bekommen, manchmal kann's aber auch schwierig werden, wie zum Beispiel beim Rettich oder bei Radieschen, die im Winter kaum zu kriegen sind. Einzelheiten zur Saison der einzelnen Salate und Kräuter stehen im Lexikon.
Besonders »in« ist
im Winter: Chicorée, Feldsalat;
im Frühling: alles;
im Sommer: Radicchio;
im Herbst: Eichblattsalat.

Goldene Regel für Salatsaucen:

1 Teil Essig auf 4 Teile Öl

Avocado-Shrimps-Cocktail

Für 4 Personen (Bild rechts)
***Zubereitungszeit:** 10 Minuten*

ZUTATEN:
2 reife Avocados
Saft von 1 Zitrone
100 g Mayonnaise
2 Essl. Cognac
2 Essl. Ketchup
Salz, Pfeffer
1 Spritzer Tabasco
250 g frische gegarte Shrimps (ersatzweise Garnelen in Lake)
1 Handvoll frischer Kerbel
1 Essl. rosa Pfefferkörner

Die Avocados halbieren, den Kern entfernen. Avocados schälen, dann das Fruchtfleisch in Fächer schneiden. Auf vier Teller verteilen und mit Zitronensaft beträufeln.

Für die Sauce Mayonnaise, Cognac und Ketchup verrühren und mit Salz, Pfeffer und Tabasco kräftig abschmecken. Shrimps dazugeben und mit der Sauce mischen.

Shrimps-Cocktail neben den Avocadofächern auf den Tellern anrichten. Mit Kerbelblättchen und rosa Pfefferkörnern garnieren.

***Getränk:** trockener Champagner*

KÄFER-TIPP

Statt frischem Kerbel Petersilienblättchen verwenden.
Statt mit rosa Pfefferkörnern mit geviertelten Cocktailtomaten garnieren.

Avocado mit Jakobsmuscheln

Für 4 Personen (Bild links)
***Zubereitungszeit:** 30 Minuten*

ZUTATEN:
250 g Jakobsmuschelfleisch
Salz, Pfeffer
1 Essl. Pflanzenöl
1 rosa Grapefruit
3 Essl. Crème fraîche
4 Teel. Zitronensaft
1 Essl. rote Currypaste (ersatzweise 1 Teel. Currypulver)
10 Blättchen Koriander (ersatzweise glatte Petersilie)
2 reife Avocados
1 Essl. Sesamsamen

Muscheln mit Salz und Pfeffer würzen. Öl in einer Pfanne erhitzen. Muscheln darin etwa 5 Minuten braten, herausnehmen, auf Küchenpapier entfetten, dann klein schneiden.

Grapefruit schälen, in Spalten schneiden. 4 Spalten zum Garnieren beiseite legen. Die übrigen in kleine Stückchen schneiden und mit dem Muschelfleisch in eine Schüssel geben.

Crème fraîche mit 1 Teelöffel Zitronensaft, Currypaste und Salz verrühren. 6 Korianderblättchen klein schneiden, untermischen.

Avocados längs halbieren, Kerne entfernen, Avocadohälften längs durchschneiden. Fleisch mit einem Messer vorsichtig von der Schale lösen, aber nicht herausnehmen. Je 2 Viertel auf einen Teller legen und mit dem restlichen Zitronensaft beträufeln.

Die Sesamsamen goldbraun rösten. Muschel-Grapefruit-Ragout zwischen die Avocadoviertel häufen und mit Curry-Sauce übergießen. Mit je 1 Korianderblatt und 1 Grapefruitspalte garnieren, mit geröstetem Sesam bestreuen.

***Getränk:** Chablis aus Burgund*

Batavia-Fisch-Röllchen

Für 4 Personen
***Zubereitungszeit:** 40 Minuten*

ZUTATEN:
1 großer Kopf Bataviasalat
400 g Filet vom Loup de mer (ersatzweise Zanderfilet), vom Fischhändler entgräten und in dünne Scheiben schneiden lassen
1 Tomate
1 Schalotte
Saft von 2 Limetten (oder Zitronensaft)
1 Essl. Olivenöl
1 Essl. Pommery-Senf (ersatzweise Dijon-Senf)
Salz, Pfeffer
Muskatnuss, frisch gerieben
1 Bund Basilikum

1. Die Bataviasalatblätter vom Strunk lösen, waschen und trockenschleudern. Falls der Fisch vom Händler noch nicht vorbereitet wurde, von den Fischfilets die Gräten entfernen und den Fisch wie Carpaccio in breite dünne Scheiben schneiden (Stepfoto 1).

2. Die Tomate waschen, vierteln, Stielansätze und Kerne entfernen (Stepfoto 2) und das Fruchtfleisch klein würfeln. Schalotte schälen und würfeln.

3. Für die Marinade Limettensaft, Olivenöl, Senf und Schalottenwürfel verrühren und mit Salz, Pfeffer und Muskat abschmecken. Über den Fisch gießen und zugedeckt etwa 5 Minuten marinieren (ziehen lassen).

4. Basilikum waschen, die Blättchen von den Stielen zupfen. Salatblätter in einem Topf mit sprudelnd kochendem Wasser 5 Sekunden blanchieren (überbrühen), herausnehmen und auf die Arbeitsfläche legen. In jedes Salatblatt 1 Filetscheibe und 1 Basilikumblättchen einrollen (Stepfoto 3).

5. Jeweils 4 Batavia-Fisch-Röllchen auf einen Teller legen und mit Tomatenwürfeln und dem übrigen Basilikum dekorieren.

Getränk:
frischer Sauvignon aus dem Friaul oder aus Frankreich (Sancerre)

KÄFER-TIPP
Statt des Bataviasalates können auch Spinatblätter verwendet werden. In diesem Fall die Fischfiletscheibchen entsprechend kleiner schneiden lassen.

Spricht man mit Sven Tweer vom Käfer Party Service über Salat und Gemüse, so sprudelt es nur so aus ihm heraus. Mit seinen tollen Rezeptideen allein könnte man ein ganzes Buch füllen.

Chicoreesalat mit Walnüssen

Für 4 Personen
***Zubereitungszeit:** 20 Minuten*

ZUTATEN:
6 Stauden Chicoree
2 Orangen
6 Essl. Pflanzenöl
1 Teel. scharfer Senf
3 Essl. Weißweinessig
3 Essl. Sahne
Salz, Pfeffer
8 Walnusshälften

1. Den Chicoree waschen, äußere welke Blätter entfernen, den bitteren Kern kegelförmig herausschneiden. Chicoree quer in etwa 2 cm breite Ringe schneiden, abspülen und in einem Sieb abtropfen lassen.

2. Die Orangen schälen, in Spalten teilen und filetieren (das Fruchtfleisch aus den Fruchthäutchen lösen). Öl mit Senf in einer Schüssel verrühren, Weißweinessig untermischen.

3. Sahne in einem Schüsselchen schlagen, unter die Salatsauce rühren und alles mit Salz und Pfeffer abschmecken.

4. Chicoree und Orangenfilets mit der Salatsauce mischen. Walnüsse hacken und über den Salat streuen. Vor dem Servieren einige Minuten ziehen lassen.

***Getränk:** Dazu passt kein Wein.*

Chicoreesalat mit Roquefort

Für 4 Personen (Bild ganz links)
***Zubereitungszeit:** 15 Minuten*

ZUTATEN:
4 Stauden Chicoree
6 Essl. Walnussöl
2 Essl. weißer Aceto balsamico
Pfeffer
150 g Roquefort
1 Bund Brunnenkresse (oder Gartenkresse)
2 Essl. gehackte Walnusskerne

1. Den Chicoree waschen, den inneren bitteren Strunk herausschneiden, Chicoree in etwa 1 cm breite Streifen schneiden.

2. In einer Salatschüssel Walnussöl, Aceto balsamico und Pfeffer verrühren, den Chicoree untermischen. Roquefort zerbröseln und vorsichtig unter den Salat mischen.

3. Den Salat auf vier Teller verteilen, Brunnenkresse waschen und darüber streuen. Den Salat mit frisch gehackten Walnüssen garnieren.

Getränk:
frischer Sauvignon blanc aus dem Friaul

KÄFER-TIPP
Schmeckt hervorragend mit rohem Schinken als Beilage!

Chicoreeschiffchen mit Garnelen

Für 4 Personen (Bild links)
***Zubereitungszeit:** 30 Minuten*

ZUTATEN:
2 Stauden Chicoree (16–20 Blätter)
1 Bund Schnittlauch
200 g Garnelen (in Lake)
einige Zweige Dill
250 ml Cocktailsauce (aus dem Glas)

1. Den Chicoree von welken Blättern befreien, den bitteren Kern kegelförmig herausschneiden. Übrige Blätter auf eine Länge von etwa 6 cm zuschneiden.

2. Schnittlauch 15 Sekunden in kochendem Wasser blanchieren (überbrühen) und in eiskaltem Wasser abschrecken.

3. Die Garnelen in einem Sieb abtropfen lassen. Jedes Chicoreeblatt mit Garnelen belegen und der Länge nach mit Schnittlauchstreifen zu Päckchen binden.

4. Den Dill waschen und ohne die groben Stiele fein hacken. Mit der Cocktailsauce verrühren.

5. Die Chicoreepäckchen anrichten und die Cocktailsauce zum Dippen dazureichen.

Getränk:
Chardonnay aus Südafrika

KÄFER-TIPP FÜR GÄSTE
Je kleiner die Chicoreepäckchen sind, desto besser eignen sie sich als Fingerfood für Partys.

Eichblattsalat mit Austernpilzen und Speckvinaigrette

Für 4 Personen (Bild unten)
***Zubereitungszeit:** 20 Minuten*

ZUTATEN:
1 großer Kopf Eichblattsalat
250 g Austernpilze
3 frische Salbeiblätter (oder 1/2 Teel. getrockneter Salbei)
1 Knoblauchzehe
150 g durchwachsener Speck
1 Essl. Rotweinessig
3 Essl. Olivenöl
Salz, Pfeffer

1 Den Eichblattsalat waschen, trockenschleudern, die Blätter sternförmig auf vier Tellern anrichten. Von den Austernpilzen die Stiele entfernen, die Kappen mit Küchenpapier sauber reiben.

2 Die Salbeiblätter in Streifen schneiden. Die Knoblauchzehe schälen und hacken. Speck in kleine Würfel schneiden.

3 1 Esslöffel Olivenöl in einer Pfanne erhitzen, Austernpilze, Salbei und Knoblauch darin anbraten, herausnehmen und auf dem Salat verteilen.

4 Speck in die Pfanne geben und kurz anbraten, Essig dazugeben, vom Herd nehmen. Mit dem restlichen Olivenöl, Salz und Pfeffer verrühren. Die Speckvinaigrette über dem Salat verteilen.

***Getränk:** junger fruchtiger Rotwein, z. B. Spätburgunder oder Beaujolais*

KÄFER-TIPP
Die Vinaigrette erst unmittelbar vor dem Servieren über den Salat geben, so bleibt er frisch und knackig.

Eichblattsalat mit Hähnchenbrust

Für 4 Personen (Bild oben)
***Zubereitungszeit:** 25 Minuten*

ZUTATEN:
1 Kopf Eichblattsalat
2 Essl. Zitronensaft
3 Essl. Himbeermark (s. Käfer-Tipp)
2 Essl. Hühnerbrühe (frisch oder fertig)
6 Essl. Haselnussöl (ersatzweise Pflanzenöl)
Salz, Pfeffer
1 Prise Zucker
2 Essl. Butterschmalz
2 Hähnchenbrüste
150 g frische Himbeeren
50 g gehackte Haselnüsse

1 Vom Salat äußere welke Blätter entfernen. Salat waschen, trockenschleudern und auf vier Tellern verteilen.

2 Zitronensaft, Himbeermark, Brühe, Öl, Salz, Pfeffer und Zucker mit dem Pürierstab pürieren.

3 Das Butterschmalz in einer Pfanne erhitzen, Hähnchenbrüste längs halbieren, mit Pfeffer und Salz würzen, im Fett bei mittlerer Hitze auf jeder Seite etwa 6 Minuten braten.

4 Die Himbeeren waschen und abtropfen lassen. Die Salatsauce über den Eichblattsalat träufeln.

5 Je 1 Hähnchenbrusthälfte auf den Salat legen, mit Himbeeren und gehackten Haselnüssen bestreuen.

***Getränk:** fruchtiger Weißburgunder von der Nahe oder aus der Pfalz*

KÄFER-TIPP
Selbst gemachtes Himbeermark: 150 g tiefgekühlte aufgetaute Himbeeren mit 1/2 Esslöffel Zitronensaft und 1 1/2 Esslöffeln Puderzucker pürieren.

Endiviensalat mit Estragondressing

Für 4 Personen (Bild unten)
***Zubereitungszeit:** 25 Minuten*

ZUTATEN:
12 frische Estragonblätter (ersatzweise getrocknete)
Saft von 1 Zitrone
4 Eier
2 Essl. Weißweinessig
1 kleiner Kopf Endiviensalat
1 Bund Schnittlauch
Salz
schwarzer Pfeffer
5 Essl. Olivenöl

Die Estragonblätter 3–4 Stunden im Zitronensaft ziehen lassen. Etwa 1 l Wasser sprudelnd aufkochen, Essig dazugeben, die Eier einzeln in eine Suppenkelle schlagen und vorsichtig in das kochende Wasser gleiten lassen. Eier etwa 5 Minuten pochieren (gar ziehen und dabei fest werden lassen). Mit einer Schaumkelle herausnehmen und auf einem Teller beiseite stellen.

Vom Endiviensalat die äußeren grünen (bitteren) Blätter entfernen. Den Salat waschen, trockenschleudern und in mundgerechte Stücke zupfen. Den Schnittlauch waschen und in 2 cm lange Röllchen schneiden.

Salz, Pfeffer und Olivenöl unter die Estragon-Zitronensaft-Mischung rühren. Salat und Schnittlauch in eine Schüssel geben, mit dem Dressing (Salatsauce) übergießen.

Den Salat gut durchmischen, auf vier Teller verteilen, je 1 pochiertes Ei darauf geben und etwas Pfeffer darüber mahlen.

***Getränk:** Dazu passt kein Wein.*

Endiviensalat mit Parmesan und Croûtons

Für 4 Personen (Bild oben)
***Zubereitungszeit:** 30 Minuten*

ZUTATEN:
1 kleiner Kopf Endiviensalat
1/2 Zwiebel
1 Knoblauchzehe
1 Essl. Butter
1 Scheibe Toastbrot
Salz
3 Essl. Hühnerbrühe (frisch oder fertig)
3 Essl. Weißweinessig
1 Teel. Senf
1 Eigelb
4 Essl. Pflanzenöl
Pfeffer
100 g Parmesan am Stück

Vom Endiviensalat die äußeren grünen (bitteren) Blätter entfernen. Den Salat waschen, trockenschleudern und in mundgerechte Stücke zupfen. In eine Schüssel geben.

Zwiebel schälen und in Halbringe schneiden, Knoblauch ebenfalls schälen und klein hacken. Unter den Endiviensalat mischen.

Die Butter in einer Pfanne erhitzen, Toastbrot entrinden, in kleine Würfel schneiden, in der Butter leicht anrösten, etwas salzen. Die Pfanne vom Herd nehmen.

Für die Salatsauce Brühe und Essig in einem Topf erhitzen, kurz aufkochen und etwas abkühlen lassen. Im Mixer mit dem Senf und dem Eigelb mischen, dabei nach und nach das Öl dazugeben. Mit Salz und Pfeffer würzen.

Den Salat mit der Salatsauce übergießen, auf vier Teller verteilen, mit Croûtons bestreuen und etwas Parmesan mit einem Sparschäler in Spänen darüber schneiden.

***Getränk:** Grauburgunder aus Baden oder Pinot Grigio*

Pochierte Eier im Feldsalatnest

Für 4 Personen
***Zubereitungszeit:** 30 Minuten*

ZUTATEN:
2 Schalotten
100 ml Weißwein
1 Essl. Champagneressig (ersatzweise Weißweinessig)
16 frische Wachteleier
150 g Graved Lachs (oder Räucherlachs)
1 Bund Dill
Salz
2 Essl. Weißweinessig
3 Essl. kalte Butter
Pfeffer
200 g Feldsalat

1 Schalotten schälen, klein würfeln. Wein, Champagneressig und Schalotten in einem Topf erhitzen und auf die Hälfte reduzieren (kochen lassen, bis die Hälfte der Flüssigkeit verdampft ist). Lachs in Streifen schneiden. Den Dill waschen und klein hacken.

2 Etwa 2 l Salzwasser mit dem Weißweinessig sprudelnd aufkochen, die Wachteleier darin etwa 1 Minute pochieren (gar ziehen und dabei fest werden lassen), herausnehmen, auf Küchenpapier abtropfen lassen.

3 Weinsauce vom Herd nehmen, mit dem Schneebesen nach und nach die kalte Butter unterschlagen. Dill dazugeben und mit Salz und Pfeffer abschmecken.

4 Feldsalat waschen, trockenschleudern und auf vier Teller verteilen, mit den Wachteleiern und Lachsstreifen garnieren und die Butter-Dill-Sauce darüber gießen.

***Getränk:** Weißburgunder oder Chardonnay aus Deutschland oder Frankreich*

Feldsalat mit Apfel und Pinienkernen

Für 4 Personen
***Zubereitungszeit:** 40 Minuten*

ZUTATEN:
2 Kartoffeln
Salz
1/2 Bund Schnittlauch
100 ml Rinderbrühe (frisch oder fertig)
2 Essl. Essig
4 Essl. Pflanzenöl
1 Teel. scharfer Senf
Pfeffer
250 g Feldsalat
1 roter Apfel
1 Essl. Zitronensaft
1 Essl. Pinienkerne

1 Kartoffeln in wenig kochendem Salzwasser zugedeckt in etwa 20 Minuten weich garen, abschrecken und noch heiß pellen. Schnittlauch waschen, trockenschütteln und in Röllchen schneiden.

2 Für die Salatsauce die lauwarme Brühe, Kartoffeln, Essig, Öl, Salz und Pfeffer mit dem Pürierstab pürieren, Schnittlauch untermischen. Feldsalat gründlich waschen und gut trockenschleudern.

3 Den Apfel waschen, abtrocknen, halbieren, Kerngehäuse herausschneiden. Apfel in feine Würfel schneiden und mit Zitronensaft beträufeln.

4 Pinienkerne in einer trockenen beschichteten Pfanne goldbraun rösten. Feldsalat auf vier Teller verteilen, die Salatsauce darüber geben und mit Apfelwürfeln und Pinienkernen bestreuen.

***Getränk:** fruchtiger Weißwein aus Venetien/Friaul oder Südtirol, z. B. ein Pinot Bianco*

Friséesalat mit Portweinsauce und Gartenkresse

Für 4 Personen
***Zubereitungszeit:** 25 Minuten*

ZUTATEN:
1 Kopf Friséesalat
1/2 Salatgurke
150 g Champignons
4 Strauchtomaten
2 hart gekochte Eier
5 Essl. Pflanzenöl
3 Teel. Weinessig
1/8 l weißer Portwein
Salz, Pfeffer
1 Schälchen Gartenkresse (oder 50 g Brunnenkresse)

1 Die Salatblätter vom Strunk lösen, äußere, bittere Blätter entfernen, die übrigen waschen und trockenschleudern. Gurke schälen, längs halbieren, mit einem Teelöffel die Kerne herauskratzen, Gurke in Halbringe schneiden.

2 Die Champignons mit Küchenpapier sauber reiben, putzen und je nach Größe in Viertel oder Achtel schneiden. Tomaten waschen und achteln, Stielansätze entfernen. Eier pellen und vierteln.

3 In einer großen Salatschüssel Öl, Essig, Portwein, Salz und Pfeffer verrühren. Den Salat hineingeben und untermischen. Kresse mit einem feuchten Tuch abtupfen, mit einer Schere vom Beet schneiden (bzw. Brunnenkresse waschen, trocknen, klein schneiden) und über den Salat streuen.

***Getränk:** leichter junger Weißwein aus Norditalien, z.B. Bianco di Custoza*

Friséesalat mit gratiniertem Ziegenkäse

Für 4 Personen
***Zubereitungszeit:** 20 Minuten*

ZUTATEN:
1 kleiner Kopf Friséesalat
1/2 Baguette
1 Knoblauchzehe
250 g Ziegenfrischkäse
5 Essl. Olivenöl
3 Essl. Rotweinessig
Salz, Pfeffer
1 Bund Schnittlauch

1 Äußere welke Blätter vom Salat entfernen, die übrigen Blätter waschen und trockenschleudern, in etwa 5 cm lange Stücke schneiden.

2 Den Backofen auf 180° vorheizen. Baguette in etwa 1 cm breite Scheiben schneiden und im Toaster hellbraun toasten. Knoblauchzehe schälen, halbieren und die Baguettescheiben damit einreiben.

3 Ziegenkäse in etwa 1 cm dicke Scheiben schneiden und die Brotscheiben jeweils mit 1 Scheibe Ziegenkäse belegen. Im Backofen (Mitte) etwa 10 Minuten überbacken.

4 In einer Salatschüssel Olivenöl mit Rotweinessig, Salz und Pfeffer verrühren, Knoblauch hacken und alles mit dem Salat mischen. Schnittlauch waschen und klein schneiden. Salat auf Tellern anrichten, die Ziegenkäsecroûtons darauf legen und mit Schnittlauch bestreuen.

***Getränk:** Sancerre (Loire) oder Entre-Deux-Mers aus Bordeaux*

Gartenkresse im roten Töpfchen

Für 4 Personen (Bild links oben)
***Zubereitungszeit:** 30 Minuten*

ZUTATEN:
16 kleine Tomaten (bzw. Cocktailtomaten von mindestens 5 cm Durchmesser)
8 schwarze Oliven
150 g Doppelrahm-Frischkäse
Salz, Pfeffer
2 Schälchen Gartenkresse

1. Tomaten waschen, jeweils einen Deckel abschneiden und mit einem Teelöffel die Tomaten vorsichtig aushöhlen. Oliven halbieren, Stein entfernen, je 1 Olivenhälfte in die Tomaten legen.

2. Frischkäse in einem Schüsselchen mit Salz und Pfeffer verrühren, abschmecken und mit dem Teelöffel in die Tomaten streichen (Bild unten).

3. Die Kresse mit einem feuchten Tuch abtupfen, mit der Schere vom Schälchen abschneiden und je ein Sträußchen in die Tomaten mit dem Frischkäse »einpflanzen«.

Getränk:
Prosecco oder trockener Sekt

KÄFER-TIPP
Diese Tomaten sind ein Gag für Partys und Büfetts. Je kleiner die Tomaten, desto besser eignen sie sich als Fingerfood. Mit größeren Tomaten wird das Gericht zu einer dekorativen Vorspeise. Dann entsprechend mehr Frischkäse verwenden und je 2 Olivenhälften in den Tomaten versenken.

Es sieht auch toll aus, wenn die Tomaten auf einem Bett aus Kopfsalat oder anderem grünen Salat serviert werden. Dazu als Vinaigrette die Salatsauce vom Kopfsalatherz mit gebackenem Bries (Seite 25) zubereiten.

Die kleinen Tomaten vorsichtig mit einem Messer oder einem Teelöffel aushöhlen und die Füllung hineinstreichen. Macht etwas Mühe, lohnt sich aber. Käfer meint: Fingerfood muss so klein sein, dass es mit einem Biss gegessen werden kann!

Gurkensalat mit Nordseekrabben

Für 4 Personen
***Zubereitungszeit:** 15 Minuten*
(plus 1 Stunde durchziehen)

ZUTATEN:
1 Salatgurke
250 g geschälte gegarte Nordseekrabben (frisch oder in Lake)
Schale von 1/2 unbehandelten Zitrone
2 Essl. Weinessig
Salz, Pfeffer
1/2 Teel. Zucker
3 Essl. Pflanzenöl
1/2 Schälchen Gartenkresse

1 Die Gurke gründlich waschen, abtrocknen und mit der Schale längs halbieren. Mit einem Teelöffel die Kerne herauskratzen, dann die Gurkenhälften quer in dünne Scheiben schneiden.

2 Die Krabben in ein Sieb geben und abtropfen lassen. Mit den Gurken in einer Schüssel mischen.

3 Die Zitrone gründlich waschen und abtrocknen, Schale mit einer Reibe abreiben.

4 Essig mit Pfeffer, Salz, Zitronenschale und dem Zucker verrühren, dann das Öl dazugeben und alles über die Gurken-Krabben-Mischung gießen. Den Salat etwa 1 Stunde bei Raumtemperatur zugedeckt ziehen lassen.

5 Die Kresse mit einem feuchten Tuch abtupfen und mit einer Schere vom Schälchen abschneiden. Salat vor dem Servieren mit Kresse garnieren.

Getränk:
kalifornischer Sauvignon Blanc

KÄFER-TIPP FÜR GÄSTE
Der Salat lässt sich sehr gut vorbereiten. Eignet sich hervorragend für Partys, wenn viele Gäste erwartet werden. Dann die Zutatenmengen entsprechend vervielfachen.

Orientalischer Gurkensalat

Für 4 Personen (Bild rechts)
***Zubereitungszeit:** 15 Minuten*
(plus 30 Minuten abtropfen)

ZUTATEN:
2 Salatgurken
Salz
1 Bund frische Minze (ersatzweise getrocknete Minze)
250 g Joghurt
1 Prise Zimt
3 Essl. Sultaninen
Pfeffer

1 Gurken schälen, der Länge nach halbieren, Kerne mit einem kleinen Löffel herauskratzen. Gurke erst der Länge nach in Streifen schneiden, dann der Breite nach in etwa 1 cm große Würfel schneiden. Etwas salzen und etwa 30 Minuten in einem Sieb abtropfen lassen.

2 Minze waschen, zwei Drittel davon klein hacken und mit dem Joghurt und dem Zimt in einer Schüssel verrühren. Sultaninen dazugeben. Gurkenwürfel untermischen und alles mit Salz und Pfeffer abschmecken.

3 Den Gurkensalat in Schälchen anrichten und mit den übrigen Minzblättchen dekorieren.

Getränk:
Dazu passt kein Wein.

KÄFER-TIPP
Eignet sich auch als Dip für Cracker oder Rohkost – dafür die Gurken in möglichst kleine Würfelchen schneiden.

Bries, die Wachstumsdrüse vom Kalb, ist eine Delikatesse, die jeden einfachen Blattsalat zum kulinarischen Highlight macht.

Kopfsalatherz mit gebackenem Bries

Für 4 Personen
***Zubereitungszeit:** 45 Minuten (Bild links oben)*

ZUTATEN:
200 g Kalbsbries (beim Metzger vorbestellen)
Salz
Pfeffer
1 Ei
2 Essl. Mehl
4 Essl. Paniermehl
3 Essl. Butterschmalz
2 kleine Köpfe Kopfsalat
3 Essl. Pflanzenöl
1 Essl. Aceto balsamico
1 Essl. Senf
1 Eigelb (ganz frisch!)
50 g Parmesan am Stück
40 g Kapern

1 In einem Topf etwa 1 l Wasser sprudelnd aufkochen lassen, Kalbsbries etwa 30 Sekunden darin blanchieren (überbrühen), herausnehmen, auf einen Teller legen, in 1–2 cm große Röschen zerlegen und mit Salz und Pfeffer würzen. Den Backofen auf 100° vorheizen.

2 Das Ei in einem Schüsselchen mit einer Gabel verquirlen. Mehl und Paniermehl auf jeweils einen Teller geben. Kalbsbries erst im Mehl, dann im verquirlten Ei, zuletzt im Paniermehl wenden.

3 In einer Pfanne Butterschmalz erhitzen. Kalbsbries im heißen Fett von allen Seiten in etwa 5 Minuten backen. Zugedeckt im Backofen warm stellen.

4 Den Kopfsalat von den äußeren Blättern befreien. Die Herzen waschen, abtropfen lassen und vierteln.

5 Für die Salatsauce Öl, Aceto balsamico, Senf, Eigelb, Salz und Pfeffer in einer Schüssel zu einem glatten Dressing verrühren. Parmesan mit einem Sparschäler in Späne schneiden oder mit der Reibe grob hobeln.

6 Zum Anrichten jeweils 2 Kopfsalatviertel gegenüber auf Portionsteller legen, die Salatsauce darüber träufeln, Kalbsbries dazulegen und mit einigen Kapern und etwas Parmesan garnieren.

Getränk:
Badischer Grauburgunder

KÄFER-TIPP FÜR JEDEN TAG
Nicht nur die Herzen vom Salat verwenden, sondern auch alle anderen Blätter in mundgerechte Stücke schneiden oder zerzupfen. Dafür dann etwa die doppelte Menge Salatsauce zubereiten.
Der Salat kann auch ohne Kalbsbries serviert werden.

Geschmorter Kopfsalat

Für 4 Personen (Bild ganz links)
***Zubereitungszeit:** 20 Minuten*

ZUTATEN:
3 Köpfe Kopfsalat
Salz, Pfeffer
1 Essl. Butter
50 g Mozzarella
50 g Parmesan am Stück
100 ml Hühnerbrühe (frisch oder fertig)

1 In einem Topf etwa 1 l Salzwasser zum Kochen bringen. Kopfsalate mit dem Strunk in Viertel schneiden, dann vorsichtig unter fließendem Wasser waschen. Im kochenden Wasser etwa 30 Sekunden blanchieren (überbrühen), herausnehmen und vorsichtig ausdrücken. Blattspitzen nach unten zum Strunk hin umschlagen.

2 Den Backofen auf 200° vorheizen. Eine feuerfeste Form mit Butter ausfetten und mit etwas Salz und Pfeffer bestreuen.

3 Kopfsalat jeweils mit der umgeschlagenen Seite nach unten in die Form legen. Mozzarella klein würfeln, Parmesan reiben und beides darüber streuen. Hühnerbrühe seitlich in die Form gießen.

4 Die Kopfsalatviertel im heißen Backofen (Mitte) in etwa 10 Minuten goldgelb überbacken.

Getränk:
frischer Sauvignon aus Venetien/Friaul

Lollo bianco mit Oliven und Paprika

Für 4 Personen (Bild links unten)
***Zubereitungszeit:** 30 Minuten*

ZUTATEN:
1 kleine Zwiebel
1 Knoblauchzehe
2 Essl. schwarze Oliven
1 Essl. frische Thymianblättchen (oder 1/4 Teel. getrockneter Thymian)
Salz, Pfeffer
1–2 Essl. Weinessig
6 Essl. Olivenöl
je 1 rote und 1 gelbe Paprikaschote
1 Kopf Lollo bianco

1 Zwiebel und Knoblauch schälen und in kleine Würfel schneiden. Oliven halbieren und entsteinen. Die Hälfte der Oliven klein würfeln. Thymian hacken. Alles mit Salz, Pfeffer und Essig verrühren, dann das Olivenöl untermischen.

2 Die Paprikaschoten waschen, vierteln, von Stielansatz, Kernen und inneren Trennwänden befreien und in dünne Streifen schneiden.

3 Die Blätter vom Lollo bianco lösen, waschen, trockenschleudern und in mundgerechte Stücke zerpflücken.

4 Salat und Paprikastreifen auf vier Teller verteilen, mit der Salatsauce übergießen und mit den restlichen Oliven dekorieren.

Getränk:
provençalischer Roséwein

KÄFER-TIPP FÜR GÄSTE
200 g frisches Lachssteak oder Putenbrustfilet in 1 Esslöffel Öl knapp gar braten (das Fleisch soll auf Fingerdruck leicht federnd nachgeben), in Würfel schneiden und über den Salat geben.

Eingelegter Radicchio

Für 4 Personen
***Zubereitungszeit:** 20 Minuten*

ZUTATEN:
4 kleine Köpfe Radicchio (insgesamt etwa 600 g)
3 Knoblauchzehen
1/2 Essl. gehackter frischer Rosmarin (oder 1/2 Teel. getrockneter Rosmarin)
6 Essl. Olivenöl
1/2 Essl. gehackter frischer Oregano (oder 1/2 Teel. getrockneter Oregano)
4 Essl. Gemüsebrühe (frisch oder fertig)
Salz, Pfeffer
2 Essl. Aceto balsamico

1 Radicchio waschen (s. Käfer-Tipp unten links), von äußeren, welken Blättern befreien. Köpfe durch den Strunk in Viertel schneiden (damit sie nicht auseinanderfallen). Knoblauch schälen und hacken. Rosmarinnadeln klein schneiden.

2 Das Olivenöl in einer großen Pfanne erhitzen, Radicchio darin bei mittlerer Hitze von allen Seiten anbraten. Knoblauch, Rosmarin und Oregano dazugeben und noch kurz mitbraten. Gemüsebrühe dazugeben und alles zugedeckt bei mittlerer Hitze 6–8 Minuten garen.

3 Den Radicchio auf einen Teller legen, mit Salz und Pfeffer würzen und mit Aceto balsamico beträufeln. Zugedeckt etwa 1 Stunde kalt stellen.

***Getränk:** trockener junger Weißwein aus Italien (Bianco di Custoza aus Venetien)*

KÄFER-TIPP
Schmeckt toll als Vorspeise mit Parmaschinken und Oliven und passt hervorragend auf ein Büfett mit italienischen Antipasti.

Radicchio mit Parmaschinken

Für 4 Personen (Bild rechts)
***Zubereitungszeit:** 15 Minuten*

ZUTATEN:
2 Köpfe Radicchio
150 g Parmaschinken
4 Essl. Kürbiskernöl
2 Essl. Aceto balsamico
Salz, Pfeffer
2 Essl. geschälte Kürbiskerne

1 Radicchio waschen (s. a. Käfer-Tipp), welke äußere Blätter entfernen, die übrigen in Chiffonade (längs in lange schmale Streifen) schneiden und auf vier Teller verteilen.

2 Kürbiskernöl, Aceto balsamico, Salz und Pfeffer in einem Schüsselchen verrühren und über den Radicchio träufeln. Schinkenscheiben auf den Radicchio legen.

3 Kürbiskerne in einer trockenen beschichteten Pfanne anrösten und über den Salat streuen.

***Getränk:** Prosecco spumante*

KÄFER-TIPP
Radicchio verliert seinen etwas bitteren Geschmack, wenn man ihn in Zuckerwasser wäscht (etwa 1 Esslöffel Zucker auf 5 l Wasser).

KÄFER-TIPP FÜR GÄSTE
Besonders exquisit wird der Salat, mit »Coppa« statt Parmaschinken; eine Spezialität aus der italienischen Provinz Emilia-Romagna, die es in Feinkostgeschäften zu kaufen gibt.

Radicchio-Spinat-Salat mit Sonnenblumenkernen

Für 4 Personen (Bild ganz rechts)
***Zubereitungszeit:** 20 Minuten*

ZUTATEN:
1 Ei
1 Kopf Radicchio
200 g frischer Spinat (ersatzweise Bataviasalatblätter)
1 kleines Glas Artischockenherzen (Abtropfgewicht 180 g)
2 Zwiebeln
1/2 Knoblauchzehe
6 Essl. Olivenöl
4 Essl. Weißweinessig
Salz, Pfeffer
2 Essl. Sonnenblumenkerne

1 Das Ei in etwa 10 Minuten hart kochen, pellen und fein hacken. Vom Radicchio äußere welke Blätter entfernen, den Strunk herausschneiden und auf der Gemüsereibe fein reiben. Radicchioblätter waschen (s. a. Käfer-Tipp zum neben stehenden Rezept) und trockenschleudern.

2 Spinat verlesen, waschen, lange Stiele entfernen, Spinat gut abtropfen lassen. (Bataviasalatblätter grob zerkleinern.) Artischockenherzen abtropfen lassen, dann vierteln. Zwiebeln schälen und in Ringe schneiden.

3 Eine Salatschüssel mit Knoblauch ausreiben. Radicchioblätter, Spinat und Artischockenherzen locker hineingeben, Zwiebelringe darüber streuen.

4 Öl, Essig, Salz, Pfeffer und den geriebenen Radicchiostrunk verrühren, Marinade darüber gießen und vorsichtig unterheben.

5 Sonnenblumenkerne goldbraun rösten. Salat auf vier Teller verteilen und mit den Kernen und gehacktem Ei bestreuen.

***Getränk:** trockener rassiger junger Weißwein (Frascati Superiore)*

Aurelius von Briesen ist in Frankreich aufgewachsen. Das merkt man, denn seinen Charme schmeckt man quasi aus seinen Gerichten heraus ... und er schneidet Parmaschinken besonders liebevoll in hauchdünne Scheiben. Das sollten Sie von Ihrem Händler auch verlangen!

Radieschen-Rindfleisch-Salat lässt sich auch in größeren Mengen gut vorbereiten. Ein prima Salat für Partys und Büfetts. Den frischen Meerrettich aber erst kurz vor dem Servieren drüberhobeln!

Radieschen-Rindfleisch-Salat

Für 4 Personen (Bild links oben)
***Zubereitungszeit:** 30 Minuten (plus 1 Stunde garen)*

ZUTATEN:
1 l Rinderbrühe (frisch oder fertig)
400 g Tafelspitz
1 Bund Radieschen (oder 200 g Rettich)
3 Schalotten
1/2 Bund glatte Petersilie
1 Stück frischer Meerrettich
3 Essl. Weinessig
3 Essl. Pflanzenöl
Salz, Pfeffer

1. Rinderbrühe in einem Topf erhitzen, Tafelspitz hineinlegen, zugedeckt bei schwacher Hitze in etwa 1 Stunde gar ziehen lassen. Dann herausnehmen und abkühlen lassen.

2. Radieschen waschen und putzen, dann in Scheiben schneiden. (Rettich in dicke Streifen, dann in Scheiben schneiden.)

3. Eventuelle Fettränder vom Fleisch abschneiden, Fleisch in etwa 1/2 cm dünne Scheiben und dann in etwa 2 cm lange Streifen schneiden. Schalotten schälen und in feine Ringe schneiden.

4. Petersilie waschen, trockenschütteln und ohne die groben Stiele klein hacken. Den Meerrettich schälen und mit der Reibe grob hobeln oder mit einem Sparschäler in Späne schneiden.

5. In einer Schüssel Essig, Öl, Salz und Pfeffer verrühren, Radieschen, Fleisch, Petersilie und Schalotten untermischen.

6. Den Radieschen-Rindfleisch-Salat auf vier Teller verteilen und mit dem Meerrettich dekorieren.

Getränk:
Grüner Veltliner aus der Wachau

KÄFER-TIPP FÜR JEDEN TAG

Frischer Meerrettich ist in Folie eingepackt im Kühlschrank mehrere Wochen haltbar. Ersetzt werden kann er durch 1/2 Teelöffel Meerrettich aus Glas oder Tube, den man unter die Salatsauce mischt. Das sieht zwar nicht so schön wie im Originalrezept aus, sorgt aber ebenfalls für Aroma.

Der Salat lässt sich auch gut mit Resten von gekochtem Rindfleisch zubereiten.

Asiatischer Rettichsalat

Für 4 Personen (Bild ganz links unten)
***Zubereitungszeit:** 45 Minuten*

ZUTATEN:
100 g Sojabohnensprossen
1 Rettich
1 große Möhre
2 Frühlingszwiebeln
4 Essl. Sesamöl
2 Essl. Sojasauce
4 Essl. Reisessig
2 Essl. Sesamsamen

KÄFER-TIPP FÜR GÄSTE

Etwa 5 getrocknete chinesische Morcheln 10 Minuten einweichen, dann 30 Sekunden blanchieren (überbrühen), in Streifen schneiden, unter den Salat mischen.

1. In einem Topf etwa 1/2 l Wasser zum Kochen bringen. Inzwischen die Sojabohnensprossen abtropfen lassen, in sprudelnd kochendem Wasser etwa 15 Sekunden blanchieren (überbrühen), dann in einem Sieb abtropfen lassen.

2. Rettich und Möhre schälen und in feine Stifte schneiden. In eine Salatschüssel füllen. Frühlingszwiebeln waschen, putzen und mit dem zarten Grün in Röllchen schneiden.

3. In einem Schüsselchen Sesamöl, Sojasauce und Reisessig verrühren und über die Rettich- und Möhrenstifte gießen, Sojabohnensprossen dazugeben und alles gut mischen.

4. Sesamsamen in einer trockenen beschichteten Pfanne goldbraun rösten. Salat auf Teller verteilen und mit Frühlingszwiebeln und Sesamsamen bestreuen.

Getränk:
halbtrockener fruchtiger Riesling

KÄFER-TIPP

Der asiatische Salat passt gut als Beilage zu Sushi (Seite 126)!

Tomatencarpaccio mit Rucola

Für 4 Personen (Bild links unten)
***Zubereitungszeit:** 20 Minuten*

ZUTATEN:
4 Eiertomaten (ersatzweise Strauch- oder Fleischtomaten)
Salz
schwarzer Pfeffer
2 Bund Rucola
100 g Parmesan am Stück
3 Essl. Olivenöl
1 Essl. Aceto balsamico
2 Essl. Pinienkerne

1. Tomaten in kochendem Wasser etwa 1 Minute überbrühen, mit kaltem Wasser abschrecken und die Haut abziehen. Tomaten in dünne Scheiben schneiden und wie ein Carpaccio auf einem Teller anrichten. Mit Salz und Pfeffer bestreuen.

2. Rucola waschen und trockenschleudern, die groben Stiele abschneiden, die Blätter auf den Tomatenscheiben verteilen. Parmesan mit der Reibe grob hobeln oder mit einem Sparschäler in Späne schneiden und darüber geben.

3. Olivenöl, Aceto balsamico, Salz und Pfeffer verrühren und über das Tomatencarpaccio träufeln. Pinienkerne in einer trockenen beschichteten Pfanne goldbraun rösten, kurz abkühlen lassen und darüber streuen.

Getränk:
Barbera aus dem Piemont

Gemüse und Pilze

... geben den Kick und kommen auch mal ohne Fleisch aus.

Frisch und gesund, superköstlich, kein Stress mit der Figur: Also nichts wie ran an das Gemüse!

Käfers Top Five – Das Wichtigste

Gemüse und Pilze möglichst sofort verarbeiten, denn frisch schmeckt's am besten und die vielen Vitamine und Mineralstoffe sind noch drin.

Einkaufen

Gemüse sollte knackig und frisch aussehen, dazu gehören saftige Blätter und eine feste pralle Schale. Am besten Gemüsesorten, die gerade Saison haben (siehe rechts) kaufen.

Vorbereiten

Gemüse immer gründlich waschen und abtrocknen (geht gut mit Küchenpapier), so entfernt man Schadstoffe, aber: Nie zu lange waschen und nie im Wasser liegen lassen, sonst gehen mit den unerwünschten Stoffen auch wertvolle Stoffe, wie Vitamine und Mineralien verloren.
Pilze wie Champignons oder Egerlinge nur waschen, wenn sie sehr schmutzig sind, ansonsten genügt das Abreiben mit Küchenpapier, damit sie sich nicht so sehr mit Wasser vollsaugen.

Putzen

Hat nichts mit dem Schrubber zu tun, sondern bedeutet, das Gemüse wird je nach Sorte geschält, schadhafte Stellen, Wurzelenden und Strünke werden abgeschnitten, welke Blätter entfernt.

Schneiden

Gemüse kann man in Streifen, in verschieden große Würfel, in Scheibchen, Ringe oder Halbringe schneiden. Verschiedene Gemüsesorten, die für ein Gericht, etwa für ein Wok-Gericht, benötigt werden, je nach Festigkeit in kleinere (z. B. die festen Möhren) oder größere Stücke (z. B. den zarten Broccoli) schneiden – aber nicht allzu unterschiedlich groß, damit sie ungefähr alle gleichzeitig gar werden.
Julienne schneiden: Gemüse (wie Möhren, Paprika, Zucchini) in sehr feine Streifen schneiden. Dazu das Gemüse zuerst in dünne Scheiben, dann diese in Streifen schneiden.

Garen

Gemüse immer möglichst kurz garen (siehe rechts), es sollte noch bissfest, also knackig sein – ideal ist Dämpfen und Dünsten, am besten mit wenig Wasser bei schwacher Hitze im geschlossenen Topf. – Das Garen von Gemüse geht aber auch gut in der Mikrowelle oder im Schnellkochtopf.

Gemüse und Pilze – was hat wann Saison?

Artischocken
März – Mai und
August – Oktober

Auberginen
Juni – November

Austernpilze
das ganze Jahr über

Blumenkohl
März – April und
Juni – November

Bohnen, grüne
Juni – Oktober

Broccoli
Juni – November

Champignons
das ganze Jahr über

Fenchel
Juli – November

Kohlrabi
April – Oktober

Kürbis
September – Oktober

Lauch
April – Mai und
Juli – Oktober

Mangold
Mai – Oktober

Möhren
das ganze Jahr über

Paprikaschoten
Juni – November

Rote Bete
September – Februar

Sellerie
September – März

Spargel
April – Juni

Spinat
April – Mai und
September – November

Tomaten
Juli – Oktober

Zucchini
Juni – Oktober

Gemüse und Pilze – so lange braucht's

Blumenkohlröschen
7 Minuten kochen

Bohnen, grüne
8–10 Minuten kochen

Broccoliröschen
4 Minuten kochen

Champignonsscheiben
2 Minuten braten

Fenchelstreifen
6 Minuten dünsten

Möhrenscheiben
15 Minuten dünsten

Paprikawürfel
5 Minuten dünsten

Spargelstangen
20 Minuten kochen

Spinat
1 Minute dünsten

Tomatenwürfel
2 Minuten dünsten

Zucchiniwürfel
5 Minuten braten

Gemüse und Pilze – 1 x 1 des Garens

Tomaten häuten

Tomaten kreuzweise einschneiden, einige Sekunden in kochend heißes Wasser legen, herausnehmen, mit kaltem Wasser abschrecken und die Haut abziehen. Tomaten vierteln, Stielansätze herausschneiden und je nach Verwendung die Kerne mit der gallertartigen Masse darum entfernen, den Rest weiterverarbeiten (Bild ganz oben).

Knoblauch schneiden

Knoblauchzehe schälen, dann halbieren. Erst längs in Scheiben schneiden, dann quer in kleine Stückchen schneiden. Oder den Knoblauch einfach nach dem Schälen durch die Presse drücken; die Fasern, die zurückbleiben, wegwerfen (Bild Mitte).

Schnelle Eiervinaigrette

Schmeckt gut zu kaltem gegartem Gemüse (Spargel, Broccoli, Blumenkohl):
4 Eier hart kochen, dann Eiweiße und Eigelbe getrennt fein hacken. 1 Bund Schnittlauch fein schneiden. In einer Schüssel mit 2 Esslöffeln Essig, 4 Esslöffeln Öl, Salz, Pfeffer und dem gehackten Ei verrühren und das Gemüse damit übergießen (Bild unten).

Dämpfen – Garen im Dampf

1–2 Tassen Wasser oder Brühe in einen Topf gießen, Gemüse in einem Siebeinsatz in den Topf stellen (es gibt spezielle Dämpftöpfe für Gemüse), Flüssigkeit bei geschlossenem Deckel zum Kochen bringen, dann das Gemüse bei mittlerer Hitze bissfest garen. Dämpfflüssigkeit ergibt eine prima Gemüsebrühe, die in vielen Rezepten verwendet werden kann (z. B. für Risotto, Seite 129).

Blanchieren – für Farbe und Geschmack

Wendet man vor allem an, damit das Gemüse seine kräftige Farbe behält. Danach das Gemüse immer in ein Sieb abgießen oder mit dem Schaumlöffel herausheben und gut abtropfen lassen.

Dünsten – Garen im eigenen Saft

Dazu wenig Fett im Topf erhitzen, eventuell Zwiebelwürfel und Knoblauch darin andünsten, Gemüse dazugeben und zugedeckt darin bei schwacher Hitze garen, nach Bedarf ein wenig Brühe dazugeben. Eine gute Garmethode für wasserhaltige Gemüse wie Tomaten, Zucchini, Paprikaschoten.

Kochen – Garen in reichlich Wasser

Leider schwimmen hierbei viele Vitamine dann später im Kochwasser, deshalb das Garwasser möglichst als Gemüsebrühe weiterverwenden. Ganz von Wasser bedeckt garen sollten beispielsweise Spargel, Hülsenfrüchte oder Artischocken.

Pfannenrühren – Garen auf asiatisch

Klein geschnittenes Gemüse wird in wenig heißen Fett im Bratentopf, in einer schweren Pfanne oder im Wok bei starker Hitze unter ständigem Rühren nur kurz gegart. Das Gemüse sollte aber wirklich fein geschnitten und nicht zu nass sein, wenn es in die Pfanne kommt.

Übrigens:

Currypaste (aus dem Asienladen) peppt jedes Gemüse auf und lässt es mit wenig Aufwand so richtig asiatisch schmecken.
Tiefgekühltes Gemüse ist eine echte Alternative zu frischem; nach Packungsaufschrift aufgetaut und zubereitet kann es genauso gut schmecken und genauso viele gute Inhaltsstoffe haben.
Hülsenfrüchte (Ausnahme: die zarten roten Linsen) sollten vor dem Garen über Nacht in kaltem Wasser eingeweicht werden.
Getrocknete Pilze vor der Verwendung immer in Wasser einweichen, so können sie ihren vollen Geschmack entfalten.

Artischockenböden im Strudelteig

Für 4 Personen
***Zubereitungszeit:** 45 Minuten (plus 30 Minuten backen)*

ZUTATEN:
3 Schalotten
1 kleine Aubergine
1 kleine Zucchini
1 rote Paprikaschote
1 Knoblauchzehe
2 Tomaten
4 Essl. Olivenöl
4 Artischockenböden (aus dem Glas)
Salz, Pfeffer
je 1/2 Bund frischer Rosmarin, Thymian, Salbei (oder 1/4 Teel. getrocknete Kräuter)
125 g Mozzarella (1 Kugel)
200 g Strudelteig (Fertigteig)
2 Eigelbe

KÄFER-TIPP
Statt Kerbel können für die Garnitur auch Blättchen von glatter Petersilie oder Dill verwendet werden.

1 Schalotten schälen und klein hacken. Aubergine und Zucchini waschen, putzen und in kleine Würfel schneiden. Paprika waschen, vierteln, putzen und ebenfalls klein würfeln. Knoblauch schälen und hacken.

2 Tomaten in kochendem Wasser etwa 1 Minute überbrühen, mit kaltem Wasser abschrecken und die Haut abziehen. Tomaten vierteln, Stielansätze und Kerne entfernen, das Fruchtfleisch würfeln.

3 Kräuter waschen, Nadeln oder Blättchen von den Stielen zupfen. Die Artischockenböden mit der Hälfte der Schalotten und Kräuter in 1 Esslöffel Öl etwa 5 Minuten anbraten. Mit Salz und Pfeffer würzen, die Artischockenböden herausnehmen und beiseite stellen.

4 Das Gemüse ohne die Tomaten, restliche Schalotten, Knoblauch und Kräuter im restlichen Öl etwa 10 Minuten dünsten, bis das Gemüse gerade bissfest ist. Gewürfelte Tomaten dazugeben und alles mit Salz und Pfeffer abschmecken.

5 Backofen auf 180° vorheizen. Strudelteig ausbreiten und in 4 gleich große Stücke schneiden. Mozzarella in 4 Scheiben schneiden. Auf jedes Teigstück 1 Artischockenboden setzen, mit 1 Mozzarellascheibe belegen, und etwas vom Gemüseragout darauf verteilen. Die Teigränder mit verquirltem Eigelb bestreichen und zusammendrücken, so dass Taschen entstehen.

6 Ein Backblech mit Backpapier auslegen. Teigtaschen darauf legen und im Backofen (Mitte) in etwa 30 Minuten goldgelb backen.

Getränk:
Frascati Superiore

Artischocken auf provenzalische Art

Für 4 Personen (Bild rechts)
***Zubereitungszeit:** 1 Stunde*

ZUTATEN:
8 kleine violette Artischocken (s. Käfer-Tipp)
2 Essl. Zitronensaft
12 sehr kleine weiße Zwiebeln
2 Knoblauchzehen
150 g Champignons
6 Tomaten
150 g Speck
je 1 Zweig frischer Rosmarin und Thymian (oder je 1/4 Teel. getrocknete Kräuter)
3 Essl. Olivenöl
1 Lorbeerblatt
Salz, Pfeffer
1/2 Bund Petersilie

KÄFER-TIPP FÜR JEDEN TAG
Falls kleine violette Artischocken nicht zu bekommen sind: Das Gericht schmeckt auch mit eingelegten Artischockenherzen.

1 Von den Artischocken den Stiel abbrechen, harte äußere Blätter entfernen, von den restlichen Blättern das obere Drittel abschneiden. Artischocken vierteln, in 2 l Wasser aufkochen, Zitronensaft dazugeben, Artischocken darin etwa 15 Minuten garen; herausnehmen.

2 Zwiebeln und Knoblauch schälen, Knoblauch hacken. Pilze mit Küchenpapier säubern, putzen und vierteln. Tomaten in kochendem Wasser etwa 1 Minute überbrühen, mit kaltem Wasser abschrecken, die Haut abziehen. Tomaten vierteln, Stielansätze und Kerne entfernen, Fruchtfleisch würfeln.

3 Den Speck in Würfel schneiden und in einer Pfanne auslassen (das Fett ausbraten). Thymian und Rosmarin waschen und Blättchen oder Nadeln abzupfen. In einem großen Topf die Zwiebeln im Öl kurz anbraten, dann Tomaten, Champignons, Knoblauch, Thymian, Rosmarin, Lorbeerblatt und Speck unterrühren. Mit Salz und Pfeffer würzen. Zugedeckt bei mittlerer Hitze etwa 15 Minuten garen, dann die Artischocken dazugeben und alles noch 15 Minuten zugedeckt garen.

4 Petersilie waschen, trockenschütteln und ohne die groben Stiele hacken. Artischocken mit Salz und Pfeffer abschmecken und mit Petersilie bestreut servieren.

***Getränk:** Tavel (Roséwein von der Loire) oder Côtes de Provence rosé*

Alexander Zenn, kreativ und sympatisch, zaubert immer wieder neue tolle Gerichte für den Käfer Party Service.

Auberginenpüree

Für 4 Personen
Zubereitungszeit: *1 Stunde 10 Minuten*

ZUTATEN:
750 g Auberginen
Salz, Pfeffer
je 1 Zweig frischer Thymian und Rosmarin (oder je 1/4 Teel. getrocknete Kräuter)
1/2 Bund Basilikum
100 ml Olivenöl
1 Knoblauchzehe
1 Schalotte
2 frische Salbeiblätter (oder 1/2 Teel. getrockneter Salbei)
3 Essl. Weißweinessig

1. Den Backofen auf 180° vorheizen. Auberginen waschen, vom Stielansatz befreien, längs halbieren, Fruchtfleisch kreuzweise einschneiden. Mit der Schnittfläche nach oben auf ein Backblech legen, salzen und pfeffern.
2. Thymian, Rosmarin, Basilikum waschen, die Blättchen oder Nadeln von den Stielen zupfen und fein hacken. 50 ml Olivenöl mit den Kräutern verrühren, auf die Auberginen träufeln. Auberginen im Ofen (Mitte) etwa 35 Minuten garen, etwas abkühlen lassen, dann die Schale abziehen. Auberginenfleisch klein würfeln.
3. Knoblauch und Schalotte schälen, hacken. Salbei waschen und klein schneiden. In einer großen Pfanne restliches Olivenöl erhitzen. Knoblauch, Schalotte, Essig und Salbei einrühren und etwa 5 Minuten bei starker Hitze reduzieren (die Flüssigkeit einkochen lassen).
4. Auberginenwürfel dazugeben und unter Rühren 5 Minuten garen. Pfanneninhalt mit dem Pürierstab fein pürieren, mit Salz und Pfeffer abschmecken.

Getränk: *trockener Weißwein aus Südfrankreich oder Italien*

KÄFER-TIPP
Schmeckt toll zu Fladenbrot, als Beilage zu Fleisch und Fisch, als Dip für Rohkost.

Kichererbsen-Dip

Für 4 Personen
Zubereitungszeit: *30 Minuten*

ZUTATEN:
3 Tomaten
240 g Kichererbsen (1 kleine Dose)
4 Knoblauchzehen
1 Zwiebel
2 Essl. Olivenöl
100 ml Hühnerbrühe (frisch oder fertig)
3 Essl. Weißwein
1 Döschen gemahlener Safran
Salz, Pfeffer
1/2 Teel. Cayennepfeffer
1 rote Chilischote

1. Tomaten in kochendem Wasser etwa 1 Minute überbrühen, mit kaltem Wasser abschrecken und die Haut abziehen. Tomaten quer halbieren, Stielansätze und Kerne entfernen. Fruchtfleisch hacken.
2. Knoblauch und Zwiebel schälen, hacken. Olivenöl in einer Pfanne erhitzen, Zwiebeln und Knoblauch darin andünsten. Tomaten, Kichererbsen, Brühe, Wein und Safran dazugeben. Alles etwa 10 Minuten garen. Dann in einer Schüssel mit dem Pürierstab fein pürieren, mit Salz, Pfeffer und Cayennepfeffer pikant abschmecken.
3. Chilischote waschen, Stielansätze entfernen, Schote längs halbieren, Kerne entfernen. Chili in feine Halbringe schneiden und den Dip damit dekorieren.

Getränk: *arabischer Tee*

KÄFER-TIPP
Schmeckt kalt mit Weißbrot, als Beilage zu Fisch, Fleisch oder zum Beispiel frittiertem Tintenfisch. Hervorragend auch als Dip mit Crackern, Chips oder rohem Gemüse.

Morchelrahmsauce

Für 4 Personen
***Zubereitungszeit:** 30 Minuten (plus 1 Stunde quellen)*

ZUTATEN:
25 g getrocknete chinesische Spitzmorcheln
3 Schalotten
je 1 Zweig frischer Rosmarin und Thymian (oder je 1/4 Teel. getrocknete Kräuter)
1 Essl. Butter
50 ml Portwein
50 ml halbtrockener Rotwein
1/4 l Rinderfond (aus dem Glas)
100 g süße Sahne
3 Essl. Crème fraîche
Salz, Pfeffer

1 Die Morcheln in kaltem Wasser etwa 1 Stunde einweichen, abgießen und abtropfen lassen. Morcheln halbieren und in Streifen schneiden.

2 Schalotten schälen und hacken. Kräuter waschen, Blättchen oder Nadeln abzupfen, klein hacken. Butter in einer Pfanne erhitzen, Schalotten und Kräuter darin kurz andünsten, die Morcheln dazugeben und etwa 2 Minuten unter Rühren bei starker Hitze anbraten.

3 Port- und Rotwein dazugießen, offen kochen und die Flüssigkeit dabei etwas reduzieren (einkochen), mit Fond und Sahne auffüllen. Etwa 5 Minuten garen. Crème fraîche unterrühren; mit Salz und Pfeffer würzen.

***Getränk:** Pinot noir aus Burgund*

KÄFER-TIPP
Diese exquisite Sauce passt hervorragend zu Chinesischen Eiernudeln: 250 g Instant-Nudeln in reichlich Salzwasser etwa 2 Minuten kochen lassen, abgießen und abtropfen lassen; mit der Sauce servieren.

Staudenselleriemousse

Für 4 Personen
***Zubereitungszeit:** 50 Minuten*

ZUTATEN:
500 g Staudensellerie
Salz
1 Teel. Zucker
3 Essl. Zitronensaft
1/2 Teel. gemahlene weiße Gelatine
3 Essl. weißer Portwein
150 g süße Sahne

1 Staudensellerie waschen, putzen und in kleine Stücke schneiden. In einem Topf mit Zitronensaft, etwas Salz und dem Zucker zugedeckt bei mittlerer Hitze in etwa 15 Minuten weich garen; etwas abkühlen lassen.

2 Sellerie mit dem Pürierstab fein pürieren. Gelatine im Portwein quellen lassen, unter die warme Selleriemasse mischen. Sahne halbsteif schlagen und ebenfalls unterheben.

3 Eine Form mit Frischhaltefolie auslegen, die Masse hineingießen; zugedeckt etwa 4 Stunden kalt stellen und fest werden lassen.

4 Nach dem Erkalten die Mousse aus der Form auf einen Teller stürzen, die Folie entfernen und die Mousse servieren. Oder mit einem Esslöffel von der Mousse Nocken abstechen und auf vier Teller verteilen.

***Getränk:** Weißburgunder von der Nahe oder aus der Pfalz*

KÄFER-TIPP
Die Mousse schmeckt köstlich zu Räucherlachs. Bei festlicheren Anlässen ist sie »ein Gedicht« zu gekochtem Hummer.

Die Gemüsespieße kann man vorbereiten und fertig besteckt im Kühlschrank aufbewahren. Kurz bevor die Gäste kommen, werden sie nur noch frittiert.

Gemüsespieße im Backteig

Für 6 Personen (Bild links oben)
***Zubereitungszeit:** 25 Minuten (plus 20 Minuten kühlen)*

ZUTATEN:
4 Eier
200 g Mehl
1 Essl. Zucker
1 Messerspitze Salz
2 Essl. Pflanzenöl
200 ml Weißwein
1 Möhre
1 kleine Zucchini
1 kleine Aubergine
1 kleiner Kohlrabi
1/2 Staude Broccoli (oder 250 g Blumenkohl)
6 Champignons
Fett zum Frittieren
12 Holzspieße

1 Eier trennen. Eigelbe mit Mehl, Zucker, Salz, Öl und Wein mit den Schneebesen des Handrührgeräts zu einem glatten Teig verrühren. Etwa 20 Minuten zugedeckt kalt stellen.

2 Reichlich Wasser in einem großen Topf zum Kochen bringen. Inzwischen Möhre, Zucchini, Aubergine waschen und putzen, Kohlrabi schälen und alles in etwa 2 cm große Würfel schneiden. Broccoli waschen und in kleine Röschen teilen. Champignons mit Küchenpapier sauber reiben, putzen, je nach Größe halbieren oder vierteln.

3 Das Gemüse im sprudelnd kochenden Wasser etwa 10 Sekunden (Blumenkohl etwa 1 Minute) blanchieren (überbrühen), herausnehmen und in einem Sieb abtropfen lassen. In eine Schüssel geben und mit Salz und Pfeffer würzen.

4 Die Gemüsesorten abwechslungsreich auf jeweils 1 Holzspieß stecken, bis 12 Spieße besteckt sind. Die Eiweiße steif schlagen und unter den Backteig heben. Fett in einem großen Topf erhitzen.

5 Die Gemüsespieße erst im Backteig wenden, dann portionsweise im heißen Fett goldgelb frittieren. Auf Küchenpapier abtropfen lassen, bis alle Spieße fertig gebacken sind.

***Getränk:** Elsässer Pinot blanc*

KÄFER-TIPP
Dazu schmeckt Remouladensauce oder auch ein Zitronen-Kräuter-Dip (siehe Rezept unten).

Gebackene Austernpilze mit Zitronen-Kräuter-Dip

Für 4 Personen (Bild ganz links unten)
***Zubereitungszeit:** 50 Minuten*

ZUTATEN:
je 1/2 Bund Basilikum, Schnittlauch, Petersilie
600 g Austernpilze
200 g Mehl
3 Eier
1/4 l Milch
1 Knoblauchzehe
Salz, Pfeffer
500–750 g Butterschmalz
300 g Joghurt
2 Essl. Zitronensaft

1 Die Kräuter waschen, trockenschütteln und ohne die groben Stiele fein schneiden. Von den Pilzen Stiele entfernen, Kappen mit Küchenpapier sauber reiben. Die Hälfte vom Mehl auf einen Teller geben, die Pilze darin wenden, so dass sie rundum bestäubt sind.

2 Eier trennen. Eigelbe mit restlichem Mehl und Milch in einer Schüssel gut verrühren, die Eiweiße steif schlagen und unter die Eigelbmasse rühren. Knoblauch schälen, hacken und dazugeben. Mit Salz und Pfeffer würzen.

3 Butterschmalz in einem Topf erhitzen. Die Austernpilze nach und nach in den Teig tauchen und kurz im heißen Fett knusprig backen; auf Küchenpapier abtropfen lassen und am besten im Backofen warm stellen, bis alle Pilze fertig gebacken sind.

4 In einer Schüssel Joghurt und Zitronensaft verrühren, die Kräuter untermischen und mit Salz und Pfeffer würzen. Den Dip mit den Austernpilzen servieren.

***Getränk:** spanischer Cava*

Gefüllte Champignons mit Parmesan

Für 4 Personen (Bild links unten)
***Zubereitungszeit:** 20 Minuten (plus 25 Minuten backen)*

ZUTATEN:
8 große Champignons
2 Knoblauchzehen
1 Zwiebel
1 Essl. Butter
1 Bund Petersilie
100 g Parmesan am Stück
1 Ei
2 Essl. Croûtons (gibt's fertig zu kaufen)
Salz, Pfeffer
1 Essl. Pflanzenöl

KÄFER-TIPP
Für ein Büfett kleinere Pilze nehmen, die sich gut als Fingerfood eignen.

1 Pilze mit Küchenpapier sauber reiben, Stiele aus den Köpfen drehen, trockene Stielenden abschneiden, Stiele klein schneiden. Knoblauch und Zwiebel schälen und klein hacken.

2 Butter in einer Pfanne erhitzen, gehackte Pilzstiele, Zwiebeln und Knoblauch darin etwa 2 Minuten bei starker Hitze dünsten, beiseite stellen.

3 Petersilie waschen, trockenschütteln und ohne die groben Stiele klein schneiden. Parmesan fein reiben. Ei in einem Schüsselchen verquirlen, Petersilie, Parmesan und Croûtons untermischen. Alles unter die Gemüsemischung in der Pfanne rühren und mit Salz und Pfeffer würzen. Backofen auf 180° vorheizen.

4 Eine feuerfeste Form ausfetten. Champignonsköpfe nebeneinander in die Form setzen und mit der Parmesan-Mischung füllen. Im Backofen (Mitte) in etwa 25 Minuten goldbraun überbacken.

***Getränk:** Vernaccia di San Gimignano aus der Toscana*

Marc Fritze ist weit herumgekommen, bevor er schließlich beim Käfer Party Service in Parsdorf landete. Er hat lange in Australien gelebt und ist Spezialist für asiatische Gerichte.

Minestrone

Für 4 Personen
***Zubereitungszeit:** 35 Minuten*

ZUTATEN:
1 kleine Zwiebel
100 g geräucherter durchwachsener Speck
1 Stange Staudensellerie
1 kleine Stange Lauch
2 große Möhren
3 Frühlingszwiebeln
1 1/2 l Rinderbrühe (frisch oder fertig)
3 Essl. Olivenöl
1 Essl. Tomatenmark
100 g Makkaroni
100 g weiße Bohnen (aus der Dose; oder Kichererbsen)
Salz, Pfeffer
2 Tomaten
1/2 Bund Basilikum (oder 1 Teel. getrocknete Kräuter der Provence)

1 Zwiebel schälen und klein hacken. Speck klein würfeln. Staudensellerie waschen, putzen und in Halbringe schneiden. Lauch längs aufschlitzen, gründlich waschen und mit dem zarten Grün quer in Streifen schneiden. Möhren schälen und in dünne Scheiben schneiden. Frühlingszwiebeln waschen, putzen und in Röllchen schneiden.

2 Brühe erhitzen. 1 Esslöffel Olivenöl in einem großen hohen Topf erhitzen, Zwiebel und Speck dazugeben und unter Rühren bei starker Hitze etwa 3 Minuten anbraten, Tomatenmark unterrühren. Rinderbrühe dazugießen.

3 Nach und nach weiße Bohnen und das geschnittene Gemüse in den Topf geben und alles bei mittlerer Hitze etwa 5 Minuten garen.

4 Nudeln in etwa 5 cm lange Stücke brechen, dazugeben. 8–10 Minuten bei schwacher Hitze garen, bis die Nudeln weich sind, das Gemüse gerade bissfest ist; salzen, pfeffern.

5 Inzwischen Tomaten in kochendem Wasser etwa 1 Minute überbrühen, mit kaltem Wasser abschrecken und die Haut abziehen. Die Tomaten vierteln, Kerne und Stielansätze entfernen und Fruchtfleisch in Würfel schneiden. Basilikum waschen und trockenschütteln, Blättchen in Streifen schneiden.

6 Tomaten und Basilikum über die fertige Suppe streuen, das restliche Olivenöl dazugeben und alles noch etwa 2 Minuten ziehen lassen.

***Getränk:** unkomplizierter italienischer Rotwein, z. B. Barbera d'Asti*

KÄFER-TIPP FÜR GÄSTE
In die Suppe 2 Esslöffel Pesto (aus dem Glas oder nach Rezept auf S. 175 selbst gemacht) einrühren.

Mangoldgemüse mit Basilikum

Für 4 Personen (Bild links)
***Zubereitungszeit:** 20 Minuten*

ZUTATEN:
3 Fleischtomaten
800 g Mangold
2 Schalotten
4 frische Salbeiblätter (oder 1 Teel. getrockneter Salbei)
1/2 Bund Basilikum
3 Essl. Olivenöl
2 Essl. Butter
Salz, Pfeffer
2 Essl. Zitronensaft

1 Tomaten in kochendem Wasser etwa 1 Minute überbrühen, mit kaltem Wasser abschrecken und die Haut abziehen. Tomaten vierteln, Stielansätze und Kerne entfernen und das Fruchtfleisch in 1/2 cm große Würfel schneiden.

2 Mangold waschen, Blätter von den Stielen abtrennen und in 1 cm breite Streifen schneiden, die Stiele in feine Streifen schneiden.

3 Schalotten schälen und klein würfeln. Salbei waschen, trocknen, in Streifen schneiden. Basilikum waschen, trockenschütteln, Blätter in Streifen schneiden.

4 Olivenöl und Butter in einer großen Pfanne erhitzen, die Schalotten darin andünsten, bis sie glasig sind, Mangoldstiele dazugeben und bei mittlerer Hitze etwa 3 Minuten dünsten.

5 Mangoldblätter und Tomatenwürfel unterrühren, mit Salz, Pfeffer und Zitronensaft würzen und alles weitere 5 Minuten bei schwacher Hitze dünsten. Mit Salbei und Basilikum bestreut servieren.

***Getränk:** trockener, nicht zu fruchtiger Weißwein aus Mittel- oder Süditalien*

KÄFER-TIPP
Das Gemüse zu gebratenem Fisch oder Kalbfleisch servieren.

Kürbis-Honig-Suppe

Für 4 Personen (Bild ganz links)
***Zubereitungszeit:** 1 Stunde*

ZUTATEN:
500 g Kürbis
2 Kartoffeln
1 Zwiebel
1 kleine Stange Lauch
2 Essl. Butter
1/4 l trockener Weißwein
1 l Hühnerbrühe (frisch oder fertig)
Salz, Pfeffer
Muskatnuss, frisch gerieben
1 Messerspitze gemahlener Kümmel
2 Essl. flüssiger Honig
2 Essl. Obstessig
2 Essl. Crème fraîche
100 g süße Sahne
2 Essl. geschälte Kürbiskerne

1 Kürbis schälen, Kerne und faseriges Inneres entfernen. Kartoffeln schälen und wie das Kürbisfleisch in 2 cm große Würfel schneiden. Zwiebel schälen, klein würfeln. Lauch längs aufschlitzen, gründlich waschen und mit dem zarten Grün quer in Streifen schneiden.

2 Butter in einem hohen Topf erhitzen, Zwiebeln und Lauch darin etwa 5 Minuten bei starker Hitze unter Rühren andünsten. Wein und Brühe dazugießen, Kürbis und Kartoffeln dazugeben, alles zugedeckt bei schwacher Hitze in etwa 20 Minuten weich garen. Dabei ab und zu umrühren.

3 Suppe mit dem Pürierstab pürieren und durch ein feines Sieb streichen. Mit Salz, Pfeffer, Muskat, Kümmel würzen. Honig und Crème fraîche einrühren, Suppe mit Essig abschmecken.

4 Sahne steif schlagen. In einer trockenen beschichteten Pfanne die Kürbiskerne anrösten. Suppe portionieren, mit Kürbiskernen bestreuen und mit Sahnehäubchen servieren.

***Getränk:** halbtrockener Riesling, 2–3 Jahre alt*

Gemüse und Pilze mit Tofu

Für 4 Personen (Bild links)
***Zubereitungszeit:** 45 Minuten*

ZUTATEN:
450 g Tofu
1 Stück frische Ingwerwurzel (etwa 5 cm)
1 Teel. Dajong-Chinagewürz (Asienladen)
2 Teel. Sambal oelek
2 Essl. Zucker
je 20 g getrocknete Mu-Err- und Shiitake-Pilze
150 g Bambussprossen (aus dem Glas)
2 große Möhren
1 Zucchini
150 g Broccoli
150 g Zuckerschoten
200 g Chinakohl
1/2 Bund Koriander
2 Essl. Austernsauce (Asienladen)
7 Essl. Sojasauce
6 Essl. Sesamöl

1 Tofu in 2 cm große Würfel schneiden und in eine flache Form geben. Ingwer schälen und klein hacken, mit Dajong-Gewürz, Sambal oelek, Zucker verrühren, über den Tofu gießen. 30 Minuten zugedeckt marinieren.

2 Pilze 10 Minuten in kaltem Wasser einweichen und klein schneiden. Bambussprossen abtropfen lassen.

3 Möhren und Zucchini schälen und in Scheiben schneiden. Broccoli in Röschen teilen, waschen. Zuckerschoten waschen und putzen. Chinakohl waschen, ohne den Strunk in feine Streifen schneiden. Koriander waschen, Blättchen abzupfen.

4 Etwas Sesamöl im Wok erhitzen, nach und nach das Gemüse hineingeben und unter Rühren braten, dabei immer wieder Sesamöl dazugeben. Zum Schluss Bambussprossen, Pilze und Koriander untermischen. Tofu mit der Marinade dazugeben. Mit Austern- und Sojasauce würzen und 10 Minuten garen.

***Getränk:** australischer Shitaz*

KÄFER-TIPP
Dajong-Gewürz und Austernsauce gibt's in Feinkostgeschäften oder Asienläden.

Paprika-Auberginen-Gemüse mit Gorgonzola

Für 4 Personen (Bild rechts)
***Zubereitungszeit:** 50 Minuten*

ZUTATEN:
2 große Kartoffeln
Salz, Pfeffer
2 rote Paprikaschoten
1 gelbe Paprikaschote
1 große Aubergine
1 große Zwiebel
2 Knoblauchzehen
6 Essl. Olivenöl
1 Essl. frische Thymianblättchen (oder 1/4 Teel. getrockneter Thymian)
1 Essl. Öl
250 g süße Sahne
150 g Gorgonzola

1 Die Kartoffeln in Salzwasser in etwa 30 Minuten weich garen, pellen und in Scheiben schneiden. Paprikaschoten waschen, putzen und würfeln. Die Aubergine waschen und würfeln. Zwiebel und Knoblauch schälen und hacken.

2 Olivenöl erhitzen, das Gemüse darin bei starker Hitze 5–10 Minuten unter Rühren braten, Zwiebeln, Knoblauch und Thymian dazugeben, mit Salz und Pfeffer würzen.

3 Eine feuerfeste Form mit 1 Esslöffel Öl ausfetten, die Kartoffelscheiben hineinlegen, salzen und pfeffern. Paprika- und Auberginengemüse darauf schichten.

4 Die Sahne erhitzen, Gorgonzola darin schmelzen,würzen und über das Gemüse gießen. Im Backofen (Mitte) in etwa 10 Minuten goldbraun gratinieren.

***Getränk:** Barbera aus dem Piemont*

Asiatisches Paprika-Sprossen-Gemüse

Für 4 Personen (Bild links)
Zubereitungszeit: *20 Minuten*

ZUTATEN:
2 rote Paprikaschoten
2 gelbe Paprikaschoten
200 g Sojabohnensprossen
200 g Zuckerschoten (oder Chinakohl)
4 Frühlingszwiebeln
1/2 Bund Koriander
1 Stück frische Ingwerwurzel (etwa 5 cm, oder 2 Kaffirlimetten- bzw. Zitronenblätter)
8 Essl. Sesamöl
1 Teel. Dajong-Chinagewürz (s. Käfer-Tipp auf Seite 42)
100 ml Austernsauce (s. Käfer-Tipp auf Seite 42; ersatzweise Sojasauce)

1 Paprikaschoten waschen, vierteln, putzen, der Länge nach in dünne Längsstreifen schneiden. Sojabohnensprossen in sprudelnd kochendem Wasser etwa 15 Sekunden blanchieren (überbrühen), in einem Sieb abtropfen lassen.

2 Die Zuckerschoten waschen, putzen, längs in Streifen schneiden. (Chinakohlblätter längs halbieren und quer in Streifen schneiden.) Frühlingszwiebeln waschen, putzen, in Röllchen schneiden. Koriander waschen, trockenschütteln, Blättchen abzupfen. Ingwer schälen und klein hacken.

4 In einer großen Pfanne Sesamöl erhitzen, Paprikastreifen darin etwa 5 Minuten bei starker Hitze braten. Das Gemüse bei mittlerer Hitze kurz mitdünsten. Koriander, Ingwer und Dajong-Gewürz dazugeben. Austernsauce untermischen, alles noch etwa 5 Minuten bei schwacher Hitze garen.

Getränk: *halbtrockener fruchtiger Riesling*

KÄFER-TIPP
Dazu passen zusätzlich noch etwa 500 g gebratener Tofu.

Thai-Gemüse mit roten Linsen

Fur 4 Personen (Bild rechts)
Zubereitungszeit: *40 Minuten*

ZUTATEN:
1 große Zwiebel
4 große Kartoffeln
4 Möhren
500 g Broccoli
2 Essl. Pflanzenöl
3 Teel. milde Currypaste (s. Käfer-Tipp; oder 2 Teel. Currypulver)
4 Kaffirlimettenblätter (Zitronenblätter; ersatzweise 1 Stängel Zitronengras)
3/8 l Gemüsebrühe (frisch oder fertig; oder Wasser)
3 Essl. ungesüßte Kokosmilch
200 g rote Linsen

1 Die Zwiebel schälen und klein würfeln. Kartoffeln schälen und in etwa 2 cm große Würfel schneiden, Möhren schälen, längs halbieren und in Scheiben schneiden. Broccoli waschen und in kleine Röschen teilen.

2 Das Öl im Wok oder in einem großen Bratentopf erhitzen, Zwiebeln darin bei starker Hitze etwa 1 Minute anbraten. Kartoffeln dazugeben, Currypaste und Kaffirlimettenblätter untermischen, 1/4 l von der Brühe dazugießen und alles bei mittlerer Hitze etwa 5 Minuten garen.

3 Möhren, Broccoli und Kokosmilch in die Pfanne geben; alles 10 Minuten garen. Linsen unterrühren, eventuell die restliche Brühe dazugeben und alles nochmals 5–8 Minuten garen.

Getränk: *halbtrockener fruchtiger Riesling*

KÄFER-TIPP
Currypaste gibt's in verschiedenen Sorten im Asienladen. Mit etwa 1 Teelöffel davon schmeckt jedes Gericht »echt indisch«.

Spinat-Bällchen mit Parmesan

Für 4 Personen
***Zubereitungszeit:** 1 Stunde*

ZUTATEN:
500 g frischer Spinat (ersatzweise tiefgekühlter Blattspinat, aufgetaut)
Salz
200 g Ricotta
1 Essl. Mehl
2 Eier
Pfeffer
Muskatnuss, frisch gerieben
50 g Parmesan am Stück
150 g Butter
1/2 Bund Basilikum

1 Spinat verlesen, grobe Stiele entfernen, Spinat waschen, tropfnass in einen Topf geben und bei mittlerer Hitze zusammenfallen lassen. Den Spinat in ein Sieb gießen, kalt abschrecken, dann fein hacken (Stepfoto 1).

2 Etwa 2 l Salzwasser in einem großen Topf zum Kochen bringen. Inzwischen in einer Schüssel Spinat, Ricotta, Mehl und Eier verrühren, mit Salz, Pfeffer und Muskat würzen. Mit einem Teelöffel Nocken von der Spinatmasse abstechen und mit nassen Händen oder mit zwei Teelöffeln zu Bällchen formen (Stepfoto 2).

3 Die Bällchen nach und nach ins kochende Wasser geben und darin 6–8 Minuten bei schwacher Hitze ziehen lassen, bis sie an die Oberfläche steigen. Dann mit der Schaumkelle herausnehmen und auf Küchenpapier abtropfen lassen (Stepfoto 3).

4 Parmesan fein reiben. Butter in einem kleinen Topf erhitzen. Spinat-Bällchen auf Tellern verteilen, mit zerlassener Butter begießen und mit Parmesan bestreuen.

***Getränk:** trockener Weißwein aus der Toscana oder aus Umbrien*

KÄFER-TIPP FÜR GÄSTE
Die Malfatti, wie diese köstlichen Bällchen in Italien genannt werden, lassen sich gut vorbereiten. Im Kühlschrank zugedeckt aufbewahren, erst kurz bevor die Gäste kommen im Backofen aufwärmen und mit zerlassener Butter und geriebenem Parmesan servieren.

Die köstlichen Spinatbällchen werden mit Basilikumblättchen hübsch garniert – und dazu braucht's dann eigentlich nur noch frisches Baguette.

Selleriesalat mit Äpfeln

Für 4 Personen (Bild unten)
***Zubereitungszeit:** 20 Minuten*

ZUTATEN:
1 Knollensellerie
2 große rote Äpfel
2 Essl. Korinthen
2 Essl. Mayonnaise
2 Essl. saure Sahne
1 Essl. Milch
1 Essl. Zitronensaft
1 Teel. Zucker
Salz, Pfeffer

1 Sellerie schälen, halbieren, vierteln und in etwa 1 cm große Würfel schneiden. Äpfel waschen und abtrocknen, halbieren, vierteln, Kerngehäuse entfernen, dann die Äpfel in kleine Würfel schneiden.

2 Sellerie, Äpfel und Korinthen in einer Salatschüssel mischen. In einem Schüsselchen Mayonnaise mit saurer Sahne, Milch, Zitronensaft, Zucker, Salz und Pfeffer cremig verrühren, die Sauce über das Gemüse geben und alles gut durchmischen.

***Getränk:** Mineralwasser oder Bier*

VARIANTE:
Farmersalat
4 geputzte und in Halbringe geschnittene Stangen Staudensellerie mit abgetropften Maiskörnern (285-g-Dose) mischen, 2 in Röllchen geschnittene Frühlingszwiebeln und 1 geschälte und geraspelte Möhre untermischen, mit der im Rezept beschriebenen Sauce mischen und kräftig würzen.

Gebackene Rote Bete

Für 4 Personen (Bild oben)
***Zubereitungszeit:** 25 Minuten (plus 50 Minuten backen)*

ZUTATEN:
6 rote Bete
400 g Schmant (oder saure Sahne)
1 unbehandelte Limette
2 Spritzer Tabasco
1 Knoblauchzehe
Salz, Pfeffer

KÄFER-TIPP
Der Schmant kann auch mit gehackten Kräutern (z. B. Dill, Petersilie) angemacht werden, sollte aber immer pikant und etwas säuerlich schmecken, als Pendant zu den leicht süßlichen Roten Beten.

1 Den Backofen auf 250° vorheizen. Rote Bete waschen, Stielansätze entfernen. Knollen einzeln in Alufolie verpacken und auf dem Rost im Backofen (Mitte) 45–55 Minuten garen. Gegen Ende der Garzeit eine Garprobe machen: Mit dem Messer durch die Alufolie in die Roten Bete stechen und prüfen, ob das Gemüse weich ist.

2 Inzwischen Schmant in einer Schüssel glatt rühren, Limette heiß waschen und abtrocknen, dann die Schale zum Schmant reiben. Saft auspressen und den Schmant mit 2–3 Esslöffeln Limettensaft verrühren. Knoblauchzehe schälen, fein hacken und dazugeben, oder durch die Knoblauchpresse dazudrücken. Alles mit Tabasco und Salz pikant abschmecken.

3 Rote Bete auspacken und die Haut abziehen. (Achtung: Die Knollen färben sehr!) Rote Bete in Spalten oder Scheiben schneiden und dekorativ auf vier Tellern anrichten. Mit Salz und Pfeffer würzen, den Schmant dazureichen.

***Getränk:** Sauvignon Blanc aus Neuseeland*

Spargel klassisch mit Sauce hollandaise

Für 4 Personen (Bild links)
***Zubereitungszeit:** 1 Stunde*

ZUTATEN:
Salz
1 Teel. Zucker
250 g Butter
4 Zweige Kerbel
2 kg weißer Spargel
2 Eigelbe
1 Essl. Zitronensaft
weißer Pfeffer
1 Prise Cayennepfeffer

KÄFER-TIPP
Spargelschalen und abgeschnittene Enden nicht wegwerfen, sondern erst im Spargelkochwasser etwa 30 Minuten köcheln lassen. So entsteht ein kräftiger Spargelfond. In diesem Fond lässt sich entweder der Spargel selbst wie beschrieben garen (dann hat er noch mehr Aroma), oder den Fond abkühlen lassen und als Grundlage für Suppen und Saucen portionsweise einfrieren.

1. In einem großen breiten Topf etwa 2 l Wasser mit 1 Teelöffel Salz, Zucker und 1 Esslöffel von der Butter zum Kochen bringen. Kerbel waschen, trockenschütteln, die Blättchen von den Zweigen zupfen.
2. Spargel mit dem Sparschäler schälen, holzige Enden abschneiden. Spargel in das kochende Wasser geben und 15–20 Minuten bei mittlerer Hitze garen, bis die Spargelstangen weich, aber noch bissfest sind.
3. Inzwischen restliche Butter in einem kleinen Topf erhitzen. Eigelbe und Zitronensaft in einer Rührschüssel mit den Schneebesen des Handrührgeräts verschlagen. Dann die Schüssel ein heißes (nicht kochendes!) Wasserbad stellen (das heißt in einen größeren Topf mit heißem Wasser) und rühren, bis die Sauce cremig geworden ist.
4. Schüssel aus dem Wasserbad nehmen, die Butter erst tropfenweise, dann in dünnem Strahl unterrühren. Sauce mit Salz, Pfeffer und Cayennepfeffer abschmecken. Bis zum Servieren im Wasserbad warm halten.
5. Spargel aus dem Topf heben, abtropfen lassen und auf eine Platte legen. Mit etwas Sauce hollandaise begießen, mit Kerbelblättchen bestreuen. Restliche Sauce getrennt dazureichen. Dazu schmecken Pellkartoffeln.

***Getränk:** eleganter trockener Muskateller aus Baden oder trockener Riesling aus dem Rheingau oder der Pfalz*

Unterschiedlich dicke Spargelstangen werden alle gleichzeitig gar, wenn man sie etwa 3 Minuten in Salzwasser mit etwas Zucker kocht und dann neben der Herdplatte zugedeckt 20 Minuten ziehen lässt, rät Käfer-Koch Attila Süveges.

Gebratener grüner Spargel

Für 4 Personen
***Zubereitungszeit:** 35 Minuten*

ZUTATEN:
1 kg grüner Spargel
3 Essl. Olivenöl
1 Teel. Puderzucker
5 Frühlingszwiebeln
1 Essl. Butter
Salz, weißer Pfeffer

KÄFER-TIPP
FÜR JEDEN TAG
Reichhaltiger wird das Gericht statt mit Fisch mit 200 g klein gewürfeltem Schinkenspeck, der 2–3 Minuten mitgebraten wird.

1. Spargel waschen und trockene untere Enden entfernen. Nur wenn die Enden sehr holzig sind, Spargelstangen auch im unteren Drittel schälen. (Ansonsten muss grüner Spargel gar nicht geschält werden.) Spargelstangen in etwa 5 cm lange Stücke schneiden.
2. Öl in einer großen Pfanne erhitzen, Spargelstücke dazugeben und mit Puderzucker bestäuben. Unter Rühren bei mittlerer Hitze in etwa 10 Minuten goldbraun braten.
3. Frühlingszwiebeln putzen, waschen und mit dem zarten Grün in Röllchen schneiden. Butter und Frühlingszwiebeln zum Spargel geben und alles etwa 3 Minuten dünsten, bis das Gemüse gar, aber noch bissfest ist.
4. Spargelgemüse mit Salz und Pfeffer würzen und servieren. Dazu schmeckt gebratenes Fischfilet (zum Beispiel Seelachs).

***Getränk:** fränkischer Silvaner*

Zucchini mit Spinat-Käse-Füllung

Für 4 Personen (Bild unten)
***Zubereitungszeit:** 25 Minuten*
(plus 20 Minuten backen)

ZUTATEN:
4 Zucchini (möglichst gerade gewachsene)
1 Essl. Pflanzenöl
Salz, Pfeffer
300 g frischer Spinat (oder tiefgekühlter Blattspinat, aufgetaut)
2 Schalotten
1 Knoblauchzehe
1 Fleischtomate
50 g Parmesan am Stück
1/2 Bund Basilikum
100 g Ricotta
3 Essl. Olivenöl
2 Eigelbe
3 Essl. Noilly Prat (oder trockener weißer Wermut)
Muskatnuss, frisch gerieben
125 g Mozzarella

KÄFER-TIPP
Herzhafter wird's mit Mangold statt Spinat; die Mangoldstiele klein geschnitten mit Schalotten und Knoblauch anbraten, die Mangoldblätter wie Spinatblätter verwenden.

1 Die Zucchini waschen, Stielansätze entfernen, Zucchini längs halbieren und das Innere mit einem Teelöffel herauskratzen.

2 Reichlich Salzwasser in einem breiten Topf zum Kochen bringen, Zucchini etwa 15 Sekunden darin blanchieren (überbrühen), herausnehmen, auf Küchenpapier abtropfen lassen. Eine feuerfeste Form fetten und die Zucchini mit der Öffnung nach oben nebeneinander hineinlegen. Mit Salz und Pfeffer bestreuen.

3 Den Spinat verlesen, waschen und grobe Stiele entfernen. Schalotten und Knoblauch schälen und hacken. Tomate in kochendem Wasser etwa 1 Minute überbrühen, mit kaltem Wasser abschrecken und die Haut abziehen. Tomate vierteln, dabei die Kerne und Stielansätze entfernen.

4 Tomatenfruchtfleisch klein würfeln. Parmesan reiben. Basilikum waschen, Blättchen von den Stielen zupfen und klein schneiden.

5 In einem großen breiten Topf Olivenöl erhitzen, Schalotten und Knoblauch kurz darin andünsten, Spinat dazugeben und unter Rühren zusammenfallen lassen. Ricotta, Parmesan, Tomatenwürfel, Eigelbe und Basilikum untermischen. Mit Noilly Prat, Salz, Pfeffer und Muskat würzen. Backofen auf 200° vorheizen.

6 Den Mozzarella in Würfel schneiden. Spinatfüllung in die Zucchini in der Form füllen (Bild links oben), Mozzarellawürfel darüber verteilen und im Backofen (Mitte) etwa 20 Minuten überbacken, bis der Käse geschmolzen ist. Etwas Pfeffer über das fertige Gericht mahlen und servieren.

***Getränk:** Rosso di Montalcino aus der Toskana*

Zucchini mit Spinat-Käse-Füllung lassen sich gut vorbereiten – also ein Supergericht, wenn Gäste kommen.

Zucchinigratin mit Mandeln

Für 4 Personen
***Zubereitungszeit:** 30 Minuten (plus 20 Minuten backen)*

ZUTATEN:
800 g Zucchini
1/2 Bund Basilikum
1 Zweig frischer Thymian (oder 1/4 Teel. getrockneter Thymian)
4 Fleischtomaten
1 Zwiebel
1 Knoblauchzehe
200 g Ricotta
2 Essl. Butter
Salz, Pfeffer
200 g Gorgonzola mit Mascarpone
3 Essl. Mandelblättchen

KÄFER-TIPP
Ricotta gibt's offen an der Käsetheke oder im Kühlregal abgepackt im 250-g-Becher zu kaufen.

KÄFER-TIPP FÜR GÄSTE
Sehr fein wird das Gratin mit gehackten Walnusskernen statt der Mandelblättchen.

1 In einem großen Topf etwa 2 l Wasser zum Kochen bringen. Zucchini waschen, vom Stielansatz befreien, Zucchini längs halbieren und quer in etwa 1/2 cm dicke Scheiben schneiden. Basilikum waschen, die Blättchen in Streifen schneiden. Thymian waschen, Blättchen vom Zweig zupfen.

2 Zucchinischeiben im kochenden Wasser etwa 30 Sekunden blanchieren (überbrühen), dann in einem Sieb abtropfen lassen.

3 Tomaten in kochendem Wasser etwa 1 Minute überbrühen, mit kaltem Wasser abschrecken und die Haut abziehen. Tomaten vierteln, dabei Stielansätze und Kerne entfernen und das Fruchtfleisch klein würfeln. Zwiebel und Knoblauchzehe schälen und hacken. Backofen auf 200° vorheizen.

4 1 Esslöffel Butter in einer Pfanne erhitzen, erst Zwiebeln und Knoblauch kurz darin andünsten, dann Tomatenwürfel, Basilikum und Thymian dazugeben und Ricotta untermischen. Alles mit Salz und Pfeffer würzen und etwa 2 Minuten unter Rühren dünsten.

5 Eine feuerfeste Form mit der restlichen Butter ausfetten, mit Zucchinischeiben auslegen, etwas salzen und die Tomatenmischung darüber geben. Gorgonzola klein schneiden und darüber verteilen. Im Backofen (Mitte) in etwa 20 Minuten überbacken, bis der Käse geschmolzen ist.

6 Inzwischen Mandelblättchen in einer trockenen beschichteten Pfanne goldbraun rösten und über das fertige Gericht streuen.

***Getränk:** weicher fruchtiger Rotwein*

Eier, Milch und Käse

... eins, zwei, drei und fertig ist das Ei!

Snacks und Co. Gewusst wie und schon gezaubert. Rühr- und Spiegelei in pfiffigen Kombinationen und doch so easy. Und Käsefans kommen hier erst recht auf ihre Kosten.

Käfers Top Nine – Das Wichtigste

Beim Schlagen von Eischnee 2–3 Tropfen Zitronensaft oder 1 Prise Salz zufügen – dann funktioniert's prima!

Gratins
werden mit Käse- und/oder Eimasse überbacken. Ideale Käse zum Gratinieren sind Emmentaler, Greyerzer, Appenzeller, Pecorino oder – etwas milder – Mozzarella.

Aufläufe
werden mit einer Eiermilch (siehe rechts) übergossen. Aufläufe eigenen sich super für die Resteverwertung.

Tartes
haben einen dünnen Boden aus Mürbe-, Hefe- oder Blätterteig, den man selbst machen oder fertig kaufen kann. Den Teig in eine flache gefettete Form drücken, mit einer Gabel mehrmals einstechen und die Zutaten darauf geben.

Soufflés
stehen und fallen mit der Qualität des Eischnees: Er sollte schön steif geschlagen sein. Soufflémassen nie höher als zwei Drittel in die Form füllen und das Soufflé während der Backzeit nicht stören; sofort servieren.

Käse reiben
Am besten Käse am Stück kaufen und frisch auf einer Käsereibe reiben. Bereits fertig geriebener Käse ist praktisch, schmeckt aber nicht ganz so gut und hält sich nicht lange.

Formen ausfetten
geht am besten mit Öl und einem Backpinsel oder mit Butter, die mit einem Stück Pergamentpapier in der Form verteilt wird.

Krosse Kruste
Gratins und Aufläufe mit Butterflöckchen belegen. Kurz vor Ende der Garzeit zusätzlich mit Mandelblättchen, Semmelbröseln, Sesamsamen, gehackten Nüssen, Sonnenblumen- oder Pinienkernen bestreuen.

Eier
Für Eiergerichte ist die Größe im Gegensatz zu Teigen unerheblich. Die Schalenfarbe hat nichts mit der Qualität zu tun, aber die Haltung: Tatsächlich schmecken Eier von Hühnern aus Freilandhaltung besser.

Butter
ist das A und O auf einem Büfett (siehe Käfers Buttervariationen, Seite 64). Hübsch angerichtet werden kann sie beispielsweise auf dekorativen Blättern. Oder die weiche Butter in Eiswürfelformen streichen, eiskalt werden lassen, dann herauslösen.

Das Spiegelei

Wenig Fett in einer Pfanne erhitzen, das Ei vorsichtig hineinschlagen, so dass das Eigelb nicht zerfließt. Bei mittlerer Hitze so lange braten, bis das Eiweiß fest wird. Wer das Eidotter auch fest haben möchte, deckt die Pfanne nun noch kurz mit einem Deckel ab. Das fertig gebratene Spiegelei mit Salz und Pfeffer würzen und vorsichtig mit einem Pfannenwender auf den Teller heben.

Zum Aufpeppen: Zwiebelwürfel oder -ringe mitbraten, Schnittlauch, Petersilie oder Thymianblättchen drüberstreuen. Schinken- oder Speckwürfelchen oder Speckstreifen mitbraten.

Das Rührei

Eier in eine Schüssel schlagen, verquirlen, mit Salz und Pfeffer würzen. Besonders cremig wird das Rührei, wenn man jetzt pro Ei 1 Esslöffel süße Sahne oder Crème fraîche untermischt. Etwas Fett in einer Pfanne erhitzen. Die Eimasse hineingeben und bei schwacher Hitze unter ständigem Rühren mit einem Holzspatel behutsam garen. Die gestockte Eimasse immer wieder vom Pfannenboden schieben, so dass sie sich mit dem noch flüssigen Ei vermischt. Noch ein paar Minuten braten. Fertig!

Zum Aufpeppen: Schinkenwürfel, gegarte Garnelen oder Nordseekrabben beim Braten untermischen. Das fertige Rührei mit klein geschnittenen Kräutern (Schnittlauch, Petersilie, Kerbel, Dill) bestreuen.

Das Omelett

Wie beim Rührei alle Zutaten in einer Schüssel verrühren, Fett in einer kleinen (möglichst beschichteten) Pfanne erhitzen. Die Eimasse hineingeben, jetzt aber im Gegensatz zum Rührei schön von einer Seite anbacken lassen (bei schwacher bis mittlerer Hitze), dann vorsichtig mit dem Pfannenwender umdrehen und von der anderen Seite backen.

Zum Aufpeppen: Tomatenstückchen oder/und frische Kräuter oder geriebenen Käse unter das Ei in der Schüssel mischen, oder das Omelett vor dem Wenden mit Rucola belegen.

Ei, ei, ein Ei ...

oder zwei oder drei und schon ist ein leckeres Gericht fertig – und das, auch wenn sonst fast nichts im Kühlschrank ist.

Einfache Eiermilch

Passt über jeden Auflauf, besonders gut über Nudelauflauf:
3 Eier mit 200 g süßer Sahne (wer's »schlanker« möchte, nimmt Milch) verquirlen und mit Salz und Pfeffer würzen, 100 g geriebenen, gut schmelzenden Käse (z. B. Emmentaler oder Gouda) untermischen. Fertig!

Bechamelsauce

Als Basis für Souffles (Eischnee wird darunter gehoben) oder auch zu Spargel und anderem gegartem Gemüse:
2 Esslöffel Butter in einem Topf zerlassen, 1 Esslöffel Mehl unterrühren. Bei mittlerer Hitze nach und nach 1/4 l Milch zufügen, dabei mit einem Schneebesen ständig rühren, bis die Masse geschmeidig wird. Mit Pfeffer, Salz und geriebener Muskatnuss würzen.

Schnelle würzige Käsesauce

Für Gratins, zu Nudeln oder zu Gemüse:
200 g klein geschnittenen Gorgonzola mit 1 Esslöffel Butter in einem Topf schmelzen, 250 g süße Sahne dazugießen, mit wenig Salz (Achtung: Der Käse ist schon recht salzig!) und Pfeffer würzen. Eventuell ein paar klein geschnittene Salbeiblättchen untermischen, die Sauce etwas eindicken lassen. Fertig!

Das Auge isst mit:
Die Greyerzer-Tarte wird
mit frischen Feigen und
Minzblättchen garniert.

Greyerzer-Tarte mit Feigenragout

Für 4 Personen (Bild links oben)
***Zubereitungszeit:** 20 Minuten*

ZUTATEN:
200 g Pizzateig
(3 Teigplatten; gibt's fertig zu kaufen)
150 g Greyerzer
2 Eier
100 g süße Sahne
Muskatnuss, frisch gerieben
1 Essl. Pflanzenöl
8 frische Feigen
1 Essl. Butter
2 Essl. Zucker
2 Essl. Portwein

1 Die Pizzateigplatten etwa 10 Minuten auftauen lassen. Backofen auf 160° vorheizen. Den Käse in eine Schüssel reiben, mit Eiern und Sahne verrühren. Mit etwas Muskat würzen.

2 Den Pizzateig ausrollen, so dass ein etwa 25 x 30 cm großes Rechteck entsteht. Ein Backblech mit Olivenöl ausfetten, den Pizzateig darauf legen. Die Käsemischung gleichmäßig auf dem Teigboden verteilen. Im Backofen (Mitte) etwa 20 Minuten goldgelb backen.

3 Inzwischen von den Feigen die Haut vom Stielansatz zur Blüte hin dünn abschälen. Feigen in Sechstel schneiden.

4 Die Butter in einer Pfanne zerlassen, Zucker einrühren und unter Rühren karamellisieren (anbräunen lassen), Portwein dazugießen und bei mittlerer Hitze reduzieren (einkochen), bis eine sirupartige Masse entsteht. Feigen dazugeben und etwa 2 Minuten darin wenden.

5 Die lauwarme Käse-Tarte in acht Stücke schneiden. Je zwei Stücke auf einem Teller mit dem Feigenragout anrichten. Dazu passt Feldsalat.

***Getränk:** fruchtiger Roséwein oder trockener Fendant*

KÄFER-TIPP
Die Tarte nach Belieben mit Schinkenwürfeln aufpeppen. Schmeckt auch mit anderem Käse, zum Beispiel mit Emmentaler – wenn's ganz schnell gehen soll, einfach den geriebenen aus dem Kühlregal nehmen.
Statt fertigem Pizzateig kann die Tarte auch mit selbst gemachtem Quarkteig (wie im unten stehenden Rezept »Kohlrabitarte« beschrieben) zubereitet werden.

Kohlrabi-Tarte mit Parmesan

Für 4 Personen (Bild ganz links unten)
***Zubereitungszeit:** 50 Minuten*
(plus 40 Minuten backen)

ZUTATEN:
Für den Quarkteig:
150 g Mehl
150 g Butter
150 g Magerquark
Salz, Pfeffer
Für den Belag:
1 kg Kohlrabi
Salz, Pfeffer
1 Bund Schnittlauch
100 g Parmesan am Stück
100 g Magerquark
150 g Crème fraîche (oder Schmant)
2 Eier
1 Essl. Butter
1 Essl. Mehl
2 Essl. gehackte Mandeln

1 Mehl, Butter in Stückchen, den Quark, etwas Salz und Pfeffer in eine Schüssel geben und mit den Knethaken des Handrührgeräts zu einem weichen Teig verarbeiten. Zugedeckt 30 Minuten kalt stellen.

2 Kohlrabi schälen, in dünne Scheiben schneiden, in kochendem Salzwasser etwa 3 Minuten blanchieren (überbrühen), in einem Sieb abtropfen lassen.

3 Schnittlauch waschen, und klein schneiden. Parmesan reiben, mit Schnittlauch, Quark, Crème fraîche und Eiern verrühren, salzen und pfeffern.

4 Den Backofen auf 200° vorheizen. Eine feuerfeste Form (etwa 26 cm Durchmesser) mit Butter ausfetten. Mehl auf die Arbeitsfläche geben. Den Teig darauf in Größe der Form ausrollen, in die Form legen, einen etwa 3 cm hohen Rand formen. Kohlrabischeiben hineinlegen, mit der Quarkmischung begießen. Mandeln darauf streuen und die Tarte im Ofen (Mitte) in etwa 40 Minuten goldgelb backen.

***Getränk:** trockener Müller-Thurgau aus Franken oder Beaujolais*

Fenchelgratin mit Tomaten und Pecorino

Für 4 Personen (Bild links unten)
***Zubereitungszeit:** 30 Minuten*
(plus 15 Minuten backen)

ZUTATEN:
4 Fenchelknollen
3 Schalotten
100 g Butter
8 Tomaten
250 g Pecorino (kein junger!) am Stück
Butter für die Form
Saft von 1 Zitrone
Salz, Pfeffer
1/2 Essl. frische Thymianblättchen (oder 1/4 Teel. getrockneter Thymian)
1/2 Essl. frischer Rosmarin (oder 1/4 Teel. getrockneter Rosmarin)

1 Fenchel waschen, putzen, längs halbieren und den Strunk entfernen. Fenchelgrün beiseite legen. Schalotten schälen, klein hacken.

2 In einem breiten Topf die Butter erhitzen, Fenchel und Schalotten darin etwa 15 Minuten bei mittlerer Hitze schmoren.

3 Tomaten in kochendem Wasser etwa 1 Minute überbrühen, mit kaltem Wasser abschrecken, die Haut abziehen. Tomaten vierteln, Stielansätze und Kerne entfernen. Den Pecorino fein reiben. Backofen auf 180° vorheizen.

4 Eine feuerfeste Form mit Butter ausfetten. Fenchel und Schalotten hineingeben, mit Zitronensaft beträufeln, mit Salz und Pfeffer bestreuen. Tomaten auf dem Fenchel verteilen und ebenfalls mit Salz und Pfeffer würzen. Fenchelgrün klein hacken und darüber streuen. Zum Schluss Käse, Thymian und Rosmarin darüber streuen und das Gratin im Backofen (Mitte) in etwa 15 Minuten goldgelb überbacken.

***Getränk:** eleganter Chardonnay aus dem Friaul oder ein Gavi aus dem Piemont*

Gorgonzolasoufflé

Für 4 Personen
***Zubereitungszeit:** 35 Minuten (plus 25 Minuten backen)*

ZUTATEN:
200 g Gorgonzola
6 Eier
200 ml Milch
3 Essl. Butter
1 Essl. Mehl
Salz

1. Gorgonzola in grobe Stücke schneiden. Eier in Eigelb und Eiweiß trennen. In einem Topf die Milch zum Kochen bringen.

2. In einem zweiten Topf 2 Esslöffel von der Butter erhitzen; wenn sie flüssig ist, das Mehl mit einem Schneebesen unterrühren, alles kurz aufschäumen lassen. Die kochende Milch unter Rühren dazugießen, dann den Gorgonzola unterrühren. Alles kurz unter ständigem Rühren aufkochen lassen, von der Herdplatte nehmen und abkühlen lassen. Backofen auf 180° vorheizen.

3. Die Eiweiße mit 1 Prise Salz mit den Schneebesen des Handrührgeräts zu steifem Schnee schlagen.

4. Eine Souffléform (oder eine andere tiefe feuerfeste Form) mit der restlichen Butter gut ausfetten und mit Mehl ausstäuben.

5. Die Eigelbe unter die abgekühlte Käsemischung rühren und so lange rühren, bis die Masse glatt und cremig ist. Nach und nach den Eischnee mit einem Holzlöffel unterheben.

6. Masse in die Souffléform füllen und im Backofen (Mitte) etwa 25 Minuten backen. Danach sofort servieren. Dazu schmeckt ein frischer gemischter Salat gut.

Getränk:
trockener Portwein

KÄFER-TIPP
Ein Soufflé darf während der Backzeit nicht gestört werden, also keinesfalls die Backofentür zwischendurch öffen, dann fällt das Soufflé nämlich wieder in sich zusammen. Auch Erschütterungen mag es nicht so gerne, deshalb zum Servieren vorsichtig auf den Tisch stellen.

Für Siegfried Goller, Leiter der Gemüse- und Obstabteilung bei Käfer, müssen Produkte geschmacklich topp sein. Er rät: Beim Kauf auf Saisonzeiten achten, denn Tomaten aus der hiesigen Sommersonne schmecken einfach am besten.

Frischkäsesoufflé mit Zuckerschoten

Für 4 Personen (Bild links)
***Zubereitungszeit:** 20 Minuten (plus 40 Minuten backen)*

ZUTATEN:
1 große Zwiebel
300 g Zuckerschoten
3 Essl. Butter
Salz
1/4 l Gemüsebrühe (frisch oder fertig)
400 g Doppelrahm-Frischkäse
2 Zweige frischer Thymian (oder 1/4 Teel. getrockneter Thymian)
Pfeffer
2 Teel. Zitronensaft
4 Eier
1 Messerspitze Backpulver

1. Zwiebel schälen und hacken. Zuckerschoten waschen und putzen. 2 Esslöffel Butter in einem Topf erhitzen, Zwiebeln darin kurz andünsten, Zuckerschoten kurz mitdünsten, Brühe dazugießen.

2. Alles bei schwacher Hitze etwa 10 Minuten garen, mit dem Pürierstab pürieren. Frischkäse untermischen. Thymian waschen, die Blättchen unterrühren; Masse mit Salz, Pfeffer und Zitronensaft würzen. Backofen auf 180° vorheizen.

3. Eine Souffléform mit der restlichen Butter ausfetten. Eier trennen. Eiweiße mit Backpulver mit den Schneebesen des Handrührgeräts steif schlagen.

4. Eigelbe unter die Gemüsemischung rühren, den Eischnee vorsichtig unterheben. Die Soufflémasse in die Form füllen und im Ofen (unten) etwa 40 Minuten backen; sofort servieren.

Getränk:
trockener Weißwein oder Prosecco

Tortillas schmecken auch kalt und machen sich daher sehr gut auf einem Büfett oder bei einem Picknick.

Tortilla mit Tomaten

Für 4 Personen (Bild links oben)
***Zubereitungszeit:** 30 Minuten*

ZUTATEN:
200 g Cocktailtomaten
1 Bund Petersilie
8 Eier
Salz, Pfeffer
Muskatnuss, frisch gerieben
2 Schalotten
4 Essl. Olivenöl
3 Knoblauchzehen

1. In einem Topf Wasser zum Kochen bringen, Tomaten darin etwa 1 Minute überbrühen, mit kaltem Wasser abschrecken, die Haut abziehen. Tomaten halbieren. Petersilie waschen, trockenschütteln und ohne die groben Stiele hacken.

2. Eier in einer Schüssel verrühren, mit Salz, Pfeffer und Muskatnuss würzen, Petersilie untermischen.

3. Schalotten schälen und in feine Ringe schneiden. In einer großen beschichteten Pfanne Olivenöl erhitzen, Zwiebeln darin etwa 2 Minuten dünsten. Knoblauch schälen, klein hacken und dazugeben.

4. Eier über die Zwiebeln und den Knoblauch in die Pfanne gießen. Tomaten gleichmäßig darauf verteilen. Die Eimasse zugedeckt bei schwacher Hitze in 7–10 Minuten stocken lassen.

5. Tortilla mit einem Pfannenwender vom Rand lösen, auf eine Servierplatte gleiten lassen. In Tortenstücke schneiden und servieren. Dazu schmeckt ein frischer Blattsalat.

***Getränk:** leichter Weißwein mit wenig Säure, z. B. badischer Gutedel*

KÄFER-TIPP
Tortillas schmecken auch mit verschiedenen anderen Gemüsesorten und Zutaten superlecker und sind schnell gemacht. Zum Ausprobieren: in Ringe geschnittener Lauch (vorher blanchieren, also kurz überbrühen), Zucchiniwürfel und klein geschnittener gekochter Schinken.

Steinpilzomelett

Für 4 Personen (Bild ganz links)
***Zubereitungszeit:** 30 Minuten*

ZUTATEN:
500 g Steinpilze (ersatzweise 500 g Champignons oder Egerlinge und 10 g getrocknete eingeweichte Steinpilze)
1 Knoblauchzehe
1 Bund Petersilie
2 Essl. Butter
Salz, Pfeffer
12 Eier

1. Steinpilze mit Küchenpapier sauber reiben, putzen und in Scheibchen schneiden. Knoblauch schälen und fein hacken. Petersilie waschen und trockenschütteln, 4 Zweige beiseite legen, den Rest klein schneiden.

2. 1 Esslöffel Butter in einer Pfanne erhitzen, Pilze, Knoblauch und Petersilie darin bei mittlerer Hitze etwa 5 Minuten dünsten, mit Salz und Pfeffer würzen, dann von der Kochstelle nehmen.

3. Eier in einer Schüssel mit Salz und Pfeffer verquirlen, restliche Butter in einer zweiten, beschichteten Pfanne erhitzen, Eier portionsweise (es sollen vier Omeletts werden) hineingeben, bei mittlerer Hitze mit dem Kochlöffel ständig rühren, bis die Eier jeweils stocken. Fertige Omeletts warm halten.

4. Steinpilze längs in die Mitte jedes Omeletts geben, etwa 1 Minute, ohne umzurühren, backen, dann das Omelett zuklappen und auf einen Teller legen. Die Omeletts mit schwarzem Pfeffer übermahlen und mit je 1 Zweig Petersilie garnieren.

***Getränk:** Verdicchio aus den Marken*

Krabben-Dill-Rührei

Für 4 Personen (Bild links unten)
***Zubereitungszeit:** 15 Minuten*

ZUTATEN:
200 g Krabben (in Lake)
1 Bund Dill
8 Eier
6 Essl. Crème fraîche
Salz, Pfeffer
1 Messerspitze Cayennepfeffer
1 Essl. Butter

1. Krabben in ein Sieb geben, kurz mit kaltem Wasser abspülen und abtropfen lassen. Dill waschen trockenschütteln, ohne die groben Stiele fein schneiden.

2. Butter in einer beschichteten Pfanne erhitzen. Eier in einer Schüssel verrühren, Crème fraîche dazugeben und alles gut mischen. Mit Salz, Pfeffer und Cayennepfeffer würzen. Den Dill untermischen.

3. Eiermischung in die heiße Butter geben und die Krabben darauf verteilen. Eimasse bei mittlerer Hitze kurz stocken lassen, dann immer wieder umrühren, servieren und sofort essen.

***Getränk:** Aquavit*

KÄFER-TIPP
Zum Verfeinern von Rührei gibt's unzählige Möglichkeiten: klein geschnittenen Räucherlachs, Speck- und Zwiebelwürfel, verschiedene Kräuter, etwa Petersilie, Schnittlauch oder Kerbel ... Dazu schmeckt Toastbrot mit Butter (Vorschläge für besonders leckere Butter siehe Seite 64).

Käfers Tipps & Tricks

Alles Käse oder wie?

Käse ist bei Weitem nicht gleich Käse – mein Onkel, der **Käsespezialist** bei uns, kann ganze Romane darüber erzählen. Denn er kennt sich **bestens** mit Käse aus. Bis heute fährt er seit vielen Jahren regelmäßig in die Großmarkthallen von **Paris** und bringt die neuesten **»Käsetrends«** von dort mit.

MEIN TIPP: Achten Sie auf Qualität und lassen Sie sich beim Einkauf unbedingt beraten!

Gorgonzola

ist ein cremiger Blauschimmelkäse mit kräftigem, mehr oder weniger scharf-pikantem Geschmack. Er stammt aus der Lombardei. Gorgonzola eignet sich wie auch der noch pikantere Roquefort gut für Käsesaucen (in Kombination mit süßer Sahne), schmeckt aber auch hervorragend pur zu frischem Baguette oder Körnerbrot. Gerichte mit Gorgonzola sparsam salzen, der Käse ist bereits recht salzig!

Mozzarella

ist ein italienischer Frischkäse, der ursprünglich aus Büffelmilch hergestellt wird. Kuhmilch-Mozzarella aus dem Supermarkt, wo er als Rolle oder in kleinen Kugeln in Lake eingelegt im Kühlregal zu finden ist, hat kein ausgeprägtes Aroma. An der Käsetheke im Feinkosthandel oder in italienischen Geschäften gibt's den echten Büffelmilchmozzarella mit köstlichem Aroma. Mozzarella eignet sich gut zum Überbacken: Er schmilzt schnell und überdeckt das Aroma der übrigen Zutaten kaum. Klassisch: Mozzarella mit Tomaten und Basilikum, etwas Essig, Öl, Salz und Pfeffer!

Ricotta

ist ein italienischer quarkähnlicher Käse aus Kuh- oder Schafmolke mit etwa 20 % Fett i.Tr. Ricotta gibt's abgepackt im Kühlregal von Supermärkten. Für die kalte Küchen Ricotta am besten in guten Geschäften offen kaufen, ganz nach Belieben die etwas festere oder die cremigere Version. Für pikante Aufläufe oder Füllungen von Gemüse eignen sich beide Sorten, für süße Aufläufe oder roh zu Obst nimmt man cremigen Ricotta.

Parmesan

wird aus Kuhmilch hergestellt. Den echten erkennt man am Aufdruck »Parmigiano Reggiano«. Er reift mindestens 18 Monate. Alle Parmesansorten eignen sich super zum Überbacken von Aufläufen und Gratins, weil Parmesan sich gut reiben lässt und beim Portionieren und Essen keine Fäden zieht. Eigentlich ist er aber viel zu schade zum Kochen, man sollte ihn pur essen, über den Salat raspeln oder mit einem Sparschäler darüber hobeln!

Emmentaler

ist der typische Auflauf- und Überbackkäse. Man unterscheidet den Schweizer und den Allgäuer Emmentaler. Der Allgäuer ist preiswerter, aber nicht ganz so aromatisch. Beide Emmentalersorten werden aus Rohmilch hergestellt, reifen mindestens 3 Monate und haben viele Löcher, die bei der Gärung entstehen. Nach dem Erhitzen zieht Emmentaler Fäden, das macht aber nichts! Emmentaler lässt sich gut frisch reiben, deshalb am besten am Stück kaufen. Schmeckt auch gut auf dem Brot oder in Würfel geschnitten mit Weintrauben zum Wein.

Gouda

ist ein Schnittkäse aus Kuhmilch, den es in drei Reifestufen gibt: Junger Gouda (4–7 Wochen gereift) schmeckt sahnig und mild, mittelalter Gouda (2–5 Monate gereift) ist würzig und herzhaft, alter Gouda (über 6 Monate gereift) ist pikant und kräftig im Aroma. Je länger der Käse gereift ist, desto härter wird er. Zum Reiben eignet sich festerer Gouda. Es gibt ihn auch abgepackt und fertig gerieben, aber besser ist selber reiben!

Know-how

Weiche Käsesorten lassen sich besser reiben, wenn man das Käsestück vorher kurz ins Gefrierfach legt.

Aus Käseresten (in Würfel oder Streifen geschnitten) lässt sich mit einer Essig-Öl-Vinaigrette (oder etwas Mayonnaise), Zwiebelstückchen und Staudenselleriewürfeln im Nu ein kleiner Salat zaubern.

Fett i. Tr. heißt, dass der Käse in seiner Trockenmasse soundso viel Fett enthält. Alle anderen Angaben wären ungenau, da sich der Fettgehalt im gesamten Käse während der Lagerung auf Grund von Wasserverlusten verändert. Der tatsächliche Fettgehalt eines Käsestücks beträgt nur etwa ein bis zwei Drittel des Fettes in der Trockenmasse. Hier die Faustregel zur Berechung des tatsächlichen Fettgehalts – abhängig von der Fettgehaltsstufe des Käses: Faustregel zur Bestimmung des tatsächlichen Fettgehalts von 100 g Käse:

Hartkäse:	Fett-i.-Tr.-Zahl x 0,7 g
Schnittkäse:	Fett-i.-Tr.-Zahl x 0,6 g
Weichkäse:	Fett-i.-Tr.-Zahl x 0,5 g
Frischkäse:	Fett-i.-Tr.-Zahl x 0,3 g

Damit haben 100 g Emmentaler tatsächlich 45 x 0,7 g, also ungefähr 30 g Fett.
100 g Camembert (Vollfettstufe) enthalten etwa 45 x 0,5 g, also ungefähr 20 g Fett.

Käse ist das älteste Grundnahrungsmittel überhaupt.

Die Qualität der Butter hängt wesentlich von Menge und Güte des Grünfutters ab, das die Kühe bekommen. Mit die beste Butter kommt aus der Normandie von schwarz-weiß gescheckten Kühen, die auf besonders saftigen und feuchten Wiesen weiden.

Frischkäse eignet sich super als schneller Dip für rohes Gemüse oder Cracker. Dazu Frischkäse mit etwas Milch oder süßer Sahne verrühren, würzen und eventuell mit frischen Kräutern mischen.

Ziegenkäse ist ein echter Saisonkäse, der zwischen Ostern und Allerheiligen am besten schmeckt, denn die Milch ist besonders gut, wenn die jungen Ziegen geboren werden.

Roquefortdip mit Pistazien

Für 4 Personen (Bild links)
***Zubereitungszeit:** 30 Minuten*

ZUTATEN:
80 g Roquefort
500 g Sahnequark
50 g saure Sahne
50 g süße Sahne
3 Tomaten
100 g gehackte Pistazienkerne
1 Bund Schnittlauch
Salz, Pfeffer

1 Roquefort, Quark, saure Sahne und Sahne in eine Schüssel geben. Käse mit der Gabel zerdrücken und alles zu einer cremigen Masse rühren.

2 Die Tomaten in kochendem Wasser etwa 1 Minute überbrühen, und mit kaltem Wasser abschrecken. Die Haut abziehen. Tomaten vierteln, Stielansätze und Kerne entfernen. Das Fruchtfleisch klein hacken und mit den Pistazien unter die Käsemischung rühren.

3 Den Schnittlauch waschen, trockenschütteln, in feine Röllchen schneiden und ebenfalls unter die Käsemischung rühren. Mit (wenig) Salz und Pfeffer würzen und den Dip bis zum Servieren kalt stellen.

***Getränk:** kräftiger Rotwein von der Rhône oder Bordeaux*

KÄFER-TIPP FÜR JEDEN TAG
Mit Pellkartoffeln ein superleckeres Gericht, das irgendwie immer schmeckt.

KÄFER-TIPP FÜR GÄSTE
Viel Rohkost zum Dippen dazu vorbereiten, zum Beispiel Radieschen, Staudensellerie, Chicoree, Möhrenstifte. Aber auch mit Brot (Baguette, Ciabatta oder Grissini) lässt sich's gut dippen.

Kräuterquark auf Pumpernickel

Für 4 Personen (Bild rechts)
***Zubereitungszeit:** 20 Minuten*

ZUTATEN:
1 Bund Kerbel
1/2 Bund Petersilie
1 Bund Schnittlauch
250 g Speisequark (20 % Fett)
2 Essl. Milch
2 Essl. Zitronensaft
Salz, Pfeffer
1 Rolle geschnittener Pumpernickel (500 g)
1 Bund Radieschen

Statt Kerbel kann auch Petersilie verwendet werden; eine gehackte Knoblauchzehe macht den Quark noch pikanter.

1 Kerbel und Petersilie waschen und trockenschütteln; Blättchen fein hacken. Schnittlauch waschen, in feine Röllchen schneiden.

2 Quark und Milch cremig rühren, Zitronensaft untermischen, mit Salz und Pfeffer würzen. Die Kräuter dazugeben und alles gut verrühren. Die Quarkmasse in einen Spritzbeutel mit großer Sterntülle füllen, auf die Pumpernickelscheiben spritzen.

3 Die Radieschen waschen und putzen, der Länge nach halbieren und die Hälften fächerartig einschneiden.

4 Die Pumpernickelscheiben mit Quark auf vier Tellern verteilen, mit Radieschenfächern dekorieren.

***Getränk:** Bier*

KÄFER-TIPP
Der Kräuterquark schmeckt auch richtig gut mit in Alufolie gebackenen Ofenkartoffeln (große Kartoffeln brauchen etwa 40 Minuten bei 200°) und wird dann zum leckeren vegetarischen Snack.

Tomaten mit Kefircreme

Für 4 Personen (Bild links)
Zubereitungszeit: *30 Minuten*

ZUTATEN:
8 feste Fleischtomaten
Salz, Pfeffer
150 g Champignons
1/2 Bund Dill
2–3 Zweige frischer Estragon (oder 1/4 Teel. getrockneter Estragon)
1/2 Bund Petersilie
150 g Kefir
50 g saure Sahne
1 Teel. Worcestersauce
1 Teel. mittelscharfer Senf
1/2 Teel. Zucker
2 Essl. Zitronensaft
1 Zwiebel

1 Die Tomaten in kochendem Wasser etwa 1 Minute überbrühen, mit kaltem Wasser abschrecken, die Haut abziehen. Stielansätze entfernen. Von den Tomaten jeweils einen Deckel abschneiden, Tomaten mit einem Teelöffel aushöhlen, salzen und pfeffern.

2 Pilze mit Küchenpapier sauber reiben, putzen und fein hacken. Dill, Estragon, Petersilie waschen, trockenschütteln und ohne grobe Stiele fein hacken.

3 In einem Schüsselchen Kefir mit saurer Sahne und Pilzen mit dem Pürierstab pürieren. Worcestersauce, Senf, Zucker, Zitronensaft und die gehackten Kräuter einrühren; mit Salz und Pfeffer abschmecken.

4 Kefircreme in die Tomaten füllen, die abgeschnittenen Deckel jeweils wieder auf die Tomaten setzen. Die Zwiebel schälen und in Ringe schneiden und die Tomaten damit garnieren.

Getränk: *grüner Tee*

Käsesalat mit Senfsauce

Für 4 Personen (Bild rechts)
Zubereitungszeit: *15 Minuten*

ZUTATEN:
300 g Emmentaler
20 Cocktailtomaten
1 Schalotte
1/2 Bund Petersilie
3 Essl. Mayonnaise
150 g süße Sahne
1 Essl. mittelscharfer Senf
1 Teel. weißer Aceto balsamico
Salz, Pfeffer

1 Den Emmentaler erst in dünne Scheiben, dann in gleichmäßige Quadrate von etwa 1 x 1 cm schneiden.

2 Die Cocktailtomaten waschen und vierteln. Schalotte schälen und fein hacken. Petersilie waschen und trockenschütteln, ohne grobe Stiele klein schneiden.

3 Für die Sauce Mayonnaise in einer Schüssel mit Sahne, Senf und Aceto balsamico verrühren, mit Pfeffer und Salz würzen. Zwiebeln und Petersilie untermischen.

4 Emmentaler und Tomatenhälften auf vier Teller verteilen, jeweils etwas Salatsauce darüber geben und den Salat zugedeckt mindestens 1 Stunde im Kühlschrank ziehen lassen.

Getränk: *Cabernet Sauvignon aus Australien oder Chile*

KÄFER-TIPP
Der Käsesalat eignet sich hervorragend für Partys: Er lässt sich ohne großen Aufwand auch in größeren Mengen zubereiten.

Käfers superleckere Butter in vier Varianten

Käfers Kräuterbutter
Ergibt 20–25 Stückchen
Zubereitungszeit: *15 Minuten (plus 1 Stunde kühlen)*

ZUTATEN:
je 1/2 Bund Schnittlauch, Petersilie, Dill
1 Schalotte
200 g weiche Butter
2 Essl. Zitronensaft
Salz, Pfeffer
2 Spritzer Worchestersauce

KÄFER-TIPP
Super zu Steaks oder für ein Büfett zu Baguette, Pumpernickel oder Crackern.

1 Den Schnittlauch waschen und in sehr feine Röllchen schneiden. Petersilie und Dill ebenfalls waschen, trockenschütteln und ohne die groben Stiele sehr fein hacken. Die Schalotte schälen und hacken.

2 Die Butter in einer Schüssel, am besten mit den Schneebesen des Handrührgeräts, cremig rühren, Kräuter und Schalottenstückchen mit einer Gabel untermischen. Mit Zitronensaft, Salz, Pfeffer und Worcestersauce würzen.

3 Die Kräuterbutter in einen Spritzbeutel mit großer Sterntülle füllen, dann kleine Rosetten auf ein Brett oder einen Teller spritzen und zugedeckt etwa 1 Stunde kühl stellen. Oder die Butter in Frischhaltefolie zu einer Rolle von etwa 2 cm Durchmesser formen, einrollen, kühl stellen und zum Servieren mit einem Wellenmesser in Scheibchen schneiden.

KÄFER-TIPP
Knoblauchbutter schmeckt gut zu aller Art von gebratenem oder gegrilltem Fleisch, oder auf einem Büfett zu Brot.

VARIANTE:
Käfers Knoblauchbutter
1 Schalotte schälen, fein hacken. 100 g weiche Butter in einem Schüsselchen cremig rühren. 2 Knoblauchzehen schälen und durch die Knoblauchpresse dazudrücken. Schalotte und Knoblauch mit einer Gabel untermischen und mit 1 Teelöffel Zitronensaft, Salz und Pfeffer würzen. Fertig stellen wie im Kräuterbutter-Rezept in Schritt 3 beschrieben.

VARIANTE:
Käfers Tomatenbutter
1 Tomate in kochendem Wasser etwa 1 Minute überbrühen, mit kaltem Wasser abschrecken. Die Haut abziehen, Tomate vierteln, Stielansatz und Kerne entfernen. Das Fruchtfleisch in kleine Würfel schneiden. 1/2 Bund Basilikum waschen, trockenschütteln, die Blättchen in feine Streifen schneiden. 100 g weiche Butter cremig rühren, Tomatenwürfel, Basilikum und 1 Esslöffel Tomatenmark untermischen und mit Salz und Pfeffer würzen. Fertig stellen wie im Kräuterbutter-Rezept in Schritt 3 beschrieben.

KÄFER-TIPP
Die Tomatenbutter passt gut zu kurz gebratenem Fleisch.

VARIANTE:
Käfers Zitronenbutter
100 g weiche Butter in einem Schüsselchen cremig rühren. Mit 2 Esslöffeln Zitronensaft, 1 Spritzer Worcestersauce, 2 Prisen Salz, Pfeffer und 1/4 Teelöffel abgeriebener Schale von einer unbehandelten Zitrone würzen. Fertig stellen wie im Kräuterbutter-Rezept, Schritt 3, beschrieben.

KÄFER-TIPP
Zitronenbutter passt super zu Fischgerichten, aber auch auf ein Büfett zu frischem Baguette oder Ciabatta.

Butter, selbst gewürzt und hübsch dekoriert, ist fast zu schade zum Schmieren ...

In punkto Butter und Käse kennen sich die Spezialisten bei Käfer, vor allem Evi Wagner, natürlich auch bestens aus.

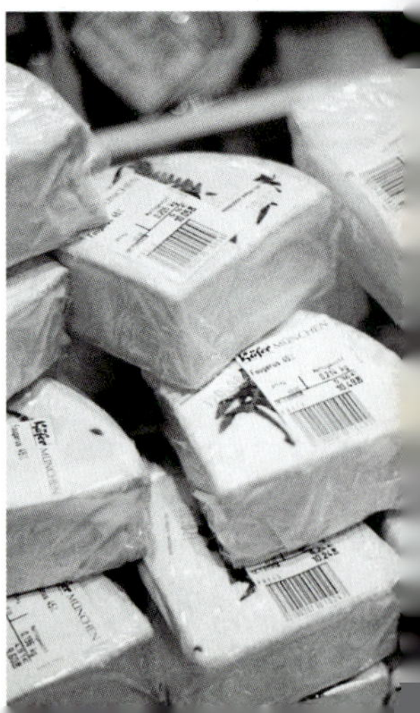

Gebackener Mini-Mozzarella auf Tomatencarpaccio

Für 4 Personen
***Zubereitungszeit:** 20 Minuten*

ZUTATEN:
2 Fleischtomaten
Salz, Pfeffer
2 Schalotten
1 Bund Basilikum
4 Essl. Olivenöl
6 Essl. Aceto balsamico
400 g Mini-Mozzarella
4 Essl. Mehl
3 Eier
4 Essl. Paniermehl
3 Essl. Pflanzenöl

1 Tomaten in kochendem Wasser etwa 1 Minute überbrühen, mit kaltem Wasser abschrecken, die Haut abziehen. Stielansätze entfernen, Tomaten quer in dünne Scheiben schneiden und vier Teller damit belegen; salzen und pfeffern.

2 Schalotten schälen und klein würfeln; über die Tomaten streuen. Basilikum waschen, trockenschütteln, 4 Blattrosetten beiseite legen, Rest in Streifen schneiden, über die Tomaten verteilen. Olivenöl und Aceto balsamico verrühren und über die Tomaten träufeln.

3 Mozzarella trockentupfen. Mehl auf einen Teller geben, Eier auf einem zweiten Teller verquirlen, Paniermehl auf einen dritten Teller geben. Pflanzenöl in einer Pfanne erhitzen, Mozzarella in Mehl, dann in Ei, dann in Paniermehl wenden und im heißen Öl knusprig backen. Auf Küchenpapier abtropfen lassen.

4 Den Mini-Mozzarella mit den Tomaten in die Mitte der Teller geben, mit Basilikumrosetten garnieren.

***Getränk:** leichter italienischer Rotwein, z. B. Bardolino vom Gardasee*

Gemüse mit pochierten Eiern

Für 4 Personen
***Zubereitungszeit:** 45 Minuten*

ZUTATEN:
500 g frischer Spinat
1 rote Paprikaschote
1 Knoblauchzehe
2 Essl. Pflanzenöl
1/8 l Gemüsebrühe (frisch oder fertig)
Salz, Pfeffer
2 Essl. Essig
4 Eier

1 Spinat verlesen, waschen, grobe Stiele entfernen, Blätter grob hacken. Paprika waschen, halbieren, von Stielansatz, Kernen und inneren Trennwänden befreien, in feine Streifen schneiden. Knoblauch schälen und in dünne Scheibchen schneiden.

2 In einer großen Pfanne den Knoblauch im Öl kurz anbraten, Paprika dazugeben, bei mittlerer Hitze unter Rühren anbraten, Brühe dazugießen, mit Salz und Pfeffer würzen und etwa 5 Minuten bei schwacher Hitze garen; ab und zu umrühren.

3 Reichlich Salzwasser in einem Topf zum Kochen bringen und leise sieden (nicht mehr sprudeln) lassen. Essig dazugeben. Eier einzeln in eine Suppenkelle aufschlagen, in das Wasser gleiten lassen, etwa 4 Minuten pochieren (gar ziehen und dabei fest werden lassen). Mit der Schaumkelle herausheben.

4 Inzwischen Spinat im Paprikagemüse 3–6 Minuten garen; mit Salz und Pfeffer abschmecken, auf vier Teller verteilen und mit je 1 pochierten Ei servieren.

***Getränk:** Côtes du Rhône rouge*

Tomaten-Käse-Suppe

Für 4 Personen
***Zubereitungszeit:** 50 Minuten*

ZUTATEN:
1 kg Fleischtomaten
1 Zwiebel
4 Essl. Pflanzenöl
1/2 l Rinderfond (aus dem Glas)
Pfeffer
1 Teel. Sambal oelek
1 Knoblauchzehe
2 Scheiben Toastbrot
2 Essl. Sesamsamen
100 g Roquefort

1. Tomaten in kochendem Wasser etwa 1 Minute überbrühen, mit kaltem Wasser abschrecken und die Haut abziehen. Tomaten vierteln, Stielansätze und Kerne entfernen. Das Fruchtfleisch klein würfeln. Zwiebel schälen und hacken.
2. 2 Esslöffel Öl in einem Topf erhitzen, Zwiebeln darin andünsten, Tomaten dazugeben. Rinderfond angießen, mit Pfeffer und Sambal oelek würzen. Die Suppe aufkochen und halb zugedeckt bei schwacher Hitze etwa 20 Minuten garen.
3. Das restliche Öl in einer Pfanne erhitzen. Knoblauch schälen, hacken und hineingeben. Toastbrot entrinden, in Würfel schneiden und im Öl goldbraun rösten. Sesamsamen unterrühren.
4. Den Roquefort klein würfeln, in die Suppe rühren und schmelzen lassen. Die Suppe abschmecken, in Teller füllen, mit Brotwürfeln bestreut servieren.

***Getränk:** nicht zu kräftiger Rotwein aus Südwestfrankreich*

KÄFER-TIPP
Lässt sich prima auch in größeren Mengen vorbereiten. Wenn die Gäste da sind, einfach aufwärmen und mit Brotwürfeln bestreuen.

Gebackener Schafkäse mit Oliven

Für 4 Personen:
***Zubereitungszeit:** 30 Minuten*

ZUTATEN:
400 g griechischer Schafkäse (Feta; 2 Packungen à 200 g)
3 Essl. Olivenöl
4 Tomaten
2 Schalotten
8 schwarze Oliven
4 eingelegte rote Peperoni
1/4 Teel. getrockneter Oregano
Salz, Pfeffer

1. Den Backofen auf 200° vorheizen. Die Schafkäsestücke jeweils in der Mitte quer halbieren. Die vier Stücke jeweils auf ein Stück Alufolie legen (Alufolie muss so groß sein, dass der Käse darin eingepackt werden kann). Jeweils etwas Olivenöl über den Käse träufeln.
2. Tomaten waschen, halbieren, Stielansätze herausschneiden. Tomaten in dünne Scheiben schneiden und auf dem Käse verteilen.
3. Zwiebeln schälen, in dünne Ringe schneiden und auf den Tomaten verteilen. Oliven halbieren, Steine entfernen und je 8 Olivenhälften und 1 eingelegte Peperoni zum Käse geben. Mit Oregano, etwas Salz und Pfeffer würzen, das restliche Öl darüber träufeln.
4. Folien zu Päckchen zusammenfalten und auf dem Backblech im Backofen (Mitte) etwa 15 Minuten backen. Den Schafkäse in der Folie servieren, zum Beispiel mit Kartoffeln oder Fladenbrot.

***Getränk:** leichter junger Rotwein aus Spanien oder Griechenland*

… frisch oder aus der Tiefkühltruhe gefischt, bereit für kulinarische Verwandlungen:

Forelle, Kabeljau, Garnelen, Muscheln und Kollegen.

FISCH UND

MEERESFRÜCHTE

Gleich loslegen,
schnell und einfach
tolle Gerichte kochen mit allem,
was aus dem Wasser kommt.

Gebackenes Saiblingfilet

Für 4 Personen
***Zubereitungszeit:** 10 Minuten*
(plus 12 Stunden marinieren)

ZUTATEN:
3 Essl. Zitronensaft
1 Essl. Worcestersauce
600 g Saiblingfilets
2 1/2 Essl. Speisestärke
Salz
Pfeffer
2 Essl. Pflanzenöl

1 In einem Schüsselchen Zitronensaft und Worcestersauce verrühren. Die Saiblingfilets kurz abspülen, mit Küchenpapier trockentupfen, in einen tiefen Teller legen und mit der Sauce übergießen. Zugedeckt über Nacht im Kühlschrank ziehen lassen.

2 Die Stärke mit etwas Salz und Pfeffer würzen. Fischfilets aus der Marinade nehmen, abtropfen lassen und in der Stärke wenden.

3 In einer Pfanne Pflanzenöl erhitzen und die Filets darin auf jeder Seite bei mittlerer Hitze 3–5 Minuten braten. Dazu passen gut Reis oder Kartoffeln sowie Blattsalat.

***Getränk:** trockener Riesling aus der Wachau*

KÄFER-TIPP
Statt Saiblingfilets Forellen- oder Zanderfilets nehmen.

Kabeljaufilet in Senfbutter

Für 4 Personen
***Zubereitungszeit:** 30 Minuten*

ZUTATEN:
4 Kabeljaufilets (à 200 g)
2 Essl. Zitronensaft
Salz
weißer Pfeffer
100 g Butter
100 ml Weißwein
1 Essl. mittelscharfer Senf
1 Bund Petersilie

KÄFER-TIPP FÜR GÄSTE
Genauso kann auch Seeteufelfilet (Lotte) zubereitet werden.

1 Den Backofen auf 200° vorheizen. Die Kabeljaufilets kurz abspülen, mit Küchenpapier trockentupfen, mit Zitronensaft beträufeln, mit Salz und Pfeffer würzen.

2 Eine feuerfeste Form mit der Hälfte der Butter ausfetten und die Hälfte des Weißweins darin verteilen. Kabeljaufilets hineinlegen, Form mit Alufolie zudecken und im Backofen (Mitte) 10–12 Minuten garen.

3 In einem breiten Topf restliche Butter und restlichen Weißwein mit Senf verrühren und kurz aufkochen. Petersilie waschen, trockenschütteln und ohne grobe Stiele fein hacken.

4 Den Fisch auf vorgewärmte Teller verteilen, Senfbutter darüber streichen und mit Petersilie bestreuen. Als Beilage empfehlen wir Butterkartoffeln und grünen Salat.

***Getränk:** Muscadet de Sevre et Maine von der Loire*

Renkenfilet mit Graupenragout

Für 4 Personen
***Zubereitungszeit:** 35 Minuten*

ZUTATEN:
1 Schalotte
1 Essl. Butter
150 g Perlgraupen
450 ml Fischfond (aus dem Glas)
8 Renkenfilets (à 80 g; oder Saiblingfilets)
2 Essl. Zitronensaft
Salz, Pfeffer
2 Essl. Pflanzenöl
1 Bund Dill
3 Essl. Sahne
50 g Forellenkaviar
1 Essl. weißer Aceto balsamico

1 Die Schalotte schälen und hacken; in einer Pfanne in der Butter andünsten. Graupen und Fischfond dazugeben, kurz aufkochen, dann die Graupen bei schwacher Hitze zugedeckt in etwa 15 Minuten weich garen.

2 Die Renkenfilets kurz abspülen, mit Küchenpapier trockentupfen, mit Zitronensaft beträufeln und mit Salz und Pfeffer würzen. In einer Pfanne im Öl mit der Hautseite nach unten etwa 4 Minuten braten. Herausnehmen und zugedeckt warm stellen.

3 Dill waschen, einige Zweige zum Garnieren beiseite legen, den Rest fein hacken und mit der Sahne unter die Graupen rühren, mit Salz und Pfeffer abschmecken.

4 Ganz zum Schluss Kaviar und Aceto balsamico unterrühren, das (noch leicht flüssige) Ragout auf vier Teller verteilen, die Renkenfilets mit der kross gebratenen Hautseite nach oben darauf legen. Mit Dillzweigen garnieren.

***Getränk:** Entre-Deux-Mers aus Frankreich*

Rotbarschfilet auf Fenchel

Für 4 Personen
***Zubereitungszeit:** 50 Minuten*

ZUTATEN:
2 kleine Fenchelknollen
5 Essl. Olivenöl
Salz, Pfeffer
1 Schalotte und 1/2 Knoblauchzehe, geschält und gehackt
2 Tomaten, abgezogen, das Fruchtfleisch gewürfelt
1 Teel. frische Thymianblättchen (oder 1/4 Teel. getrockneter Thymian)
1 Essl. Pernod
600 g Rotbarschfilet
3 Essl. Zitronensaft
1 Essl. Mehl
4 Essl. Butter
3 Essl. fein gehackter Dill

1 Fenchel waschen, putzen, in 1/2 cm dicke Scheiben schneiden, in 2 Esslöffeln Olivenöl 2–3 Minuten anbraten, salzen und pfeffern.

Schalotte und Knoblauch in 1 Esslöffel Olivenöl andünsten. Tomaten und Thymianblättchen dazugeben. Mit Pernod, Salz und Pfeffer abschmecken.

2 Fischfilets abspülen, trockentupfen, mit Zitronensaft beträufeln, salzen und pfeffern. Backofen auf 180° vorheizen. Fischfilets auf der Hautseite mit Mehl bestäuben, im restlichen Öl von beiden Seiten jeweils etwa 3 Minuten braten.

3 Auflaufform mit Butter fetten. Fenchel hineingeben, Fisch darauf legen, Dill und übrige Butter in Stückchen darüber verteilen; im Ofen (Mitte) 10 Minuten überbacken.

***Getränk:** trockener Weißwein von der Rhône (Viognier)*

KÄFER-TIPP
Das Gericht gelingt auch gut mit Seelachs oder Kabeljau.

Hans Staib, Leiter der Fisch- und Meeresfrüchteabteilung, weiß Bescheid über alles, was im Wasser schwimmt – und liefert auf Wunsch auch gleich ein passendes Rezept dazu.

Lachsforelle in der Salzkruste

Für 4 Personen
***Zubereitungszeit:** 30 Minuten (plus 30 Minuten backen)*

ZUTATEN:
1 küchenfertige Lachsforelle (oder 1 Loup de mer à 1,5 kg)
Saft von 1 Zitrone
1 Bund Petersilie
6 Eiweiße
100 g Mehl
2,5 kg Salz
2 Knoblauchzehen

1 Den Fisch abspülen und mit Küchenpapier trockentupfen. Zitronensaft auspressen und den Fisch rundherum damit beträufeln. Backofen auf 200° vorheizen.

2 Die Petersilie waschen, trockenschütteln, ohne die groben Stiele fein hacken und den Fisch damit füllen.

3 Eiweiße steif schlagen, mit Mehl und Salz verrühren. Knoblauchzehen schälen und durch die Knoblauchpresse dazudrücken. Etwa 2 Tassen Wasser dazugeben und alles gut verrühren, so dass eine streichfähige Masse entsteht.

4 Auf einem Backblech Alufolie ausbreiten, die Hälfte des Eiweißteiges auf die Folie streichen. Fisch darauf legen, mit dem restlichen Teig bedecken, diesen glatt streichen, so dass der Fisch rundherum eingeschlossen ist.

5 Den Fisch im Backofen (Mitte) etwa 30 Minuten garen, dann aus dem Ofen nehmen, die Kruste vorsichtig mit einem Messer aufschlagen und vom Fisch abheben.

6 Vom Fisch die Haut entfernen und das Fischfleisch mit Löffel oder Fischmesser und Gabel vorsichtig von der Mittelgräte abheben. Für die weiteren Portionen Mittelgräte von der Schwanzflosse her abheben und wegwerfen. Dazu empfehlen wir Baguette oder Kartoffeln mit Kräuter-Senf-Sauce (s. Käfer-Tipp).

***Getränk:** trockene Riesling-Spätlese aus der Pfalz oder dem Rheingau*

KÄFER TIPP KÄFER TIPP

KÄFER-TIPP
Diese superleckere Senfsauce zu Fischgerichten ist im Nu fertig: 1 Esslöffel Senf mit 150 g Joghurt und 1 Esslöffel Aceto balsamico verrühren, mit 3 Esslöffeln Milch, Sahne oder Wasser mischen. 3 Esslöffel gehackte Kräuter (z. B. Zitronenmelisse, Dill, Petersilie, Basilikum) unterrühren und die Sauce mit Salz und Pfeffer würzen.

Lachssuppe mit Kaviar und Estragon

Für 4 Personen (Bild links)
***Zubereitungszeit:** 45 Minuten*

ZUTATEN:
250 g Lachsfilet
2 Schalotten
3 Zweige frischer Estragon
2 Essl. Butter
1 Essl. Estragonessig
2 Essl. Noilly Prat (ersatzweise Wermut)
600 ml Fischfond (aus dem Glas)
Salz, Pfeffer
2 Eigelbe
100 g süße Sahne
1 Essl. Mehl
2 Scheiben Toastbrot
40 g Sevruga-Kaviar

1 Fisch kurz abspülen, mit Küchenpapier trockentupfen, in etwa 2 cm große Stücke schneiden. Schalotten schälen, hacken. Estragon waschen, die Blättchen abzupfen.

2 Estragonstiele und Schalotten in 1 Esslöffel Butter kurz andünsten, Essig, Noilly Prat und Fond dazugießen; bei schwacher Hitze 15 Minuten köcheln. Mit Salz und Pfeffer würzen, durch ein feines Sieb in einen Topf gießen. Lachs und Estragon dazugeben, 5 Minuten bei schwacher Hitze garen.

3 In einem kleinen Topf Eigelbe, Sahne und Mehl mit dem Schneebesen verquirlen und unter Rühren kurz erhitzen (nicht kochen!). Mischung in die Suppe rühren; mit Salz und Pfeffer abschmecken.

4 Toastscheiben diagonal durchschneiden. In der restlichen Butter braun braten, auf Küchenpapier etwas abfetten, mit Kaviar bestreichen. Suppe in vorgewärmte Teller verteilen und mit den Toastecken garnieren.

***Getränk:** Pouilly-Fumé oder Sancerre von der Loire*

Lachs auf Gemüse-Pfifferling-Vinaigrette

Für 4 Personen (Bild ganz links)
***Zubereitungszeit:** 50 Minuten*

ZUTATEN:
4 Lachsfilets (à 150 g)
2 Essl. Zitronensaft
Salz, Pfeffer
2 Essl. Pflanzenöl
200 g Pfifferlinge
3 Stangen Spargel (etwa 100 g)
1 Möhre
1 kleine Zucchini
100 g Broccoli
100 g Blumenkohl
2 Schalotten
6 Essl. Olivenöl
4 Essl. gehackte Petersilie
2 Essl. Himbeeressig

1 Fisch abspülen, trockentupfen, mit Zitronensaft beträufeln, salzen und pfeffern. Fisch im Öl bei mittlerer Hitze von jeder Seite 3–4 Minuten braten; warm stellen.

2 Pfifferlinge putzen und klein schneiden. Spargel und Möhre schälen und in kleine Stücke schneiden. Zucchini waschen, halbieren, dann in schmale Scheiben schneiden. Broccoli und Blumenkohl waschen und in Röschen teilen.

3 Schalotten schälen und hacken. 3 Esslöffel Olivenöl in einer Pfanne erhitzen, Schalotten darin kurz andünsten, das Gemüse, 1 Tasse Wasser und das restliche Olivenöl dazugeben, mit Salz und Pfeffer würzen. Alles zugedeckt bei schwacher Hitze etwa 15 Minuten garen.

4 Das Gemüse mit Petersilie bestreuen, etwas abkühlen lassen, dann den Essig dazugeben; mit Salz und Pfeffer abschmecken. Lachsfilets auf Teller verteilen und mit der Gemüse-Pfifferling-Vinaigrette servieren. Frisches Baguette schmeckt super dazu.

***Getränk:** Weißburgunder aus der Pfalz oder dem Rheingau*

Riesengarnelen mit Basilikumbutter

Für 4 Personen (Bild rechts)
***Zubereitungszeit:** 20 Minuten*

ZUTATEN:
2 Knoblauchzehen
2 Sardellenfilets
2 Eigelbe
200 ml Olivenöl
2 Essl. Zitronensaft
50 g frisch geriebener Parmesan
2 Essl. Hühnerbrühe (frisch oder fertig)
Salz, Pfeffer
100 g Butter
100 ml trockener Weißwein
600 g frische Riesengarnelen (ohne Schale; z. B. Black Tiger Seawater; ersatzweise tiefgekühlte, aufgetaute Riesengarnelen)
1 Bund Basilikum

1 Die Knoblauchzehen schälen. Sardellen fein hacken. Eigelbe in einer Schüssel am besten mit den Schneebesen des Handrührgeräts verquirlen (so dass sie richtig schaumig werden). Nach und nach in dünnem Strahl Olivenöl dazugeben, so dass eine Mayonnaise entsteht. Knoblauch durch die Knoblauchpresse dazudrücken, Zitronensaft, Parmesan, Brühe und Sardellenfilets unterrühren. Mit Salz und Pfeffer abschmecken.

2 Die Butter in einer Pfanne erhitzen, die Riesengarnelen darin kurz anbraten, Weißwein dazugießen. Die Garnelen bei schwacher Hitze 3–4 Minuten ziehen lassen.

3 Inzwischen das Basilikum waschen, die Blättchen in Streifen schneiden. Zu den Garnelen in die Pfanne geben und alles leicht salzen.

4 Die Riesengarnelen auf vier Teller verteilen und die Mayonnaise separat dazureichen. Wir empfehlen dazu gemischte Blattsalate (zum Beispiel Lollo rosso mit Frisée, Feldsalat und Rucola) mit einer einfachen Essig-Öl-Vinaigrette und Toskana-Brot.

***Getränk:** kalifornischer Sauvignon blanc*

KÄFER-TIPP
Wem die Basilikum-Sauce so zu reichhaltig ist, der lässt die Mayonnaise (Arbeitsschritt 1) weg und verrührt stattdessen 200 g Joghurt mit den übrigen Saucen-Zutaten, dann aber nur 1 Esslöffel Parmesan verwenden.

Riesengarnelen mit Kartoffeln und Tomaten

Für 4 Personen
***Zubereitungszeit:** 30 Minuten*

ZUTATEN:
800 g fest kochende Kartoffeln
2 Knoblauchzehen
2 Essl. Butter
Salz, Pfeffer
1/8 l Rinderbrühe (frisch oder fertig)
200 g süße Sahne
1 Teel. Zitronensaft
2 Fleischtomaten
8 Riesengarnelen (ungekocht ohne Kopf; à 40 g)
1/2 Bund Schnittlauch

1 Kartoffeln schälen und in 3 cm große Würfel schneiden. Knoblauch schälen und in Scheibchen schneiden.

2 1 Esslöffel Butter in einer großen Pfanne erhitzen, Knoblauch darin andünsten. Kartoffeln trockentupfen und dazugeben, mit Salz und Pfeffer würzen, Rinderbrühe dazugießen und die Kartoffeln zugedeckt bei mittlerer Hitze etwa 10 Minuten garen. Die Sahne in die Pfanne gießen, Kartoffeln ohne Deckel weitere 15 Minuten garen, mit Salz, Pfeffer und Zitronensaft abschmecken.

3 Tomaten in kochendem Wasser etwa 1 Minute überbrühen, mit kaltem Wasser abschrecken, die Haut abziehen. Tomaten vierteln, Stielansätze und Kerne entfernen und Tomaten würfeln.

4 Garnelen aus der Schale lösen, das Schwanzstück daranlassen. Rücken mit einem spitzen Messer leicht einschneiden und den schwarzen Darmfaden entfernen. Garnelen abspülen, mit Küchenpapier trockentupfen.

5 Die restliche Butter in einer Pfanne erhitzen und Garnelen darin bei starker Hitze etwa 3 Minuten braten. Die Garnelen zu den Kartoffeln geben.

6 Den Schnittlauch waschen und in Röllchen schneiden. Garnelen und Kartoffeln auf vier Teller verteilen, mit Tomatenwürfeln und Schnittlauch bestreuen.

***Getränk:** Chardonnay aus der Toskana*

Franz Kuplent kocht gerne mit einheimischen, naturbelassenen Produkten.

Pörkölt vom Karpfen

Für 4 Personen (Bild links oben)
***Zubereitungszeit:** 50 Minuten*

ZUTATEN:
je 1 rote und gelbe Paprikaschote
4 Karpfenfilets (à ca. 130 g; enthäutet)
2 Essl. Zitronensaft
Salz, Pfeffer
200 ml Fischfond (aus dem Glas oder selbst gemacht, s. Käfer-Tipp)
200 g süße Sahne
200 g saure Sahne
1 Teel. Paprikapulver (edelsüß)
2 Essl. Butter
1/2 Bund Petersilie
100 g Weißbrotcroûtons (gibt's fertig zu kaufen)

1. Die Paprikaschoten waschen und abtrocknen. Auf dem Backblech im Backofen bei 180° etwa 35 Minuten backen, bis die Haut Blasen bildet. Herausnehmen, häuten (Bild unten), Paprika dann vierteln, von Stielansätzen und Kernen befreien und in Würfel schneiden.

2. Die Karpfenfilets kurz abspülen, mit Küchenpapier trockentupfen, mit Zitronensaft beträufeln, mit Salz und Pfeffer würzen.

3. In einem Topf Fischfond, süße und saure Sahne aufkochen, mit Salz und Pfeffer abschmecken. Paprikawürfel und Paprikapulver dazugeben und alles mit dem Pürierstab pürieren.

4. Butter in einer Pfanne erhitzen, Karpfenfilets darin auf jeder Seite 30 Sekunden anbraten. Paprikasauce dazugeben und alles bei mittlerer Hitze 3–5 Minuten garen. Petersilie waschen, trockenschütteln und klein schneiden.

5. Karpfen mit Paprikasauce in vier tiefe Teller verteilen, mit Croûtons und Petersilie bestreuen.

Getränk:
trockener Weißwein mit wenig Säure, z. B. aus Spanien

KÄFER-TIPP
Am besten schmeckt das Gericht mit einem selbst gemachten Fischfond aus Karpfenkarkassen (die Gräten vom Karpfen). Diese in einen Topf legen, mit kaltem Wasser bedecken, einige Gewürznelken und 1 Lorbeerblatt dazugeben, alles bei schwacher Hitze etwa 15 Minuten garen. Durch ein Sieb schütten und offen nochmals mindestens 15 Minuten kochen und reduzieren (einkochen). Selbst gemachter Fischfond kann gut portionsweise tiefgekühlt werden.

Von den gebackenen Paprikaschoten mit einem scharfen Messer vorsichtig rundherum die Haut abziehen.

Rotbarbenfilets mit Basilikum-Tomaten

Für 4 Personen
***Zubereitungszeit:** 45 Minuten*

ZUTATEN:
4 Fleischtomaten
2 Schalotten
1 Essl. Butter
1 Essl. Tomatenmark
1 Prise Zucker
Salz, Pfeffer
1/2 Bund Basilikum
8 Rotbarbenfilets (à 60 g)
3 Essl. Zitronensaft
3 Essl. Pflanzenöl
2 Essl. Mehl

1 Die Tomaten in kochendem Wasser etwa 1 Minute überbrühen, mit kaltem Wasser abschrecken, die Haut abziehen. Tomaten vierteln, dabei Stielansätze und Kerne entfernen und das Fruchtfleisch klein schneiden. Schalotten schälen, hacken.

2 Die Butter in einer Pfanne erhitzen, Schalotten darin andünsten, Tomatenmark und Zucker unterrühren, Tomaten dazugeben, etwa 10 Minuten bei schwacher Hitze köcheln. Mit Salz und Pfeffer würzen.

3 Das Basilikum waschen, die Blättchen in Streifen schneiden und unter die Tomaten mischen.

4 Die Rotbarbenfilets kurz abspülen, mit Küchenpapier trockentupfen, mit Zitronensaft beträufeln, mit Salz und Pfeffer würzen. Öl in der Pfanne erhitzen. Mehl auf einen Teller geben. Fischfilets darin wenden, im heißen Öl von beiden Seiten jeweils etwa 1 1/2 Minuten braten.

5 Basilikum-Tomaten auf vier Teller verteilen, Rotbarbenfilets darauf legen und servieren, beispielsweise mit Baguette oder Salzkartoffeln.

***Getränk:** leichter Roséwein, z. B. Bardolino Chiaretto*

Schollenfilets mit Speck und Croûtons

Für 4 Personen (Bild unten)
***Zubereitungszeit:** 30 Minuten*

ZUTATEN:
600 g Schollenfilets
2 Essl. Zitronensaft
Salz, Pfeffer
3 Essl. Pflanzenöl
3 Essl. Mehl
2 Essl. Butter
150 g durchwachsener Speck
1 Bund Petersilie
4 Essl. Weißbrotcroûtons (gibt's fertig zu kaufen)

1. Schollenfilets kurz abspülen, mit Küchenpapier trockentupfen, mit Zitronensaft beträufeln und mit Salz und Pfeffer würzen.

2. Öl in einer Pfanne erhitzen. Schollenfilets im Mehl wenden, dann im heißen Öl etwa 3 Minuten bei starker Hitze braten. Fisch wenden, Butter dazugeben, weitere 2 Minuten bei mittlerer Hitze braten, dann die Filets herausnehmen, in eine feuerfeste Form geben, mit Alufolie gut zudecken und im Backofen bei knapp 100° warm halten.

3. Speck ohne Schwarte in kleine Würfel schneiden. Petersilie waschen und ohne die groben Stiele fein hacken. Speck und Weißbrotcroûtons kurz in der in der Pfanne verbliebenen Butter anrösten. Die Petersilie darüber streuen.

4. Schollenfilets auf vier vorgewärmteTeller geben, die Speck-Croûton-Mischung darüber verteilen. Dazu schmecken Salzkartoffeln und Gurkensalat.

***Getränk:** kalifornischer Chardonnay oder Rotwein aus dem Languedoc-Roussillon*

Scholle im Kräuterröstimantel

Für 4 Personen (Bild oben)
***Zubereitungszeit:** 25 Minuten*

ZUTATEN:
600 g Schollenfilets
Salz, Pfeffer
je 2 Zweige frischer Thymian, Oregano und Petersilie
3 mittelgroße fest kochende Kartoffeln
2 Essl. Mehl
2 Eiweiße
3 Essl. Pflanzenöl

KÄFER-TIPP
Auch Rotbarsch, Seelachs oder Kabeljau schmecken im Röstimantel gut (allerdings müssen sie 2–3 Minuten länger braten).

1. Schollenfilets kurz abspülen, mit Küchenpapier trockentupfen, mit Salz und Pfeffer würzen.

2. Kräuter waschen, Blättchen von den Stielen schneiden und in einer Schüssel mischen. Kartoffeln schälen und auf der Gemüsereibe in die Schüssel raspeln, mit den Kräutern mischen.

3. Mehl auf einen flachen Teller geben. Eiweiße halbsteif schlagen und ebenfalls auf einen Teller geben.

4. Öl in einer Pfanne erhitzen. Die Schollenfilets erst im Mehl und dann im Eiweiß wenden und auf einer Seite mit der Kartoffel-Kräuter-Mischung bestreichen. Im heißen Öl auf der Kartoffel-Kräuter-Seite bei starker Hitze etwa 5 Minuten knusprig braten, wenden und in etwa 2 Minuten fertig braten.

***Getränk:** Sauvignon Blanc aus der Steiermark*

Seezungenstreifen mit Artischocken

Für 4 Personen (Bild unten)
***Zubereitungszeit:** 40 Minuten*

ZUTATEN:
400 g Seezungenfilet
3 Essl. Zitronensaft
Salz, Pfeffer
1 Essl. Mehl
400 g große Kartoffeln
4 Artischockenböden (aus dem Glas)
4 Essl. Erdnussöl
1/2 Bund Petersilie
2 Essl. Butter
100 ml Kalbsfond (aus dem Glas)
1 große Tomate, abgezogen, das Fruchtfleisch in Streifen geschnitten

1 Fischfilets abspülen, trockentupfen und quer in fingerdicke Streifen schneiden. Mit 2 Esslöffeln Zitronensaft beträufeln, salzen, pfeffern und rundum bemehlen.

2 Kartoffeln schälen, mit einem Kugelausstecher kleine Kugeln ausstechen. In kochendem Salzwasser etwa 2 Minuten blanchieren (überbrühen). Artischockenböden vierteln.

3 Erdnussöl in einer Pfanne erhitzen, Seezungenstreifen darin bei mittlerer Hitze von jeder Seite in etwa 2 Minuten goldgelb braten; herausnehmen. Kartoffelkugeln ins Öl geben und ebenfalls goldgelb braten, Artischocken kurz mitdünsten, mit Salz und Pfeffer würzen. Fisch wieder dazugeben, die Pfanne von der Kochstelle nehmen.

4 Petersilie waschen, trockenschütteln und ohne grobe Stiele fein hacken. Butter erhitzen, Petersilie und den restlichen Zitronensaft unterrühren. Fond erhitzen, jeweils etwas davon auf die Teller geben, Seezungenstreifen, Kartoffeln, Artischocken und Tomatenstreifen darauf verteilen; mit der heißen Butter übergießen.

***Getränk:** Gavi di Gavi aus dem Piemont*

Seezungenfilets im Kräutermantel

Für 4 Personen (Bild oben)
***Zubereitungszeit:** 50 Minuten*

ZUTATEN:
4 Seezungenfilets (à 150 g)
3 Essl. Zitronensaft
Salz, Pfeffer
4 Teel. scharfer Senf
1/2 Bund Petersilie
je 1 Zweig frischer Thymian und Estragon (oder je 1/4 Teel. getrocknete Kräuter)
2 Zwiebeln
4 Essl. Butter
200 ml Sekt
100 ml Wermut
4 Tomaten, abgezogen, das Fruchtfleisch in Streifen geschnitten
2 Essl. Paniermehl
125 g süße Sahne
1 Essl. Mehl

1 Fischfilets abspülen, trockentupfen, mit 2 Esslöffeln Zitronensaft beträufeln, salzen, pfeffern; auf einer Seite mit Senf bestreichen.

2 Kräuter waschen, Blättchen fein hacken. Zwiebeln schälen und fein hacken. Backofen auf 220° vorheizen.

3 Eine Auflaufform mit 1 Esslöffel Butter ausfetten, Fischfilets hineinlegen, Zwiebeln darumlegen. Sekt und Wermut dazugießen, Tomatenstreifen auf den Filets verteilen. Paniermehl in einer Schüssel mit den gehackten Kräutern mischen, darüberstreuen. 2 Esslöffel Butter in Flöckchen darauf setzen und alles im Backofen (Mitte) etwa 20 Minuten garen.

4 Fisch aus der Form nehmen, warm halten. Verbliebene Flüssigkeit in einem Topf mit Sahne und Mehl verrühren, bei starker Hitze kurz aufkochen. Rühren, bis die Sauce cremig wird. Restlichen Zitronensaft und restliche Butter unterrühren. Fisch mit Sauce begießen und servieren. Dazu passen Spinat und Salzkartoffeln.

***Getränk:** eleganter Pinot bianco aus Südtirol oder dem Friaul*

Steinbutt-Cordon-bleu mit Räucherlachs

Für 4 Personen
***Zubereitungszeit:** 45 Minuten*

ZUTATEN:
2 kleine Zwiebeln
1 Essl. Butter
1/2 Bund Kerbel (ersatzweise glatte Petersilie)
4 Scheiben Räucherlachs
Salz, Pfeffer
3 Essl. Zitronensaft
2 Steinbutte, filetiert (Ober- und Unterfilet noch zusammenhängend)
2 Essl. Pflanzenöl
3 Essl. Mehl
2 Eier, getrennt
3 Essl. Paniermehl

1 Zwiebeln schälen und fein hacken, in der Butter kurz andünsten, dann in einem Schüsselchen etwa 10 Minuten kalt stellen.

2 Kerbel waschen, Blättchen klein hacken, unter die Zwiebelwürfel mischen. Räucherlachs klein schneiden (Stepfoto 1), ebenfalls untermischen. Mit Salz, Pfeffer und 1 Esslöffel Zitronensaft würzen.

3 Steinbuttfilets kurz abspülen, mit Küchenpapier trockentupfen. Von innen und außen mit Salz und Pfeffer würzen und mit dem restlichen Zitronensaft beträufeln.

4 Fischfilets mit der Zwiebel-Räucherlachs-Mischung füllen (Stepfoto 2) und mit Holzzahnstochern oder Rouladennadeln zustecken (Stepfoto 3).

5 Öl in einer Pfanne erhitzen. Mehl auf einen Teller geben, Eigelbe auf einem Teller verquirlen.

6 Paniermehl auf einen Teller geben. Steinbuttfilets zuerst im Mehl, dann im Ei und zuletzt im Paniermehl wenden. Im heißen Öl bei mittlerer Hitze auf jeder Seite etwa 6 Minuten braten. Beide Doppelfilets halbieren. Als Beilage empfehlen wir grünen Spargel und Petersilienkartoffeln.

***Getränk:** australischer Chardonnay, nicht zu wuchtig*

Raffiniert und doch so easy: Steinbutt-Cordon-bleu mit einer Füllung aus Räucherlachs.

Zackenbarsch mit Gemüsestreifen

Für 4 Personen (Bild unten)
***Zubereitungszeit:** 40 Minuten*

ZUTATEN:
3 Möhren
1 kleine Stange Lauch
1/2 Knollensellerie
3 Essl. Butter
Salz, Pfeffer
je 1/2 Bund glatte Petersilie, Dill, Estragon, Kerbel
4 Zackenbarschfilets (ohne Haut; à 150 g)
2 Essl. Zitronensaft
100 ml Weißwein

KÄFER TIPP

KÄFER-TIPP
Etwas von den gehackten Kräutern zurückbehalten und die Beilagenkartoffeln damit bestreuen.

1 Möhren schälen, erst längs, dann quer halbieren und in Julienne (feine Streifen) schneiden. Lauch putzen, längs aufschlitzen, gründlich ausspülen, quer in feine Halbringe schneiden. Sellerie schälen, in feine Streifen schneiden.

2 1 Esslöffel Butter in einer Pfanne erhitzen, Gemüsestreifen darin bei mittlerer Hitze etwa 2 Minuten dünsten, salzen und pfeffern. Kräuter waschen, trockenschütteln und die Blättchen fein schneiden.

3 Fischfilets kurz abspülen, mit Küchenpapier trockentupfen, mit Zitronensaft beträufeln, mit Salz und Pfeffer würzen. Backofen auf 180° vorheizen. Vier Alufolien (30 x 30 cm) ausbreiten.

4 Restliche Butter zerlassen, die Folienstücke damit bestreichen. Jeweils 1 Fischfilet in die Mitte legen, Gemüsestreifen darauf verteilen, mit etwas Wein beträufeln, Kräuter darüber streuen. Fisch in die Alufolie einschlagen, auf einem Backblech im Ofen (Mitte) 15–20 Minuten, je nach Dicke, garen. In der Folie servieren. Dazu empfehlen wir Petersilienkartoffeln.

Getränk:
portugiesischer Weißwein (Vinho Verde, Albariño)

Zander mit Tomaten und Frühlingszwiebeln

Für 4 Personen (Bild oben)
***Zubereitungszeit:** 30 Minuten*

ZUTATEN:
2 Fleischtomaten
1 Bund Frühlingszwiebeln
4 Zanderfilets (à 160 g)
4 Essl. Weißwein
Salz
2 Essl. Mehl
4 Essl. Olivenöl
Pfeffer
1/2 Bund Petersilie

1 Tomaten in kochendem Wasser etwa 1 Minute überbrühen, mit kaltem Wasser abschrecken, Haut abziehen. Stielansätze und Kerne entfernen, die Tomaten klein würfeln. Frühlingszwiebeln putzen, waschen, mit dem zarten Grün in Röllchen schneiden.

2 Zanderfilets abspülen und trockentupfen. Mit je 1 Esslöffel Wein beträufeln, salzen und von beiden Seiten mit etwas Mehl bestreuen.

3 3 Esslöffel Olivenöl in einer Pfanne erhitzen. Zanderfilets darin bei mittlerer Hitze etwa 3 Minuten von jeder Seite braten. Herausnehmen und zugedeckt im Backofen bei 100° warm stellen.

4 Das restliche Öl erhitzen, Tomaten und Frühlingszwiebeln darin bei mittlerer Hitze etwa 3 Minuten dünsten, mit Salz und Pfeffer würzen. Petersilie waschen, trockenschütteln und klein schneiden. Zanderfilets auf vier Teller verteilen, Tomaten-Zwiebel-Mischung darüber geben; mit Petersilie bestreut servieren.

Getränk:
Entre-Deux-Mers aus Frankreich

Fleisch, Wild und Geflügel

… kommt immer gut an.

Gebraten, gekocht, paniert oder geschnetzelt, mit der richtigen Sauce und dem gewissen Pepp ist Erfolg vorprogrammiert: Gericht geglückt, Gäste zufrieden!

Ausprobieren!

Kalbspiccata alla Milanese

Für 4 Personen (Bild unten)
***Zubereitungszeit:** 45 Minuten*

ZUTATEN:
100 g Parmesan am Stück
2 Eier
3 Essl. Pflanzenöl
8 kleine Scheiben Kalbschnitzel (à 60 g; vom Metzger flach klopfen lassen)
Salz, Pfeffer
3 Essl. Mehl
4 Essl. Butter
6 Tomaten
1 Knoblauchzehe
1/2 Bund Basilikum
2 Essl. Tomatenmark
50 ml Weißwein

1 Den Parmesan in eine Schüssel reiben. Eier dazugeben und mit dem Käse verrühren. Öl in einer Pfanne erhitzen.

2 Fleisch von beiden Seiten mit etwas Salz und Pfeffer bestreuen. Mehl auf einen flachen Teller geben, Fleisch im Mehl, dann in der Ei-Parmesan-Mischung wenden (Bild links oben) und sofort in das heiße Öl in der Pfanne legen. Fleisch bei starker Hitze von beiden Seiten je 5 Minuten braten, zum Schluss 3 Esslöffel Butter dazugeben und erhitzen. Fleisch auf einen Teller geben und zugedeckt warm stellen.

3 Für die Tomatensauce Tomaten in kochendem Wasser etwa 1 Minute überbrühen, mit kaltem Wasser abschrecken, Haut abziehen. Tomaten vierteln, Stielansätze und Kerne entfernen, Tomaten in Würfel schneiden.

4 Die Knoblauchzehe schälen und hacken. Basilikum waschen, trockenschütteln und die Blättchen in Streifen schneiden.

5 Restliche Butter in einem Topf erhitzen, Knoblauch kurz darin andünsten, Tomatenwürfel mit dem Tomatenmark dazugeben und gut verrühren, mit Salz und Pfeffer würzen, den Wein angießen und alles bei mittlerer Hitze etwa 5 Minuten garen. Basilikum untermischen und die Sauce mit dem Kalbfleisch servieren. Dazu passen Baguette oder Spaghetti.

Getränk:
Dolcetto d'Alba aus dem Piemont

Zur Kalbspiccata alla Milanese, einem typisch italienischen Gericht, passt am besten Spaghetti mit Tomatensauce oder frisches Weißbrot.

Züricher Geschnetzeltes

Für 4 Personen
***Zubereitungszeit:** 1 Stunde*

ZUTATEN:
2 Schalotten
300 g Egerlinge oder Champignons
3 Essl. Pflanzenöl
600 g Kalbsschnitzel (vom Metzger schnetzeln lassen)
Salz, Pfeffer
2 Essl. Cognac
100 g süße Sahne

1 Die Schalotten schälen und hacken. Pilze mit Küchenpapier sauber reiben, putzen und vierteln.

2 2 Esslöffel Öl in der Pfanne erhitzen, das Fleisch darin bei starker Hitze etwa 5 Minuten braten, mit Salz und Pfeffer würzen, herausnehmen und warm stellen.

3 Restliches Öl in der Pfanne erhitzen, Schalotten darin kurz anbraten, Pilze dazugeben, mit Salz und Pfeffer würzen und bei mittlerer Hitze etwa 2 Minuten dünsten, Cognac und Sahne dazugeben und alles weitere 3 Minuten garen.

4 Das Fleisch in die Pilzsauce geben und alles noch einmal kurz erhitzen. Dazu gehören Rösti (s. Käfer-Tipp) und ein frischer Blattsalat.

***Getränk:** badischer Grauburgunder (im Barrique ausgebaut)*

KÄFER-TIPP

Klassisch und superlecker dazu sind Rösti: 1 kg Kartoffeln bei mittlerer Hitze in 15–20 Minuten garen, kalt abschrecken, abkühlen lassen, pellen und auf der Gemüsereibe in eine Schüssel reiben. 1 Zwiebel schälen, fein hacken, untermischen. Mit Salz und Pfeffer würzen. Butterschmalz (insgesamt braucht man etwa 4 Esslöffel) in einer mittelgroßen Pfanne erhitzen, die Hälfte der Kartoffelmasse hineingeben, flach drücken, bei schwacher Hitze etwa 15 Minuten braten, bis sich an der Unterseite eine goldgelbe Kruste gebildet hat. Herausnehmen, restliches Butterschmalz erhitzen, Rösti umgedreht in die Pfanne geben und in weiteren 15 Minuten fertig braten; warm stellen. Die zweite Rösti genauso backen, dann beide in Tortenstücke schneiden und zu dem Geschnetzelten servieren.

Rinderbrust mit Salsa verde

Für 4 Personen
***Zubereitungszeit:** 1 1/2 Stunden*

ZUTATEN:

Für das Fleisch:
1 kg Rinderbrust
2 Lorbeerblätter
1/2 Teel. Salz
1 Teel. schwarze Pfefferkörner
1 Paket Suppengemüse (Zwiebel, Möhre, Lauch, Knollensellerie)

Für die Sauce:
1 großes Bund glatte Petersilie
1 Knoblauchzehe
1 Schalotte
1 Essl. Kapern
1 mittelgroße Gewürzgurke
2 Essl. Olivenöl
1 Essl. Aceto balsamico

1. Fleisch in einen Topf legen und so viel Wasser dazugießen, dass das Fleisch bedeckt ist. Lorbeerblätter, Salz und Pfefferkörner dazugeben. Suppengemüse schälen bzw. putzen, klein schneiden und zum Fleisch geben.

2. Fleisch zum Kochen bringen, entstehenden Schaum von der Oberfläche abschöpfen. Fleisch zugedeckt bei schwacher Hitze etwa 1 Stunde garen.

3. Inzwischen für die Salsa verde Petersilie waschen, trockenschütteln und ohne die groben Stiele fein hacken. Knoblauchzehe und Schalotte schälen und hacken, mit der Petersilie in einer Schüssel mischen.

4. Kapern und Gewürzgurke fein hacken und dazugeben. Mit wenig Salz (Kapern sind schon sehr salzig!) und Pfeffer würzen, Olivenöl und Aceto balsamico dazugeben und alles nochmals gut verrühren.

5. Fleisch aus der Brühe nehmen, etwas abkühlen lassen, in Scheiben schneiden und warm oder kalt mit der Salsa verde servieren.

Getränk:
Grüner Veltliner aus der Wachau

KÄFER-TIPP
Salsa verde passt auch zu anderen gekochten Fleischsorten und kann gut vorbereitet werden.
Wenn das Rindfleisch kalt, in Scheiben geschnitten mit Salsa verde serviert werden soll, die doppelte Menge Salsa zubereiten!

VARIANTE:
Gebackene Rinderbrustscheiben
Gekochte und in dünne Scheiben geschnittene Rinderbrust mit Salz und Pfeffer würzen, jeweils 1 Scheibe mit Dijon-Senf bestreichen und eine zweite Scheibe darauf legen. Zusammengelegte Rinderbrustscheiben erst in etwas Mehl wenden, dann in verquirltem Ei (2 Eier), zuletzt in Paniermehl und sofort in heißem Öl wie ein paniertes Schnitzel goldbraun backen. Dazu passen Rahmwirsing und Kartoffel-Sellerie-Püree (Seite 121). Schmeckt auch gut kalt mit Radieschen und Bauernbrot.

Herkunft und Frische von Fleisch und Geflügel sind bei Käfer besonders wichtig, denn Qualität wird ganz groß geschrieben. Lassen auch Sie sich beim Einkauf, egal wo, beraten!

Irish Stew

Für 4 Personen (Bild rechts)
***Zubereitungszeit:** 1 1/4 Stunden*

Zutaten:
2 Zwiebeln
1 Knoblauchzehe
1 Stange Lauch
2 Essl. Butterschmalz
600 g Lammfleisch aus der Keule (vom Metzger in etwa 2 cm große Würfel schneiden lassen; eventuell vorbestellen)
1 1/2 l Fleischbrühe (frisch oder fertig)
500 g Kartoffeln
300 g Wirsing
Salz, Pfeffer
1 Bund Petersilie
2 Zweige frischer Thymian (oder 1/2 Teel. getrockneter Thymian)

1 Zwiebeln und Knoblauch schälen und grob hacken. Lauch putzen, längs aufschlitzen, gründlich ausspülen, das Weiße vom Lauch in schmale Halbringe schneiden.

2 In einem großen Bratentopf Butterschmalz erhitzen, Zwiebeln, Knoblauch und Lauch darin kurz andünsten, das Lammfleisch dazugeben, bei starker Hitze von allen Seiten anbraten, dann etwa 1 l von der Brühe dazugießen (das Fleisch sollte bedeckt sein). Alles bei schwacher Hitze etwa 30 Minuten garen, entstehenden Schaum immer wieder mit einer Schaumkelle abschöpfen.

3 Inzwischen die Kartoffeln schälen und in 1 cm große Würfel schneiden. Wirsing waschen, putzen und klein schneiden.

4 Nach 30 Minuten Garzeit Kartoffeln zum Fleisch geben und eventuell noch etwas Brühe nachgießen. Etwa 15 Minuten weitergaren, dann den Wirsing untermischen und das Gericht in etwa 10 Minuten fertig garen. Mit Salz und Pfeffer würzen.

5 Petersilie und Thymian waschen, trockenschütteln und ohne die groben Stiele fein hacken. Kräuter über das fertige Gericht streuen.

***Getränk:** dunkles Bier, am besten Guinness*

Filetgulasch »Stroganoff«

Für 4 Personen
***Zubereitungszeit:** 30 Minuten*

Zutaten:
600 g Rinderfilet
Salz, Pfeffer
1 Essl. Butterschmalz
1 Zwiebel
100 ml Rotwein
150 g Gewürzgurken (aus dem Glas)
150 g Rote Bete (aus dem Glas)
1 Essl. Pflanzenöl
150 g Crème fraîche

1 Das Rinderfilet in etwa 2 cm große Würfel schneiden, mit Salz und Pfeffer bestreuen. 1/2 Esslöffel Butterschmalz in einer Pfanne erhitzen, Fleisch darin bei starker Hitze rundum etwa 5 Minuten anbraten; aus der Pfanne nehmen.

2 Übriges Butterschmalz in der Pfanne erhitzen, Zwiebel schälen, klein hacken und im Fett andünsten. Wein angießen, aufkochen lassen, dann das Rinderfilet dazugeben; zugedeckt bei mittlerer Hitze 8–10 Minuten garen, salzen und pfeffern.

3 Inzwischen Gewürzgurken erst längs dann quer halbieren und wie die Roten Bete in feine Streifen schneiden. Öl in einem Topf erhitzen, Gurken und Rote Bete hineingeben und kurz erwärmen.

4 Gulasch auf vier Teller verteilen, Gurken- und Rote-Bete-Streifen darauf geben, mit jeweils 1–2 Teelöffeln Crème fraîche garnieren. Dazu schmecken Nudeln, Reis oder Kartoffelpüree (z. B. Kartoffel-Trüffel-Püree, Seite 121).

***Getränk:** Pinot noir aus Kalifornien*

Hier bekommt das Filetgulasch eine Spezialbehandlung von Küchenchef Jakob Spagl – das sollten Sie zu Hause aber besser nicht nachmachen.

Putenschnitzel mit Spinat-Gorgonzola-Füllung kann jeder zaubern, vorausgesetzt das Fleisch ist schön flach geklopft, dann lässt es sich besser füllen.

Putenschnitzel mit Spinat-Gorgonzola-Füllung

Für 4 Personen (Bild links oben)
***Zubereitungszeit:** 35 Minuten*

ZUTATEN:
100 g frischer Spinat (möglichst kleine Blätter)
1 Schalotte
1 Essl. Butter
100 g Gorgonzola
Salz, Pfeffer
Muskatnuss, frisch gerieben
4 Putenschnitzel (à 150 g; vom Metzger flach klopfen lassen)
4 Essl. Pflanzenöl
2 Essl. Mehl

1 Spinat waschen und trockenschleudern, grobe Stiele abschneiden. Schalotte schälen und hacken. Butter in einem Topf erhitzen, Schalotte darin kurz andünsten. Spinat dazugeben, zusammenfallen lassen, von der Kochstelle nehmen und abkühlen lassen.

2 Den Gorgonzola klein schneiden und unter den Spinat mischen. Alles mit Salz, Pfeffer und Muskat würzen.

3 Putenschnitzel nebeneinander legen und mit einem großen Löffel jeweils etwas von der Füllung auf die Schnitzel streichen. Schnitzel quer zusammenklappen und mit Holzspießchen zusammenstecken.

4 Öl in einer Pfanne erhitzen. Mehl auf einen flachen Teller geben, Putenschnitzel darin wenden und im heißen Öl von jeder Seite etwa 3 Minuten braten. Dazu schmecken Gnocchi mit Tomaten und Basilikum (Grundrezept s. Gnocchirezept auf Seite 125).

***Getränk:** Morillon (Chardonnay) aus der Steiermark*

Lammcurry mit gerösteten Mandeln

Für 4 Personen (Bild ganz links unten)
***Zubereitungszeit:** 35 Minuten (plus 40 Minuten garen)*

ZUTATEN:
2 Zwiebeln
1 Knoblauchzehe
100 g Knollensellerie
1 großer Apfel (z. B. Cox Orange oder Boskop)
2 Essl. Butterschmalz
600 g Lammfleisch aus der Keule (vom Metzger in etwa 1 cm große Würfel schneiden lassen; eventuell vorbestellen)
1 Essl. Tomatenmark
1/2 Teel. Zucker
1 Essl. Mehl
1 Essl. Currypulver
1 l Fleischbrühe (frisch oder fertig)
2 Essl. Mango-Chutney
Salz, Pfeffer
100 g süße Sahne
2 Essl. Mandelblättchen

1 Zwiebeln und Knoblauch schälen, hacken. Sellerie schälen und in kleine Würfel schneiden, Apfel schälen, vierteln, Kerngehäuse entfernen, dann in Scheiben schneiden.

2 1 Esslöffel Butterschmalz in einer Pfanne erhitzen, Lammfleisch darin bei starker Hitze in etwa 5 Minuten von allen Seiten anbraten.

3 Im restlichen Butterschmalz in einem Bratentopf Zwiebel, Knoblauch, Äpfel und Sellerie kurz andünsten, Tomatenmark und Zucker dazugeben, Mehl darüber sieben. Fleisch, Currypulver und etwa 1 l von der Brühe dazugeben (das Fleisch sollte bedeckt sein). Zugedeckt bei schwacher Hitze etwa 40 Minuten garen.

4 Mango-Chutney, Salz, Pfeffer und Sahne in die Sauce rühren; alles bei schwacher Hitze warm halten. Mandelblättchen in einer trockenen beschichteten Pfanne goldgelb rösten. Lammcurry auf vier Teller verteilen, mit den Mandeln bestreut servieren. Dazu passt Reis.

***Getränk:** Gewürztraminer aus dem Elsass*

Kalbsleber Berliner Art

Für 4 Personen (Bild links unten)
***Zubereitungszeit:** 45 Minuten*

ZUTATEN:
2 Äpfel, 2 Essl. Butter
1 Teel. Puderzucker
2 Essl. Mehl
8 Scheiben Kalbsleber (à 80 g)
Salz, Pfeffer
200 ml Kalbsfond
1/2 Bund Petersilie
150 g Röstzwiebeln (s. Käfer-Tipp)

KÄFER-TIPP
Röstzwiebeln: 3 Zwiebeln schälen, in Ringe schneiden. Mit Mehl und Paprikapulver bestäuben und in Öl goldbraun backen.

1 Äpfel schälen, Kerngehäuse kreisförmig ausstechen (mit einem Ausstecher oder einem Messer herausschneiden). Jeden Apfel in 8 dünne Scheiben schneiden. Apfelringe in 1 Esslöffel Butter goldbraun anbraten, mit Puderzucker bestreuen, herausnehmen und zugedeckt beiseite stellen.

2 Restliche Butter in der Pfanne erhitzen. Mehl auf einen Teller geben, Kalbsleberscheiben darin wenden und in der heißen Butter von jeder Seite 1–2 Minuten anbraten, aus der Pfanne nehmen und erst jetzt mit Salz und Pfeffer würzen.

3 Kalbsfond in die Pfanne gießen und kurz aufkochen. Die Petersilie waschen, trockenschütteln und ohne grobe Stiele hacken.

4 Lebern auf vier Teller verteilen, mit Kalbsfond übergießen und jeweils 2 Apfelringe darüber legen. Petersilie und Röstzwiebeln darüber verteilen. Lecker dazu: Kartoffelpüree (s. Varianten auf Seite 121).

***Getränk:** Côtes de Provence rosé oder Pils*

Hähnchenbrust mit Salbei und Parmaschinken

Für 4 Personen (Bild unten)
***Zubereitungszeit:** 30 Minuten*

ZUTATEN:
4 Hähnchenbrüste (à 150 g)
Salz, Pfeffer
8 frische Salbeiblätter
4 Scheiben Parmaschinken
1 Essl. Butterschmalz

1 Hähnchenbrüste von beiden Seiten mit Salz und Pfeffer würzen. Salbeiblätter waschen und auf jede Fleischseite ein Salbeiblatt legen.

2 1 Scheibe Parmaschinken um jedes Hähnchenstück wickeln und Schinken und Salbeiblätter mit einem Holzzahnstocher oder einer Rouladennadel feststecken.

3 Butterschmalz in einer Pfanne erhitzen und die Hähnchenbrüste darin auf jeder Seite bei mittlerer Hitze etwa 5 Minuten braten.

Dazu passen Reis und Tomatensalat oder ein frischer Blattsalat.

***Getränk:** weißer Châteauneuf-du-Pape*

Hähnchenkeule mit Oliven

Für 4 Personen (Bild oben)
***Zubereitungszeit:** 45 Minuten*

ZUTATEN:
4 Hähnchenkeulen (à 160 g)
Salz, Pfeffer
2 Essl. Mehl
200 g Schalotten
1 Knoblauchzehe
200 g Möhren
3 Essl. Pflanzenöl
je 1/4 Teel. getrockneter Thymian und Rosmarin
200 ml Rotwein
200 ml Geflügelfond (aus dem Glas)
150 g grüner Spargel
je 100 g grüne und schwarze Oliven

1 Hähnchenkeulen abspülen, trockentupfen, mit Salz und Pfeffer würzen. Mehl auf einen flachen Teller geben und Hähnchenkeulen darin wenden.

2 Schalotten und Knoblauch schälen, hacken. Möhren schälen, halbieren und in dünne Scheiben schneiden.

3 Öl in einem Bratentopf erhitzen, Hähnchenkeulen darin bei starker Hitze rundum goldbraun braten, Schalotten, Knoblauch, Möhren und die Kräuter dazugeben, etwa 2 Minuten mitrösten. Den Wein angießen und bei schwacher Hitze kochen, bis die Flüssigkeit etwa zur Hälfte verdampft ist. Fond dazugießen und alles bei schwacher Hitze etwa 15 Minuten garen.

4 Spargel waschen und trockene untere Enden entfernen. Nur wenn die Enden sehr holzig sind, Spargel im unteren Drittel schälen; in 5 cm lange Stücke schneiden. Oliven entkernen und halbieren. Kurz vor Ende der Garzeit zu den Hähnchenkeulen geben; alles weitere 5–8 Minuten garen. Mit Salz und Pfeffer abschmecken.

***Getränk:** Barbera d'Alba aus dem Piemont*

Thai-Curry mit Hähnchenbrust und Spargel

Für 4 Personen (Bild unten)
***Zubereitungszeit:** 25 Minuten*

ZUTATEN:
4 Hähnchenbrüste (à 150 g)
Salz, Pfeffer
400 g grüner Spargel
1 Stängel Zitronengras (Asienladen)
100 g Maiskörner (aus der Dose)
2 Essl. Pflanzenöl
250 ml Thai-Currysauce (Asienladen)
1 Bund Thai-Basilikum (ersatzweise Basilikum)
100 g Cocktailtomaten

1 Die Hähnchenbrüste mit Salz und Pfeffer würzen. Den Spargel waschen, trockene untere Enden entfernen. Nur wenn die Enden sehr holzig sind, die Spargelstangen im unteren Drittel schälen (ansonsten muss grüner Spargel nicht geschält werden).

2 Spargel in etwa 5 cm große Stücke schneiden. Zitronengras waschen und quer halbieren, Mais in einem Sieb abtropfen lassen.

3 In einem Bratentopf Öl erhitzen, Hähnchenbrüste darin bei starker Hitze in etwa 5 Minuten goldbraun anbraten. Spargel, Mais und Zitronengras untermischen. Currysauce unterrühren und alles etwa 5 Minuten bei mittlerer Hitze garen.

4 Inzwischen das Basilikum waschen, die Blättchen in Streifen schneiden. Cocktailtomaten ebenfalls waschen und in Hälften schneiden. Beides über das fertige Gericht streuen. Mit Basmatireis servieren.

***Getränk:** fruchtiger halbtrockener Riesling aus der Pfalz oder dem Elsass*

Mexikanische Hühnerbeinchen

Für 4 Personen (Bild oben)
***Zubereitungszeit:** 15 Minuten (plus 2–4 Stunden marinieren und 40–45 Minuten garen)*

ZUTATEN:
8 Essl. scharfes Tomatenketchup
4 Essl. Honig
1 1/2 Essl. Paprikapulver (edelsüß)
2 Teel. Ingwerpulver
2 Teel. Dajong-Chinagewürz (s. Käfer-Tipp auf Seite 42)
2 Teel. Salz
8 mittelgroße Hähnchenkeulen

1 Für die Marinade in einem Schüsselchen Ketchup, Honig, Paprikapulver, Ingwerpulver, Dajong-Gewürz und Salz verrühren.

2 Die Hähnchenkeulen abspülen, mit Küchenpapier trockentupfen. Keulen in eine Schüssel legen, die Marinade darüber gießen und zugedeckt 2–4 Stunden ziehen lassen.

3 Backofen auf 200° vorheizen. Hähnchenkeulen aus der Marinade nehmen, in eine flache feuerfeste Form legen und im heißen Backofen (Mitte) 40–45 Minuten garen.

4 Keulen während der Garzeit ab und zu mit Marinade bestreichen. Wenn die Keulen langsam braun werden, mit Alufolie abdecken. Dazu schmeckt Reis oder Weißbrot.

***Getränk:** kalifornischer Zinfandel*

KÄFER-TIPP
Tomatenketchup selbst scharf machen: Das Ketchup mit etwas Chilipulver verrühren oder 1 frische Chilischote hacken und untermischen.

Königsberger Klopse mit Kapernsauce

Für 4 Personen (Bild links oben)
***Zubereitungszeit:** 45 Minuten*

ZUTATEN:
500 g Hackfleisch
1 Ei
1 altbackenes Brötchen
Salz, Pfeffer
1 Zwiebel
1 Lorbeerblatt
4 Gewürznelken
1 Teel. schwarze Pfefferkörner
400 ml Kalbsfond (aus dem Glas)
200 g süße Sahne
150 g Crème fraîche
2 Essl. kalte Butter
2 Essl. Kapern

1 Hackfleisch in einer Schüssel mit dem Ei verkneten. Brötchen kurz in wenig kaltem Wasser einweichen, ausdrücken und ebenfalls unterkneten, mit Salz und Pfeffer würzen. Aus der Masse gleichmäßige, etwa 3 cm große Klöße formen (Bild unten). Die Zwiebel schälen und klein schneiden.

2 In einem Topf etwa 2 l Salzwasser mit Lorbeerblatt, Nelken, Pfefferkörnern und Zwiebel zum Kochen bringen. Die Fleischklöße hineingeben und bei schwacher Hitze etwa 20 Minuten garen.

3 Inzwischen in einem Topf Kalbsfond, Sahne und Crème fraîche verrühren und aufkochen lassen. Mit wenig Salz (Kapern sind schon sehr salzig!) und Pfeffer würzen. Die Flüssigkeit offen 15–20 Minuten bei mittlerer Hitze reduzieren (einkochen).

4 Kalte Butter und Kapern unterrühren. Klopse aus der Brühe nehmen und auf vier Tellern verteilen; mit der Sauce übergießen. Dazu passt Reis.

Getränk:
trockener Riesling von der Ruwer

Zum Formen der Klößchen für die Königsberger Klopse die Hände etwas mit Wasser anfeuchten.

Fleischpflanzerl

Für 4 Personen
***Zubereitungszeit:** 30 Minuten*

ZUTATEN:
1 altbackenes Brötchen
3 Essl. Milch
500 g gemischtes Hackfleisch
Salz, Pfeffer
1 Essl. mittelscharfer Senf
1 Ei
1/2 Zwiebel
1/2 Bund Petersilie
2 Essl. Butterschmalz

1 Brötchen halbieren, Milch in einen tiefen Teller geben und Brötchenhälften darin kurz einweichen. Dann unter die Hackfleischmasse kneten. Hackfleisch in eine Schüssel geben, mit Salz und Pfeffer würzen, Senf und Ei unterkneten.

2 Die Zwiebel hacken, Petersilie waschen, trockenschütteln und ohne die groben Stiele klein hacken. Zwiebel und Petersilie unter die Hackfleischmasse kneten.

3 Butterschmalz in einer Pfanne erhitzen. Aus der Hackfleischmasse 8 etwa gleich große Fleischklöße formen. Diese im heißen Butterschmalz bei mittlerer Hitze auf jeder Seite 5–8 Minuten braten. Dazu passt Kartoffelsalat (Seite 119) oder Bratkartoffeln.

Getränk:
Merlot aus Frankreich oder Italien oder ein helles Bier

VARIANTE:
Aus dem gleichen Hackfleischteig kleinere Bällchen formen und besonders knusprig braten. Dazu gibt's Paprikagemüse: 2 rote Paprikaschoten und 2 Schalotten würfeln, 1 Knoblauchzehe klein schneiden. Alles in Öl anbraten, 1 Dose (400 g) geschälte Tomaten und 2 Esslöffel Tomatenmark dazugeben, mit Salz, Pfeffer und 1 Prise Zucker würzen. 1/2 Peperoni würfeln und untermischen. Alles etwa 10 Minuten bei mittlerer Hitze garen. Nach Belieben mit etwas Crème fraîche verfeinern.

KÄFER-TIPP
Superlecker zu Fleischpflanzerl ist Sauce Aiba: 200–250 g Chili-Ketchup mit 1/2 Teelöffel Sambal oelek, je 1 Teelöffel Sojaöl und Wasser sowie 1 Spritzer Tabasco verrühren, mit je 1/4 Teelöffel Salz, Zucker und schwarzem Pfeffer würzen.

Schweinelendensteaks in Pfefferkruste

Für 4 Personen
***Zubereitungszeit:** 25 Minuten*

ZUTATEN:
- 4 Lendensteaks vom Schweinerücken (à 180 g)
- Salz
- 2 Essl. zerstoßene schwarze Pfefferkörner
- 2 Essl. Pflanzenöl
- 2 Schalotten
- 3 Essl. kalte Butter
- 2 Essl. Cognac
- 100 ml Rinderfond (aus dem Glas)
- 100 g süße Sahne
- 4 Zweige frischer Rosmarin

1. Lendensteaks mit dem Fleischklopfer etwas flach klopfen und salzen. Zerstoßene Pfefferkörner auf einen Teller geben, Lendensteaks mit einer Seite fest in den Pfeffer drücken.

2. Öl in einer Pfanne erhitzen. Steaks darin zuerst mit der Pfeffer-Seite nach unten etwa 5 Minuten (nicht länger!) bei starker Hitze braten, dann wenden und weitere 5 Minuten auf der anderen Seite braten. Warm stellen.

3. Schalotten schälen und hacken. 1 Esslöffel Butter in einer Pfanne erhitzen, Schalotten darin kurz andünsten. Cognac dazugeben, Rinderfond und Sahne dazugießen und alles kurz aufkochen lassen, dann die restliche (kalte!) Butter untermischen.

4. Die Steaks auf Teller legen, Rosmarin waschen, je 1 Zweig auf das Fleisch legen und mit Sauce übergießen. Dazu passt Gemüsereis (zum Beispiel mit Maiskörnern oder Erbsen gemischt).

***Getränk:** Tokay Pinot Gris aus dem Elsass*

Schweinefilet mit Schweizer Kräutersauce

Für 4 Personen
***Zubereitungszeit:** 30 Minuten*

ZUTATEN:
- 600 g Schweinefilet
- Salz, Pfeffer
- 2 Schalotten
- 1 Knoblauchzehe
- je 2 Zweige frischer Thymian und Rosmarin (oder je 1/4 Teel. getrocknete Kräuter)
- 2 Essl. Butterschmalz
- 1 Portion Schweizer Kräutersauce (s. Käfer-Tipp)

1. Fleisch rundum mit Salz und Pfeffer würzen. Schalotten und Knoblauch schälen, hacken. Kräuter waschen und trocknen.

2. Das Fleisch im Butterschmalz bei starker Hitze rundum goldbraun braten. Schalotten und Knoblauch kurz mitdünsten. Die Kräuter zugeben. Alles bei mittlerer Hitze zugedeckt etwa 15 Minuten garen, ab und zu mit der austretenden Flüssigkeit begießen.

3. Filet aus der Pfanne nehmen. Wenn es vollständig erkaltet ist, in etwa 2 cm große Würfel schneiden, auf Zahnstocher spießen und mit der Kräutersauce zum Dippen servieren.

***Getränk:** trockener Silvaner aus Franken oder Fendant aus der Schweiz*

KÄFER-TIPP

Schweizer Kräutersauce: Je 40 g Cornichons, Senfgurke, Silberzwiebeln und je 1/2 Bund Dill, Schnittlauch, Petersilie fein hacken. Mit 150 g Mayonnaise, 150 g saurer Sahne und 2 Esslöffeln Milch verrühren, mit je 1 Prise Zucker, Salz, Kurkuma, edelsüßem Paprikapulver und je 1 Spritzer Tabasco, Worcestersauce und Zitronensaft, je 1 Teelöffel Pernod und Weinbrand würzen.

Schweinekotelett mit Speck-Zwiebel-Füllung

Für 4 Personen
Zubereitungszeit: *35 Minuten*

ZUTATEN:
1 große Zwiebel
100 g durchwachsener Speck
1 Essl. Butter
1 Zweig frischer Majoran (oder 1/4 Teel. getrockneter Majoran)
Salz, Pfeffer
1/2 Bund Petersilie
4 Schweinekoteletts (à 150 g)
2 Essl. Pflanzenöl
2 Essl. Mehl

1. Zwiebel schälen und hacken. Speck in Würfel schneiden. Butter in einer Pfanne erhitzen. Zwiebel in der heißen Butter goldbraun braten, Speck dazugeben. Majoran waschen, Blättchen vom Zweig schneiden und zum Speck geben. Alles mit Salz und Pfeffer würzen.
2. Die Petersilie waschen, trockenschütteln, ohne die groben Stiele fein hacken und unter die Mischung in der Pfanne rühren.
3. Mit einem Messer jeweils eine Tasche in die Koteletts schneiden, Koteletts etwas flach klopfen und mit Zwiebelmasse füllen; mit Holzzahnstochern oder Rouladennadeln zustecken. Koteletts von beiden Seiten salzen und pfeffern.
4. Öl in einer Pfanne erhitzen. Mehl auf einen Teller geben, Koteletts darin wenden und im heißen Öl auf beiden Seiten 3–5 Minuten bei mittlerer Hitze braten. Dazu schmecken Kartoffeln oder Nudeln.

Getränk: *Côtes du Rhône rouge*

Schweinefilet in Blätterteig

Für 4 Personen
Zubereitungszeit: *20 Minuten (plus 40 Minuten backen)*

ZUTATEN:
2 Schweinefilets (à 400 g)
Salz, Pfeffer
450 g tiefgekühlter Blätterteig (aufgetaut)
500 g Champignons
1 Zwiebel
1 Knoblauchzehe
1 Essl. Butter
2 Eigelbe
2 Essl. süße Sahne

KÄFER-TIPP
Aus Teigresten kleine Formen ausstechen, die Blätterteigrollen damit verzieren und mitbacken.

1. Filets rundum salzen und pfeffern. Je 2 Blätterteigplatten übereinander zu einem Rechteck von etwa 20 x 30 cm ausrollen. Backofen auf 200° vorheizen.
2. Pilze mit Küchenpapier sauber reiben, putzen, klein würfeln. Zwiebel und Knoblauch schälen und fein hacken und in der Butter kurz andünsten. Pilze dazugeben, salzen und pfeffern; etwa 5 Minuten garen, ausgetretene Flüssigkeit abgießen.
3. Pilzmischung auf den Teigplatten verteilen, in der Mitte jeweils einen etwa 5 cm breiten Streifen frei lassen, darauf jeweils der Länge nach 1 Filet legen, in den Teig einrollen. Die Ränder anfeuchten, zusammendrücken. Rollen auf ein mit kaltem Wasser abgespültes Backblech legen.
4. Eigelbe und Sahne verrühren, die Rollen damit bestreichen und etwa 40 Minuten im Ofen (Mitte) backen. Schmeckt warm mit Salat oder gedünstetem Gemüse und zum Beispiel Kartoffelgratin oder auch kalt, in Scheiben geschnitten.

Getränk: *kräftiger vollmundiger Weißwein, z. B. aus Sizilien*

Kaninchenkeulen mit Honig-Pumpernickel-Kruste

Für 4 Personen
***Zubereitungszeit:** 1 Stunde*

KÄFER-TIPP
Auf die gleiche Weise lässt sich auch Kaninchenrücken zubereiten!

ZUTATEN:
4 Kaninchenkeulen (à 250 g)
Salz, Pfeffer
1 Zwiebel
4 Möhren
2 Zweige frischer Thymian (oder 1/4 Teel. getrockneter Thymian)
2 Essl. Butterschmalz
250 g Pumpernickel
100 g Butter
4 Essl. Honig

1. Die Kaninchenkeulen mit Salz und Pfeffer würzen (Stepfoto 1). Den Backofen auf 180° vorheizen.

2. Die Zwiebel schälen und hacken, Möhren schälen, die Wurzelansätze abschneiden, Möhren halbieren, in grobe Scheiben schneiden. Thymian waschen.

3. Das Butterschmalz in einem Bräter erhitzen. Kaninchenkeulen darin bei starker Hitze von allen Seiten goldbraun anbraten, Zwiebeln und Möhren dazugeben, kurz mitdünsten (Stepfoto 2).

4. Den Bräter in den Backofen (Mitte) stellen, Thymianzweige zu den Kaninchenkeulen legen und alles zugedeckt etwa 25 Minuten garen.

5. Inzwischen den Pumpernickel fein hacken und in eine Schüssel geben. Butter in einem kleinen Topf zerlassen und mit dem Honig unter die Brotkrümel mischen. Die Pumpernickelmasse mit einem Messer dick auf die Kaninchenkeulen streichen (Stepfoto 3). Die Keulen weitere 20 Minuten backen. Dazu schmecken Reis oder Butterkartoffeln.

***Getränk:** australischer Shiraz*

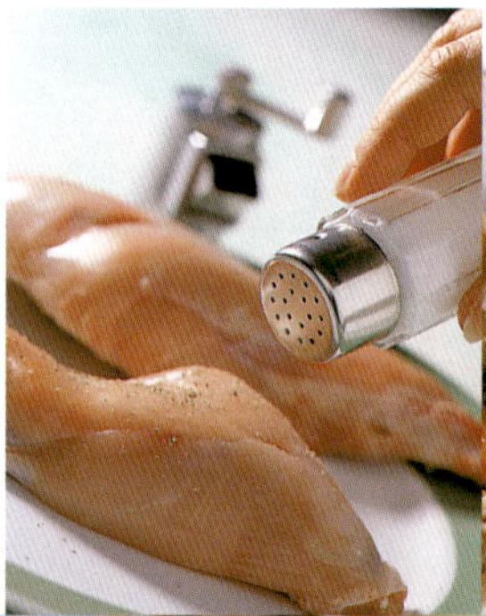

Schmeckt am besten mit frischem Thymian: Kaninchenkeule mit einer raffinierten Brotkruste.

Wildschweinrückensteaks mit Morcheln

Für 4 Personen (Bild rechts)
Zubereitungszeit: *50 Minuten*

ZUTATEN:
3 Schalotten
100 g Lauch
6 Essl. Pflanzenöl
10 g getrocknete chinesische Spitzmorcheln (ca. 30 Minuten in kaltem Wasser eingeweicht)
Salz, Pfeffer
je 2 Zweige frischer Thymian und Rosmarin (oder je 1/4 Teel. getrocknete Kräuter)
8 Wildschweinrückensteaks (à 80 g; beim Wildhändler vorbestellen)
2 Essl. Mehl

1 2 Schalotten schälen, hacken. Lauch putzen, längs aufschlitzen, ausspülen und wie die Morcheln in sehr kleine Stückchen schneiden.

2 3 Esslöffel Öl in der Pfanne erhitzen, gehackte Schalotten, Morcheln und Lauch darin etwa 5 Minuten andünsten, salzen und pfeffern, dann abkühlen lassen. Die Kräuter waschen, Blättchen und Nadeln von den Stielen schneiden, übrige Schalotte schälen, hacken.

3 In jedes Steak eine Tasche schneiden, jeweils mit etwas Morchelmasse füllen, mit Holzzahnstochern oder Rouladennadeln zustecken, salzen und pfeffern. Die Steaks im Mehl wenden und im restlichen Öl von beiden Seiten bei starker Hitze etwa 2 Minuten anbraten.

4 Schalotte und Kräuter zum Fleisch geben. Mit Salz und Pfeffer würzen und das Fleisch nochmals bei mittlerer Hitze auf jeder Seite 2–3 Minuten braten. Dazu schmecken gedünstete Broccoliröschen und Kartoffelgratin (s. Seite 118).

Getränk: *Pinot noir aus Burgund oder badischer Spätburgunder*

Rehkoteletts mit Haselnusskruste

Für 4 Personen (Bild links)
Zubereitungszeit: *30 Minuten*

ZUTATEN:
8 Rehkoteletts (à 80 g; beim Wildhändler vorbestellen)
Salz, Pfeffer
2 Essl. gemahlene Haselnüsse
3 Essl. Butter
2 Essl. Paniermehl
1 Schalotte
2 Essl. Pflanzenöl
2 Zweige frischer Rosmarin
2 Wacholderbeeren
100 ml Wildfond (aus dem Glas)

1 Rehkoteletts auf beiden Seiten salzen und pfeffern. In einer trockenen beschichteten Pfanne die Nüsse bei starker Hitze etwa 5 Minuten unter Rühren anrösten. Etwas abkühlen lassen.

2 Butter in einem Topf zerlassen, Nüsse und Paniermehl dazugeben und zu einer dicken Masse verrühren, mit Salz und Pfeffer würzen. Schalotte schälen, grob würfeln. Backofen auf 220° vorheizen.

3 Öl in einer Pfanne erhitzen und die Rehkoteletts darin auf jeder Seite bei starker Hitze 2 Minuten anbraten. Rosmarin waschen, Nadeln in die Pfanne schneiden, Wacholderbeeren und Schalotte dazugeben und kurz mitbraten.

4 Pfanneninhalt in eine feuerfeste Form geben, Rehkoteletts mit der Nussmasse bestreichen, Wildfond seitlich in die Form gießen, Rehkoteletts im Ofen (Mitte) in etwa 5–8 Minuten goldgelb überbacken. Dazu schmecken Kroketten und gedünstetes Gemüse (zum Beispiel Rotkraut, s. Seite 111).

Getränk: *Gigondas von der Rhône*

Kartoffeln, Reis, Getreide

… Pürees, Rösti, Puffer, Couscous, Gratins, Gröstl und noch mehr …

sind nur als Begleitung viel zu lecker, deshalb spielen sie hier die Hauptrolle.

Und Sushi aus eigener Küche sind sowieso eine Offenbarung für den ganzen Abend!

Käfers Top Eight – Das Wichtigste

Egal, wo Sie Kartoffeln kaufen: Achten Sie auf Qualität! Feste, unbeschädigte Knollen ohne grüne Flecken und feuchte Stellen oder gar Keimansätze sind okay!

Waschen

Kartoffeln aus dem Supermarkt sind meist schon sauber, kann man gleich schälen. Kartoffeln vom Bauern oder Markt gründlich unter fließendem Wasser mit einer Gemüsebürste abbürsten. Triebe entfernen.

Schälen

geht am besten mit einem Sparschäler. Grüne Teile großzügig herausschneiden (sie sind giftig), schwarze Stellen sind ungefährlich, aber auch rausschneiden.

Schneiden

Für Würfel: Knollen halbieren, längs, dann quer schneiden. Für Scheiben: Die Kartoffeln am besten auf dem Gemüsehobel schneiden. (Vorsicht: nicht die Finger mithobeln!)

Reiben

geht auf der Kartoffelreibe oder in der Küchenmaschine. Flüssigkeit immer abgießen, bevor die geriebenen Kartoffeln mit den übrigen Zutaten vermengt werden.

Pressen und stampfen

Weich gekochte Kartoffeln für Kartoffelpüree mit dem Kartoffelstampfer zerstampfen. Nie mit dem Pürierstab, damit würde die Masse zäh wie Kleister.

Kochen

Salzkartoffeln: geschält, in großen Stücken oder Würfeln im Topf mit Wasser und etwas Salz bei mittlerer Hitze 20 Minuten.
Pellkartoffeln: ungeschält, alle von etwa gleicher Größe, im Topf mit Wasser und etwas Salz, zugedeckt bei mittlerer Hitze 30 Minuten.
Wichtig: Den Kochvorgang nicht unterbrechen, sonst werden die Kartoffeln nie mehr weich!

Reis garen

Reis in der doppelten Menge Wasser (beides mit Tassen abmessen) aufkochen, dann bei schwacher Hitze (oder Herdplatte ganz ausschalten) etwa 20 Minuten ausquellen lassen.

Risotto kochen

Risottoreis in Fett glasig dünsten, etwas Flüssigkeit (Wasser, Brühe) dazugießen. Bei schwacher Hitze immer wieder gut durchrühren und Flüssigkeit nachgießen, sobald die vorige Portion aufgesogen ist.

Kartoffelsalat mit Joghurt-Dressing

Kartoffelsalat kann göttlich schmecken (siehe Rezept Seite 119) – hier eine simple Variante für Fans cremiger weißer Saucen:
1 kg gekochte Salatkartoffeln in Scheiben schneiden. 2 hart gekochte Eier, 100 g Emmentaler, 2 große Essiggurken, 1/2 entkernte Peperoni, 5 Radieschen und 1/2 säuerlichen Apfel klein würfeln. Ca. 100 g gegarte Erbsen dazugeben. Aus 350 g Joghurt, 2 Esslöffeln Salatmayonnaise, 150 ml süßer Sahne, reichlich Salz und Pfeffer eine Sauce rühren. Alles miteinander mischen und 2–3 Stunden durchziehen lassen. Abschmecken und mit Schnittlauch, Petersilie und Radieschen garnieren.

Schneller Pilaw-Reis

Zu Fisch, Fleisch und Gemüse: 200 g Langkornreis in einem Sieb waschen, bis das Wasser klar abfließt. Reis mit 450 ml Geflügelbrühe, einer mit Gewürznelken und Lorbeerblatt gespickten Zwiebel, Salz und Pfeffer in einem Topf aufkochen. Dann zugedeckt bei 160° im Backofen ausquellen lassen.
Der Reis ist fertig, wenn alles Wasser aufgesogen ist.

Basmatireis

So schmeckt er besonders gut:
180 g Basmatireis in 1 Esslöffel Olivenöl anschwitzen, 400 ml Geflügelfond dazugießen, Zitronengras, Salz, Pfeffer und etwas geriebenen Ingwer dazugeben. Aufkochen und zugedeckt bei schwacher Hitze in 15–20 Minuten ausquellen lassen. Zwischendurch mit einer Gabel umrühren und abschmecken.

1 x 1 für Reste

GEGARTE PELLKARTOFFELN halten sich ungeschält in einer Plastikdose bis zu 2 Tage im Kühlschrank. Super für Bratkartoffeln, für Eintöpfe und Aufläufe.

SALZKARTOFFELN sind im Kühlschrank in einer Plastikdose 2–3 Tage haltbar. Mit einer Gabel zerdrücken und für Gemüsesuppen verwenden.

KARTOFFELPÜREE schmeckt gut gebraten mit Schinkenstreifen und Butter, zum Beispiel zu Salat.

KARTOFFELKNÖDEL in Scheiben schneiden und mit einer Kräuter-Vinaigrette (Seite 12, mittleres Rezept) kalt essen.

Ofenkartoffeln

Wenn sonst fast nichts zu Hause im Vorrat ist, diese Kartoffeln sind die Rettung:

Möglichst große Kartoffeln mit der Schale längs halbieren, dann bepinseln mit:

– Öl, gehacktem Knoblauch, Salz, Pfeffer oder

– Öl, Kümmel, Salz, Pfeffer oder

– Öl, Kräutern der Provence, Salz, Pfeffer

und etwa 30 Minuten auf einem gefetteten Blech im vorgeheizten Backofen bei 220° garen. Nach etwa 15 Minuten mit Alufolie abdecken, damit Knoblauch und Kräuter nicht zu dunkel werden.

Wer doch noch etwas mehr im Kühlschrank hat, legt kurz vor Ende der Garzeit auf die mit Öl, Salz, Pfeffer bepinselten Kartoffeln noch je 1 Scheibe Tomate und Mozzarella.

Übrigens:

FEST KOCHENDE KARTOFFELN heißen beispielsweise Charlotte oder Nicola und eignen sich für Pellkartoffeln und zum Braten.

SPECKIG KOCHENDE KARTOFFELN heißen beispielsweise Sieglinde, Ratte, Rosevale oder Bamberger Hörnchen und sind gut für den Kartoffelsalat.

MEHLIG KOCHENDE KARTOFFELN heißen beispielsweise Primura, Mona Lisa oder Pompadur und eignen sich für Kartoffelsuppe und als Salzkartoffeln.

Couscous mit Riesengarnelen und Tomaten

Für 4 Personen (Bild links oben)
***Zubereitungszeit:** 30 Minuten*

ZUTATEN:
16 Scampi (küchenfertig geschält, frisch oder tiefgekühlt und aufgetaut)
4 Essl. Olivenöl
Salz, Pfeffer
4 Frühlingszwiebeln
2 Schalotten
100 g Cocktailtomaten
3 Zweige frischer Thymian
100 g Butter
30 ml Weißwein
30 ml Noilly Prat (ersatzweise Wermut)
1/4 l Fischfond (aus dem Glas)
250 g Couscous (Kuskus; Instant)
1/2 Bund Basilikum
1/2 Bund glatte Petersilie

1 Riesengarnelen eventuell halbieren. 2 Esslöffel Olivenöl in einem Bratentopf erhitzen, die Garnelen darin von allen Seiten 3–5 Minuten anbraten, mit Salz und Pfeffer würzen, in eine feuerfeste Form geben und zugedeckt im Backofen bei 100° warm halten.

2 Frühlingszwiebeln waschen, putzen und mit dem zarten Grün in Röllchen schneiden. Schalotten schälen und hacken, Tomaten waschen, vierteln, dabei Stielansätze entfernen. Thymian waschen, Blättchen von den Stielen streifen.

3 Butter in dem Topf (in dem vorher die Garnelen waren) erhitzen, Frühlingszwiebeln, Schalotten, Tomaten und Thymianblättchen dazugeben und etwa 2 Minuten andünsten, Weißwein, Noilly Prat und Fischfond dazugießen und aufkochen.

4 Couscous in den Topf rühren, von der Kochstelle nehmen und zugedeckt etwa 5 Minuten ziehen lassen.

5 Inzwischen Basilikum und Petersilie waschen, trockenschütteln und ohne grobe Stiele klein schneiden (Bild unten). Kräuter und restliches Olivenöl unter den Couscous mischen, die Garnelen dazugeben und das Gericht servieren.

Getränk:
Chardonnay aus Südafrika

Frische Kräuter schön klein hacken und unter das Couscous-Gericht mischen.

Couscous mit Hähnchenbrust und Koriander

Für 4 Personen
***Zubereitungszeit:** 30 Minuten*

ZUTATEN:
Pfeffer
2 Essl. Pflanzenöl
1 Bund Koriander (ersatzweise Petersilie und 1/2 Teel. Korianderpulver)
1/4 l Hühnerbrühe (frisch oder fertig)
250 g Couscous (Kuskus; Instant)
1/2 Knoblauchzehe
2 Essl. Butter
100 g süße Sahne
2 Essl. Olivenöl

1. Hähnchenbrustfilets abspülen, mit Küchenpapier trockentupfen, in 2 cm lange Streifen schneiden und mit Salz und Pfeffer würzen.

2. Öl in einer Pfanne erhitzen. Koriander waschen, Blättchen von den Stielen schneiden, hacken und beiseite legen, Stiele nicht wegwerfen. Hähnchenbruststreifen im heißen Öl bei starker Hitze etwa 8 Minuten braten, Korianderstiele dazugeben und etwa 1 Minute mitdünsten. Die Pfanne von der Kochstelle nehmen.

3. Inzwischen in einem Topf die Hühnerbrühe zum Kochen bringen und den Couscous einrühren. Knoblauchzehe schälen und durch die Presse dazudrücken, Butter untermischen. Topf von der Kochstelle nehmen und den Couscous zugedeckt etwa 5 Minuten ausquellen lassen.

4. Fleisch ohne die Korianderstiele unter den Couscous mischen, Korianderblättchen, Sahne und Olivenöl unterrühren und alles mit Salz und Pfeffer abschmecken.

Getränk:
neuseeländischer Sauvignon Blanc

VARIANTE
Couscous mit Blattspinat
250 g Couscous (Kuskus; Instant) und 2 Esslöffel Butter in 1/4 l kochende Brühe einrühren, mit Salz und Pfeffer würzen, zugedeckt etwa 5 Minuten ausquellen lassen. Frischen blanchierten (überbrühten) oder aufgetauten tiefgekühlten Blattspinat in 2 Esslöffeln Olivenöl und mit 1/2 durchgepressten Knoblauchzehe kurz andünsten und mit 2 Esslöffeln süßer Sahne unter den Couscous mischen. Schmeckt super als Beilage zu Hähnchen- oder Kalbfleisch.

VARIANTE:
Couscous mit Rosinen und Mandeln
1/4 l Hühnerbrühe aufkochen, 250 g Couscous (Kuskus; Instant) unterrühren und zugedeckt etwa 5 Minuten ausquellen lassen. Je 80 g Rosinen und Mandelblättchen sowie je 100 g Butter und süße Sahne untermischen, mit Salz und Pfeffer würzen. Passt zu arabischen Gerichten, schmeckt auch kalt mit Zitrone und Olivenöl abgeschmeckt.

Kartoffelgratin mit Greyerzer

Für 4 Personen (Bild links)
***Zubereitungszeit:** 20 Minuten*
(plus 40 Minuten backen)

ZUTATEN:
500 g Kartoffeln
1 Essl. Butter
10 Blätter Bärlauch (ersatzweise Schnittlauch und etwas Knoblauch)
Salz, Pfeffer
300 g süße Sahne
Muskatnuss, frisch gerieben
100 g Greyerzer

1. Kartoffeln schälen und in dünne Scheiben hobeln. Eine feuerfeste Form mit Butter ausfetten. Backofen auf 180° vorheizen.
2. Bärlauchblätter waschen und fein schneiden. Mit den Kartoffelscheiben und etwas Salz mischen, dann in die Form schichten.
3. Sahne in einer Schüssel mit Salz, Pfeffer und Muskat würzen und über die Kartoffeln gießen.
4. Greyerzer reiben und über die Kartoffeln streuen. Das Gratin im Backofen (Mitte) etwa 40 Minuten backen.

***Getränk:** Beaujolais aus Burgund oder Chinon von der Loire oder Dôle des Monts aus der Schweiz*

Kartoffel-Kohlrabi-Gratin

Für 4 Personen (Bild rechts)
***Zubereitungszeit:** 20 Minuten*
(plus 40 Minuten backen)

ZUTATEN:
2 Kohlrabi
400 g Kartoffeln
1 Knoblauchzehe
1 Essl. Butter
Salz, Pfeffer
Muskatnuss, frisch gerieben
3 Eier
250 g süße Sahne
150 g geriebener Emmentaler

KÄFER-TIPP
Das Gratin schmeckt auch mit Kartoffeln pur (dann etwas mehr Kartoffeln nehmen) und passt dann gut als Beilage zu Fleisch.

1. Kohlrabi und Kartoffeln schälen und in dünne Scheiben schneiden. Knoblauchzehe schälen und halbieren. Eine Hälfte ganz lassen, die andere fein hacken.
2. Eine feuerfeste Form mit der halben Knoblauchzehe ausreiben, dann mit Butter ausfetten. Backofen auf 180° vorheizen.
3. Kohlrabi- und Kartoffelscheiben abwechselnd in die Form schichten, jede Schicht mit Salz, Pfeffer und Muskat würzen.
4. In einer Schüssel Eier, Sahne und Käse verquirlen, gehackten Knoblauch untermischen, mit Salz, Pfeffer und Muskat würzen und über Kartoffeln und Kohlrabi gießen.
5. Das Gericht im Ofen (Mitte) etwa 40 Minuten garen, falls die Oberfläche braun wird, mit Alufolie abdecken. Dazu schmeckt frischer Blattsalat und kurz gebratenes Fleisch.

***Getränk:** Weißburgunder aus Baden*

Käfers Kartoffelsalat

Für 4 Personen (Bild links)
***Zubereitungszeit:** 40 Minuten*

ZUTATEN:
500 g fest kochende Kartoffeln
1 kleine Zwiebel
1 Essl. Branntweinessig
Salz, Pfeffer
4 Essl. Rinderbrühe (frisch oder fertig)
1 Teel. mittelscharfer Senf
1 Prise Zucker
3 Essl. Pflanzenöl

KÄFER-TIPP FÜR GÄSTE
Kartoffelsalat ist bei Partys immer passend – die angegebenen Mengen für eine größere Personenzahl einfach vervielfachen.

1 Kartoffeln in wenig kochendem Wasser zugedeckt bei mittlerer Hitze in etwa 20 Minuten garen (sie müssen innen weich sein, wenn man mit der Gabel hineinsticht, sollten aber nicht auseinanderfallen). Dann abschrecken und noch heiß pellen. In 1/2 cm dicke Scheiben schneiden und in eine Salatschüssel geben. Die Zwiebel schälen, hacken und zu den Kartoffeln geben.

2 Essig mit Salz, Pfeffer, Brühe, Senf, Zucker verrühren und über den Salat gießen. Zum Schluss das Öl über den Salat geben.

3 Den Kartoffelsalat etwa 10 Minuten durchziehen lassen, mit Salz und Pfeffer abschmecken und servieren.

***Getränk:** Fendant aus dem Wallis oder badischer Gutedel*

KÄFER-TIPP
Der Kartoffelsalat kann mit gebratenen Speckwürfeln, gehackten Kräutern oder Salatgurkenstücken aufgepeppt werden. Nach Belieben mit hart gekochtem, gehacktem Ei, Petersilie oder Tomatenvierteln garnieren.

Kartoffelgröstl

Für 4 Personen (Bild rechts)
***Zubereitungszeit:** 50 Minuten*

ZUTATEN:
1 kg fest kochende Kartoffeln
Salz
200 g frische Leberwurst (Hausmacher Art)
200 g Blutwurst
2 Essl. Pflanzenöl oder Schweineschmalz
1/2 Bund Schnittlauch
1 Teel. getrockneter Majoran (oder 4 Teel. frische gehackte Majoranblättchen)
Pfeffer

1 Kartoffeln in wenig kochendem Salzwasser zugedeckt bei mittlerer Hitze in 20–25 Minuten weich garen, abschrecken und noch heiß pellen, dann in Scheiben schneiden.

2 Blutwurst häuten, Leberwurst aus der Haut lösen und beides in 2 cm große Würfel schneiden.

3 In einer großen oder in zwei mittelgroßen Pfannen Öl erhitzen, Die Kartoffelscheiben darin bei starker Hitze von beiden Seiten in 10–12 Minuten knusprig braten. Wurst dazugeben und 3–4 Minuten mitbraten.

4 Schnittlauch waschen, in Röllchen schneiden und in die Pfanne geben. Das Gröstl mit Majoran, Salz und Pfeffer würzen.

***Getränk:** ein Pils*

KÄFER-TIPP
Statt der Leber- und Blutwurst schmeckt's auch mit Resten von gekochtem oder gebratenem Fleisch oder mit angebratenen Speckwürfelchen und gehackter Zwiebel.

Kartoffel-Sauerkraut-Rösti

Für 4 Personen (Bild rechts)
***Zubereitungszeit:** 1 1/2 Stunden*

ZUTATEN:
6 große mehlig kochende Kartoffeln (ca. 1 kg)
100 g durchwachsener Räucherspeck (in 3 mm dicken Scheiben)
1 große Zwiebel
2 Eigelbe
200 g Sauerkraut
Salz, Pfeffer
Muskatnuss, frisch gerieben
1 Teel. getrockneter Majoran
100 g Butterschmalz

1 Kartoffeln schälen und auf der Gemüsereibe grob raspeln. Speck ohne Schwarte in kleine Würfel schneiden. Die Zwiebel schälen und hacken.

2 In einer Schüssel Eigelbe, Sauerkraut, Speck, Zwiebeln und Kartoffelraspel gut mischen. Alles mit Salz, Pfeffer, Muskat und Majoran würzen.

3 In einer beschichteten Pfanne 1–2 Esslöffel Butterschmalz erhitzen, aus der Kartoffel-Sauerkraut-Masse flache runde Plätzchen (Rösti) mit etwa 10 cm Durchmesser formen, in die Pfanne geben und flach drücken.

4 Rösti von jeder Seite bei starker Hitze in 1–2 Minuten goldbraun braten, dann jeweils noch 1 Esslöffel Butterschmalz in die Pfanne geben und bei mittlerer Hitze weitere 3 Minuten pro Seite braten. Auf diese Weise etwa 12 Rösti braten. Die Rösti schmecken sehr gut zu Räucherlachs.

***Getränk:** Riesling aus Franken*

KÄFER-TIPP
Am besten gelingen Rösti in einer beschichteten Pfanne, da kann nichts anbacken. Flüssigkeit, die sich in der Schüssel mit den rohen geraspelten Kartoffeln absetzt, einfach beim Formen der Rösti durch die Finger abtropfen lassen

Kartoffel-Speck-Suppe mit Kräutern

Für 4 Personen
***Zubereitungszeit:** 1 Stunde*

ZUTATEN:
300 g mehlig kochende Kartoffeln
1 Bund Suppengemüse (1 Möhre, 1/4–1/2 Knollensellerie, 1/2 Stange Lauch)
1 Schalotte
1/2 Knoblauchzehe
150 g geräucherter Bauchspeck
1 Essl. Butter
1/2 l Rinderbrühe (frisch oder fertig)
1/2 Bund Petersilie
1 Zweig frischer Majoran (oder 1/4 Teel. getrockneter Majoran)
1/2 Bund Schnittlauch
50 g süße Sahne
Salz, Pfeffer
Muskatnuss, frisch gerieben

1 Kartoffeln schälen und grob würfeln, Möhre schälen und in Scheiben schneiden, Sellerie schälen und würfeln. Lauch putzen, waschen und in Ringe schneiden. Schalotte und Knoblauch schälen und hacken.

2 Speck in etwa 1 cm große Würfel schneiden. In einem großen Topf Butter erhitzen, Speck darin kurz anbraten, das Gemüse dazugeben, die Brühe dazugießen. Alles zugedeckt bei mittlerer Hitze etwa 20 Minuten garen, bis das Gemüse weich ist.

3 Kurz vor Ende der Garzeit Petersilie, Majoran und Schnittlauch waschen, trockenschütteln und klein schneiden. Die Sahne nicht zu steif schlagen.

4 Die Suppe mit dem Pürierstab nicht zu fein pürieren, mit Salz, Pfeffer und 1 Prise Muskat würzen. Kräuter und Sahne untermischen.

***Getränk:** Elsässer Pinot Blanc*

KÄFER-TIPP
Statt Speck fein geschnittenen Räucherlachs nehmen und den Schnittlauch durch Dill ersetzen, dann aber die Suppe ganz fein pürieren und den Räucherlachs erst ganz zum Schluss untermischen.

Bei ihr macht das Einkaufen richtig Spaß: Christl Weinhammer packt Kartoffeln in die grün-weiße Käfertüte.

Auch mit fertigen Gnocchi aus der Packung eine oberleckere Angelegenheit: Gnocchi mit Steinpilzen und Tomatensauce.

Gnocchi mit Steinpilzen und Tomatensauce

Für 4 Personen (Bild links oben)
***Zubereitungszeit:** 2 Stunden*

ZUTATEN:
50 g getrocknete Steinpilze
1 kg mehlig kochende Kartoffeln
Salz
200 g Mehl
100 g Grieß
1 Ei
Pfeffer
1 kg Tomaten
1 Zwiebel
2 Knoblauchzehen
2 Essl. Olivenöl
1 Lorbeerblatt
1 Teel. getrockneter Thymian
2 Essl. frisch geriebener Parmesan
Mehl zum Bestäuben

1. Pilze in einem Schüsselchen in lauwarmem Wasser etwa 30 Minuten einweichen, in ein Sieb gießen, die Flüssigkeit auffangen. Pilze fein hacken.

2. Kartoffeln in wenig kochendem Salzwasser in etwa 20 Minuten weich garen, abschrecken, noch heiß pellen und mit dem Kartoffelstampfer zerstampfen. Mehl, Grieß, Ei und Pilze, Salz und Pfeffer dazugeben und alles zu einem Teig verkneten.

3. Arbeitsfläche mit Mehl bestäuben, Teig darauf portionsweise zu fingerdicken Rollen formen, jede Rolle in 3 cm lange Stücke schneiden, diese mit einer bemehlten Gabel leicht eindrücken und auf ein bemehltes Küchentuch legen; etwa 45 Minuten kühl stellen.

4. Die Tomaten in kochendem Wasser etwa 1 Minute überbrühen, mit kaltem Wasser abschrecken, Haut abziehen. Tomaten vierteln, Stielansätze und Kerne entfernen, Tomaten klein hacken. Zwiebel und Knoblauchzehe schälen und hacken.

5. Öl in einem Topf erhitzen, Zwiebel und Knoblauch darin andünsten, Pilzflüssigkeit, Tomaten, Lorbeerblatt und Thymian untermischen, mit Salz und Pfeffer würzen und bei schwacher Hitze etwa 30 Minuten köcheln.

6. In einem großen Topf Salzwasser aufkochen, Gnocchi darin 2–3 Minuten bei schwacher Hitze köcheln, bis sie an die Oberfläche steigen. Mit dem Schaumlöffel herausheben, abtropfen lassen und mit Parmesan bestreut anrichten. Tomatensauce dazuservieren.

***Getränk:** würziger herzhafter Weißwein aus der Toskana oder aus Umbrien, z. B. Orvieto classico*

Polentagratin

Für 4 Personen (Bild ganz links unten)
***Zubereitungszeit:** 30 Minuten (plus 1 Stunde backen)*

ZUTATEN:
2 Essl. Butter
500 g mehlig kochende Kartoffeln
250 g durchwachsener Räucherspeck
150 g Salami am Stück
100 g Rosinen
150 g Mehl
250 g Polenta
1/2 l Milch
Salz, Pfeffer

1. Eine flache feuerfeste Form mit 1 Esslöffel Butter ausfetten. Kartoffeln waschen, schälen und in etwa 1 cm große Würfel schneiden. Vom Speck die Schwarte entfernen, Speck und Salami würfeln.

2. Backofen auf 180° vorheizen. Je 2 Esslöffel Speckwürfeln und Rosinen beiseite stellen, den Rest mit den Salami- und Kartoffelwürfeln, dem Mehl, der Polenta und der Milch in einer Schüssel zu einem Brei verrühren. Mit Salz und Pfeffer würzen.

3. Die Mischung in die Form füllen, mit Speckwürfeln und Rosinen bestreuen, restliche Butter in Flöckchen darüber streuen.

4. Gratin im Backofen (Mitte) etwa 1 Stunde backen, bis es goldbraun ist und die Kartoffeln weich sind. Dazu schmeckt ein frischer Blattsalat (zum Beispiel Endiviensalat mit Estragondressing von Seite 19).

***Getränk:** trockener Muscat d'Alsace*

Mais-Crêpes

Für 4 Personen (Bild links unten)
***Zubereitungszeit:** 20 Minuten*

ZUTATEN:
4 Essl. Mehl
100 ml Milch
4 Eier
4 Essl. Sahne
150 g Maiskörner (aus der Dose)
Salz, Pfeffer
Muskatnuss, frisch gerieben
4 Eiweiße
4 Essl. Butter

1. In einer Schüssel Mehl, Milch, Eier und Sahne verrühren, Maiskörner in einem Sieb abtropfen lassen und untermischen. Mit Salz, Pfeffer und Muskat würzen. Die Eiweiße steif schlagen und vorsichtig unter den Teig heben.

2. 1 Esslöffel Butter in einer kleinen Pfanne erhitzen, 1 große Suppenkelle voll Teig hineingeben und bei starker Hitze in etwa 5 Minuten goldgelb backen. Auf diese Weise 8 kleine Crêpes backen.

***Getränk:** leichter frischer Weißwein, z. B. trockener Riesling*

KÄFER-TIPP
Die Crêpes schmecken lecker als Vorspeise oder Beilage; nach Belieben zusätzlich mit frischen Kräutern wie Dill oder Petersilie verzieren.

Hosomaki-Sushi mit Avocado

Für 16 Stück
***Zubereitungszeit:** 20 Minuten*

ZUTATEN:
2 Teel. Sesamsamen
1/2 Avocado
2 Noriblätter (geröstet/toasted)
150 g vorbereiteter Sushi-Reis
1 Teel. Wasabipaste
Bambusmatte zum Aufrollen (Asienladen)

1 Sesam goldbraun rösten. Avocado halbieren, Kern entfernen und schälen. Fruchtfleisch längs in 1/2 cm dicke Streifen schneiden.

2 Noriblätter mit der Küchenschere halbieren. Eines der Blätter mit der glänzenden Seite nach unten so auf die Bambusmatte legen, dass der Rand vorne mit der Matte abschließt.; dünn mit Wasabipaste bestreichen (Achtung: scharf!). Etwas Reis etwa 1/2 cm dick darauf streichen, an den Längsseiten etwa 1 cm Rand lassen. Im vorderen Drittel längs eine Rille eindrücken und Avocadostreifen hineinlegen. Matte anheben und Noriblatt aufrollen. Matte entfernen.

3 So 4 Rollen formen, dann jede Rolle in etwa 4 gleich große Stücke schneiden und mit der Schnittfläche nach oben auf eine Servierplatte stellen. Mit Sesam bestreuen.

***Getränk:** Sauvignon Blanc aus Südafrika oder japanisches Bier, Sake, grüner Tee*

KÄFER-TIPP
Sushi-Reis vor dem Würzen auf ein Blech streichen, dann kühlt er schneller ab.

Sushi-Reis

Diese Menge reicht für die beiden Sushi-Rezepte auf dieser Seite.

250 g Sushi-Reis in einem Sieb unter kaltem Wasser abspülen, bis das Wasser klar bleibt. 30 Minuten abtropfen lassen. In einem Topf mit 300 ml Wasser zugedeckt aufkochen und bei schwacher Hitze 20 Minuten ausquellen lassen. In eine Schüssel füllen und gut abkühlen lassen. In einem kleinen Topf 3–4 Essl. Reisessig mit 1 Essl. Zucker und 1 Teel. Salz aufkochen, etwas abkühlen lassen und unter den abgekühlten Sushi-Reis mischen.

Getränk:
Sake oder grüner Tee

Nigiri-Sushi mit Lachs

Für 8 Portionen
***Zubereitungszeit:** 25 Minuten*

ZUTATEN:
150 g frisches Lachsfilet
2 Teel. Wasabipaste
100 g vorbereiteter Sushi-Reis

1 Lachsfilet schräg zur Faser in 8 dünne Scheibchen schneiden und auf einer Seite dünn mit Wasabipaste bestreichen.

2 Aus dem Sushi-Reis 8 längliche Klößchen formen und jeweils auf ein mit Wasabipaste bestrichenes Fischscheibchen drücken. Mit dem Fisch nach oben auf eine Servierplatte legen.

***Getränk:** Sake, grüner Tee oder japanisches Bier oder trockener Weißwein*

KÄFER-TIPP
Diese Sushi lassen sich ganz einfach variieren: Statt Lachsfilet zum Beispiel 150 g frisches Thunfischfilet nehmen oder ganz edel (und etwas teurer) die Reisklößchen mit 150 g in Streifen geschnittenem Doradenfilet belegen.

Reisauflauf mit Sesam und Fisch

Für 4 Personen
Zubereitungszeit: *25 Minuten (plus 50 Minuten backen)*

ZUTATEN:
200 g Langkorn-Naturreis
200 g Möhren
200 g Staudensellerie
1 Stange Lauch
2 Essl. Sesamöl (ersatzweise Sonnenblumenöl)
200 ml Milch
3 Eier
200 g saure Sahne
1 Essl. Zitronensaft
Salz
1 Essl. Currypulver
5 Essl. Sesamsamen
500 g Rotbarschfilet

1 Reis mit 400 ml Wasser aufkochen, zugedeckt in etwa 20 Minuten bei ausgeschalteter Herdplatte quellen lassen.

2 Möhren putzen, waschen, grob raspeln. Sellerie und Lauch waschen, putzen und in schmale (Halb-)Ringe schneiden. Öl in einem großen Topf (oder im Wok) erhitzen, Gemüse darin etwa 3 Minuten anbraten (Stepfoto 1). Backofen auf 200° vorheizen.

3 Milch, Eier, saure Sahne, Zitronensaft, Salz, Curry und Sesamsamen verrühren (Stepfoto 2). Reis mit Gemüse mischen, die Hälfte in eine feuerfeste Form füllen. Fisch waschen, trockentupfen, leicht salzen und pfeffern, in 4 Stücke schneiden und auf den Reis legen (Stepfoto 3). Restlichen Reis darüber verteilen, die Milch-Sahne-Mischung darüber gießen; im Ofen (unten) in etwa 50 Minuten goldbraun backen.

Getränk: *Roero Arneis aus dem Piemont (trockener Weißwein)*

KÄFER-TIPP
Der Sesam kann durch klein gehackte Erdnüsse ersetzt werden.

Für den Reisauflauf mit Sesam und Fisch das Gemüse anbraten, die Eiermilch rühren, Fischfilets auf den Gemüsereis legen, restlichen Gemüsereis darüber geben und mit Eiermilch begießen. Lässt sich prima vorbereiten!

Risotto mit Venusmuscheln

Für 4 Personen (Bild unten)
***Zubereitungszeit:** 30 Minuten*

ZUTATEN:
2 Essl. Butter
300 g Rundkornreis (Carnaroli oder Arborio)
200 ml Weißwein
750 ml Gemüsebrühe (frisch oder fertig)
Salz, Pfeffer
1 Messerspitze Safran
300 g Venusmuschelfleisch
1 Schalotte
1 Lorbeerblatt
50 g süße Sahne
1/2 Bund Petersilie
30 g frisch geriebener Parmesan
einige Zweige Dill zum Garnieren

1 Esslöffel Butter in einem breiten Topf schmelzen, Reis dazugeben, kurz durchrühren, die Hälfte von Wein und Brühe dazugießen. Mit Salz, Pfeffer und Safran würzen und alles aufkochen. Dann bei schwacher Hitze zugedeckt etwa 20 Minuten garen.

Muschelfleisch mit Küchenpapier trockentupfen, eventuell halbieren. Schalotte schälen, hacken und in einem größeren Topf in 1 Esslöffel Butter kurz andünsten, Muscheln und Lorbeerblatt dazugeben, mit dem restlichen Wein aufgießen. Zugedeckt bei mittlerer Hitze etwa 3 Minuten ziehen lassen.

Sahne steif schlagen, Petersilie waschen, trockenschütteln und ohne grobe Stiele fein hacken. Dill waschen.

Muscheln mit Sud unter den Reis mischen. Parmesan, Sahne und restliche Butter unterrühren, mit Petersilie und Dill garnieren.

***Getränk:** ialienischer Trebbiano oder Grüner Veltliner aus der Wachau*

KÄFER-TIPP
Die Muscheln können auch durch Garnelen oder Krabben ersetzt werden.

Graupenrisotto mit Austernpilzen

Für 4 Personen (Bild oben)
***Zubereitungszeit:** 40 Minuten*

ZUTATEN:
1 l Gemüsebrühe (frisch oder fertig)
1 Schalotte
1/2 Knoblauchzehe
2 Essl. Butter
250 g Perlgraupen
50 ml Weißwein
200 g Austernpilze
1 große Tomate
Salz, Pfeffer
100 g gereifter Ziegenkäse
100 g süße Sahne
3 Essl. gehackte glatte Petersilie

Brühe erhitzen. Schalotte und Knoblauch schälen, hacken, in einem großen Topf in 1 Esslöffel Butter kurz andünsten. Graupen, Wein und die Brühe dazugeben, aufkochen lassen, dann zugedeckt bei schwacher Hitze etwa 20 Minuten garen, bis die Graupen weich sind, aber noch Biss haben. Dabei immer wieder umrühren.

Inzwischen von den Pilzen schmutzige Stiele entfernen, Kappen mit Küchenpapier sauber reiben. Pilze in 1 cm große Würfel schneiden. Tomate waschen und in Würfel schneiden. Pilze und Tomaten in einer Pfanne in der restlichen Butter kurz andünsten, mit Salz und Pfeffer würzen. Dann unter die fertigen Graupen mischen.

Käse in 1 cm große Würfel schneiden. Sahne steif schlagen. Beides mit der Petersilie unter die Graupen mischen, sofort servieren.

***Getränk:** Gavi di Gavi*

KÄFER-TIPP
Statt Ziegenkäse passt auch Feta sehr gut. Schmeckt außerdem als Beilage zu gebratenem Fleisch (reicht dann für 10 Personen).

NUDELN

… ob Spaghetti, ein endlos langer Genuss, oder kurzes Glück in Form von Penne, aus der Packung oder gar selbst gemacht, Hauptsache »al dente« gekocht und mit der richtigen Sauce ummantelt:

Pasta ist einfach unschlagbar!

Käfers Top Six – Das Wichtigste

Nudeln sind nicht nur lecker, sondern auch gesund: Es sind neben den wichtigen Kohlenhydraten auch Vitamine und Mineralstoffe drin.

Einkaufen

Verschiedene Hersteller verwenden für die gleiche Nudelsorte manchmal unterschiedliche Namen. Generell kann man für ein Rezept etwa mit Spaghetti auch Makkaroni nehmen, kurze Nudeln wie Penne lassen sich durch andere kurze, beispielsweise Rigatoni ersetzen.

Nudeln aufbewahren

Nudeln auf jeden Fall trocken lagern, den Inhalt angebrochener Packungen in verschließbare Gläser füllen.

Nudeln kochen

Pro 100 g Nudeln braucht's etwa 1 l Wasser. Dieses in einem Topf, der nur zu zwei Dritteln gefüllt sein sollte (damit nichts überkocht) aufkochen, dann pro Liter Wasser etwa 1 Teelöffel Salz zufügen. 1 Esslöffel Öl dazugeben, damit die Nudeln nicht zusammenkleben. Nudeln ins kochende Wasser geben und sprudelnd ohne Deckel kochen. Ab und zu umrühren, damit nichts am Boden festklebt.

Die richtige Garzeit

Sie hängt von der Nudelsorte ab und steht auf der Verpackung. Am leckersten sind Nudeln »al dente« (das heißt bissfest) gegart. Am besten zwischendurch immer mal wieder probieren, ob sie diesen Zustand schon erreicht haben. Frische Nudeln (selbst gemacht oder aus dem Feinkostgeschäft) haben eine viel kürze Garzeit (2–4 Minuten). Chinesische Eiernudeln (Instant) werden nur kurz in kochendes Wasser gelegt, müssen dann 4 Minuten ziehen und schon sind sie fertig!

Nudeln abgießen

Sobald sie »al dente« gekocht sind, die Nudeln in ein Sieb abgießen, abtropfen lassen und so schnell wie möglich mit der entsprechenden Sauce servieren. Nudeln für Nudelsalat, Gratins oder Aufläufe werden im Sieb kurz mit kaltem Wasser abgekühlt.

Teller vorwärmen

Damit die gekochten Nudeln nicht so schnell abkühlen, stellt man die Teller, auf denen sie serviert werden, kurz in den auf 50–80° vorgeheizten Backofen oder in ein mit heißem Wasser gefülltes Waschbecken, um sie vorzuwärmen.

Schnelle Nudelsauce Nr. 1

Pesto-Sauce – passt zu allen langen Nudeln; lässt sich auch auf Vorrat herstellen: 4 Bund (ca. 200 g) Basilikum und 4 geschälte Knoblauchzehen klein hacken und mit Salz, Pfeffer und 2 Esslöffeln Pinienkernen im Mörser zu einer sämigen Paste zerstoßen (Mixer oder Pürierstab geht auch). Nach und nach 100 g frisch geriebenen Parmesan (evtl. im Käseladen reiben lassen) und 200 ml Olivenöl dazugeben und cremig verrühren. Fertig! Hält sich fest verschlossen und mit einer dünnen Ölschicht im Kühlschrank 1–2 Wochen.

Schnelle Nudelsauce Nr. 2

Tomaten-Chili-Sauce – passt besonders gut zu Penne und anderen kurzen Nudeln: 500 g Fleischtomaten überbrühen, die Haut abziehen, Stielansätze und Kerne entfernen und die Tomaten klein würfeln, mit 1/2–1 entkernten und gewürfelten Chilischote mischen. 100 g gewürfelten Räucherspeck in 2 Esslöffeln Olivenöl anbraten, je 1 gehackte Zwiebel und Knoblauchzehe andünsten, die Tomaten dazugeben. Alles zugedeckt bei schwacher Hitze 10–15 Minuten garen. Mit Salz und Pfeffer würzen. Fertig!

Schnelle Nudelsauce Nr. 3

Schinken-Sahne-Sauce – passt zu kurzen und langen Nudeln: 50 ml Gemüsefond (aus dem Glas) auf die Hälfte einkochen lassen, 250 g süße Sahne einige Zeit mitköcheln lassen (je länger, desto sämiger die Sauce). 100 g gekochten in Streifen geschnittenen Schinken und 3 Esslöffel Olivenöl unterrühren. Mit Salz, Pfeffer und durchgepresstem Knoblauch würzen. 50 g Parmesan hineinreiben. Sauce durchrühren, mit 1 Hand voll gehackter Petersilie bestreuen; sofort zu Tisch bringen!

Nudelteig selbst gemacht – molto bene

Pastagerichte aus getrockneten fertig gekauften Nudeln sind ja schon oberköstlich, mit selbst gemachten Nudeln können sie aber kaum konkurrieren – einfach ausprobieren und Gäste beeindrucken:

Nudelteig mit Hartweizengrieß – typisch italienisch!

150 g Hartweizengrieß mit 150 g Mehl und 1/2 Teelöffel Salz in einer Schüssel mischen. Etwa 100–150 ml Wasser nach und nach dazugeben und alles verkneten, bis ein glatter elastischer Teig entsteht. Teig zu einer Kugel formen und in Klarsichtfolie packen, bei Zimmertemperatur etwa 1 Stunde ruhen lassen.
Danach nochmals durchkneten und entweder
– mit einem Nudelholz auf einer bemehlten Arbeitsfläche ausrollen (2 mm dünn) und in beliebige Formen schneiden
oder
– mit Hilfe einer Nudelmaschine verarbeiten.

Die geschnittenen Nudeln entweder
– sofort kochen (sind dann ruckzuck fertig)
oder
– auf Küchentüchern ausgebreitet trocknen und später kochen (dauert dann etwas länger).

Nudelteig mit Ei

300 g Mehl aufhäufen, in die Mitte eine Mulde drücken und 3 Eier hineinschlagen, 1 Esslöffel Olivenöl und 1/2 Teelöffel Salz dazugeben, vorsichtig von innen nach außen mit dem Mehl nach und nach zu einem Teig verkneten. Eventuell noch etwas Wasser dazugeben. Den Teig zur Kugel formen und in Klarsichtfolie wickeln, 30 Minuten ruhen lassen, nochmals kneten und wie oben beschrieben weiterverarbeiten.

Übrigens:

Parmesan oder Pecorino passt frisch gerieben über fast alle Nudelgerichte – lediglich bei Pasta mit Fisch und Meeresfrüchten sollte man sich den Käse verkneifen, er passt so gar nicht zum feinen Fischaroma.

Farfalle mit fünf Gemüsen

Für 4 Personen (Bild unten)
***Zubereitungszeit:** 35 Minuten*

ZUTATEN:
400 g Farfalle
5 Essl. Olivenöl
Salz, Pfeffer
200 g Tomaten
1 gelbe Paprikaschote
2 kleine Zucchini
1 Zwiebel
100 g Erbsen (tiefgekühlt und aufgetaut)
1/4 l Gemüsebrühe (frisch oder fertig)
1/4 Teel. getrockneter Oregano
1/2 Bund Petersilie
4 Essl. frisch geriebener Parmesan

1. Die Farfalle in reichlich Salzwasser mit 2 Esslöffeln Olivenöl nach Packungsanweisung bissfest kochen, in ein Sieb abgießen, abtropfen lassen.

2. Tomaten in kochendem Wasser etwa 1 Minute überbrühen, mit kaltem Wasser abschrecken, die Haut abziehen. Tomaten vierteln, dabei Stielansätze und Kerne entfernen und Tomaten würfeln. Paprika waschen, vierteln, von Stielansatz, Kernen und inneren Trennwänden befreien und in schmale Streifen schneiden. Zucchini waschen, putzen und klein würfeln.

3. Zwiebel schälen und hacken und im restlichen Olivenöl kurz andünsten. Das Gemüse, zuletzt die Erbsen dazugeben, Brühe angießen. Alles bei mittlerer Hitze etwa 10 Minuten köcheln. Mit Oregano, Salz und Pfeffer würzen.

4. Petersilie waschen, trockenschütteln und ohne die groben Stiele hacken. Nudeln auf Teller verteilen, Sauce darüber geben und mit Petersilie und jeweils 1 Esslöffel Parmesan bestreuen.

Getränk:
weißer Rioja

Fusilli mit Garnelen und Zucchini

Für 4 Personen (Bild oben)
***Zubereitungszeit:** 30 Minuten*

ZUTATEN:
400 g Fusilli (Spiralnudeln)
Salz, Pfeffer
8 Essl. Olivenöl
4 kleine Zucchini
1 Knoblauchzehe
1 Schalotte
400 g Garnelen oder Shrimps (in Lake)
1/2 Bund Basilikum

KÄFER TIPP KÄFER TIPP

KÄFER-TIPP
Schmeckt auch kalt prima – keinen Käse dazureichen!

1. Die Fusilli in reichlich Salzwasser mit 2 Esslöffeln Olivenöl nach Packungsanweisung bissfest kochen. In ein Sieb abgießen, abtropfen lassen und wieder in den Topf zurückschütten.

2. Für die Sauce Zucchini waschen, von den Stielansätzen befreien und in schmale Streifen schneiden. Knoblauchzehe und Schalotte schälen, hacken. Restliches Olivenöl in einer Pfanne erhitzen, Knoblauch und Schalotten darin kurz andünsten, Zucchini dazugeben und bei mittlerer Hitze etwa 5 Minuten braten, ab und zu umrühren.

3. Garnelen in einem Sieb abtropfen lassen, unter das Gemüse in der Pfanne rühren, kurz mitdünsten. Alles mit Salz und Pfeffer abschmecken.

4. Basilikum waschen, Blättchen in Streifen schneiden. Nudeln mit der Gemüsesauce servieren und die Basilikumstreifen darüber streuen.

Getränk:
Chardonnay aus der Toskana oder aus Umbrien

Fettuccine mit Gorgonzola

Für 4 Personen (Bild unten)
***Zubereitungszeit:** 20 Minuten*

ZUTATEN:
400 g Fettuccine
Salz, Pfeffer
3 Essl. Olivenöl
4 Frühlingszwiebeln
200 g Cocktailtomaten
1 Bund Basilikum
200 g Gorgonzola
100 g süße Sahne

1. Fettuccine in reichlich Salzwasser mit 2 Esslöffeln Öl bissfest kochen (Packungsanweisung). In ein Sieb abgießen, etwas Wasser auffangen. Die Nudeln abtropfen lassen und wieder in den Topf zurückschütten.

2. Frühlingszwiebeln waschen, putzen und mit dem zarten Grün in schmale Röllchen schneiden. Tomaten waschen und vierteln. Basilikum waschen und die Blättchen in Streifen schneiden.

3. Gorgonzola in kleine Stücke schneiden. Restliches Olivenöl in einem Topf erhitzen und die Frühlingszwiebeln darin bei mittlerer Hitze etwa 3 Minuten andünsten. Gorgonzola, Sahne und 6 Esslöffel vom Nudelkochwasser untermischen. Den Käse bei schwacher Hitze unter Rühren schmelzen lassen.

4. Tomaten und Basilikum in die Sauce rühren und diese mit etwas Salz und Pfeffer würzen. Nudeln auf vier Teller verteilen und mit Sauce übergießen.

***Getränk:** frischer spritziger Sauvignon blanc aus dem Wallis oder dem Friaul*

KÄFER-TIPP
Statt Gorgonzola schmeckt auch Roquefort, statt Fettuccine eignen sich beispielsweise auch Tagliatelle.

Fettuccine mit Zuckerschoten und Parmaschinken

Für 4 Personen (Bild oben)
***Zubereitungszeit:** 30 Minuten*

ZUTATEN:
400 g Fettuccine
Salz
2 Essl. Olivenöl
400 g Zuckerschoten
2 Zwiebeln
200 g Parmaschinken (in dünne Scheiben geschnitten)
2 Essl. Butter
200 ml Rinderbrühe (frisch oder fertig)
Pfeffer
einige Blätter Minze und Basilikum (ersatzweise nur Basilikum)
4 Essl. frisch geriebener Parmesan

1. Nudeln in reichlich Salzwasser mit Olivenöl nach Packungsanweisung bissfest kochen. In ein Sieb abgießen, abtropfen lassen und wieder in den Topf zurückschütten.

2. Inzwischen für die Sauce Zuckerschoten waschen und schräg quer halbieren. Zwiebeln schälen und würfeln. Parmaschinken klein schneiden.

3. Butter in einer Pfanne erhitzen, Zwiebeln kurz darin andünsten, Zuckerschoten 3 Minuten mitbraten, Brühe dazugießen und den Parmaschinken dazugeben.

4. Alles 2–3 Minuten bei schwacher Hitze ziehen lassen, mit Salz, Pfeffer abschmecken. Minze und Basilikum waschen, Blättchen in Streifen schneiden.

5. Die Nudeln auf Teller verteilen und jeweils etwas Gemüse darüber geben. Mit Kräutern und je 1 Esslöffel Käse bestreuen.

***Getränk:** trockener leichter Weißwein aus Venetien, z. B. Bianco di Custoza*

Glasnudeln mit Gemüse

Für 4 Personen
***Zubereitungszeit:** 40 Minuten*

ZUTATEN:
250 g Glasnudeln
1 rote Zwiebel
1 Knoblauchzehe
1 Stück frische Ingwerwurzel (etwa 5 cm)
100 g Maiskölbchen (aus dem Glas)
100 g Zuckerschoten
1 Aubergine (200 g)
1 rote Paprikaschote
100 g Shiitake-Pilze
4 Essl. Erdnussöl
1/2 Bund Basilikum
200 ml Gemüsefond (aus dem Glas)
4 Essl. Sojasauce
2 Teel. Speisestärke
Salz, Pfeffer

1 Glasnudeln in einer Schüssel mit kochendem Wasser übergießen und darin 2–3 Minuten ziehen lassen. In ein Sieb abgießen, kalt abschrecken und abtropfen lassen.

2 Zwiebel, Knoblauch und Ingwer schälen, fein hacken. Maiskölbchen quer halbieren, Die Zuckerschoten waschen, ebenfalls halbieren. Aubergine waschen, Stielansatz entfernen, das Fruchtfleisch in 2 cm große Würfel schneiden. Paprika waschen, vierteln, Stielansatz, Kerne und innere Trennwände entfernen, Paprika in 2 cm große Stücke schneiden. Pilze mit Küchenpapier sauber reiben, putzen, ganz lassen.

3 Erdnussöl im Wok oder in einer großen beschichteten Pfanne erhitzen, Zwiebel und Knoblauch darin kurz andünsten, dann den

4 Ingwer und nach und nach das gesamte Gemüse und die Pilze hineingeben und unter Rühren 10–15 Minuten bei mittlerer Hitze braten.

5 Basilikum waschen und die Blättchen in feine Streifen schneiden. In einer kleinen Schüssel Gemüsefond, Sojasauce und Stärke verrühren und zum Gemüse geben.

6 Die Glasnudeln mit der Küchenschere durchschneiden und mit dem Basilikum unter das Gemüse mischen. Alles bei schwacher Hitze noch etwa 1 Minute dünsten, mit Salz und Pfeffer abschmecken, dann sofort servieren.

***Getränk:** charaktervoller Elsässer Riesling*

Chinesische Eiernudeln mit Gemüse und Riesengarnelen

Für 4 Personen (Bild rechts)
***Zubereitungszeit:** 45 Minuten*

ZUTATEN:
2 Knoblauchzehen
6 Frühlingszwiebeln
1 rote Paprikaschote
150 g Sojabohnensprossen (aus dem Glas)
1 Chilischote
2 Essl. Pflanzenöl
2 Essl. gehackte Ingwerwurzel
250 g aufgetaute tiefgekühlte Riesengarnelenschwänze (King Prawns; geschält)
Salz
3 Essl. Sojasauce
Pfeffer
250 g Chinesische Eiernudeln (Instant)

1 Knoblauch schälen, hacken. Die Frühlingszwiebeln waschen, putzen, in Röllchen schneiden. Paprika waschen, putzen und in 2 cm große Stücke schneiden. Sprossen abtropfen lassen. Chilischote waschen, ohne Kerne und Trennwände fein schneiden.

2 Im Wok oder in einer großen Pfanne Öl erhitzen, Knoblauch und Zwiebeln darin andünsten, nach und nach Gemüse und Ingwer dazugeben; alles unter Rühren bei mittlerer Hitze 5 Minuten braten.

3 Garnelen in kochendem Salzwasser etwa 3 Minuten garen; mit der Sojasauce unter das Wokgemüse mischen. Weitere 2 Minuten dünsten, mit Salz, Pfeffer abschmecken und bei schwächster Hitze warm halten.

4 Reichlich Salzwasser aufkochen, Nudeln hineingeben, den Topf sofort von der Herdplatte nehmen. Nudeln etwa 2 Minuten ziehen lassen, dann abgießen, abtropfen lassen und unter das Gemüse mischen.

***Getränk:** Chardonnay aus Australien oder Neuseeland*

KÄFER-TIPP
Schmeckt auch toll kalt als Salat. Wer's scharf mag, mischt noch 1–2 klein geschnittene Chilischoten (ohne Kerne und Trennwände!) unter das Gemüse. Ein in feine Ringe geschnittener Stängel Zitronengras macht's noch asiatischer.

Noch mitten in der Lehrzeit, aber fast schon ein Profi in Sachen Nudeln.

Im Nu fertig und superlecker: Hackfleisch-Lasagne mit bereits vorgekochten Lasagneblättern.

Lasagne mit Hackfleisch und Tomaten

Für 4 Personen (Bild links oben)
***Zubereitungszeit:** 25 Minuten (plus 40 Minuten backen)*

ZUTATEN:
4 Essl. Olivenöl
400 g Hackfleisch
1 Teel. getrockneter Thymian
Salz, Pfeffer
1 kg geschälte Tomaten (Dose)
2 Essl. Butter
2 Essl. Mehl
1/2 l Weißwein
500 g Lasagne-Blätter (fertig ohne Vorkochen)
300 g geriebener Emmentaler

1 In einem Bratentopf Öl erhitzen, das Hackfleisch darin bei mittlerer Hitze offen in etwa 10 Minuten krümelig und knusprig braten, mit Thymian, Salz und Pfeffer würzen. Dann die Tomaten dazugeben und im Topf klein schneiden. Alles 15–20 Minuten offen bei schwacher Hitze köcheln.

2 Für die Sauce 1 Esslöffel Butter in einem Topf erhitzen, Mehl unter Rühren dazugeben und nach und nach unter Rühren den Wein dazugießen. Sauce etwa 2 Minuten köcheln, etwas salzen.

3 Den Backofen auf 200° vorheizen Eine feuerfeste Form mit der restlichen Butter ausfetten.

4 Etwas von der Sauce in die Form füllen, dann abwechselnd 3 Lasagneblätter nebeneinander legen, etwas Hackfleisch darauf geben, dann etwas Sauce und Käse. Auf diese Weise mehrere Schichten legen, bis die Lasagneblätter aufgebraucht sind. Die letzte Schicht sollte Sauce und darauf Käse sein.

5 Lasagne im Backofen (Mitte) etwa 40 Minuten backen, bis sie oben goldbraun ist und die Nudelblätter weich sind. Dazu passt frischer Salat.

***Getränk:** Chianti classico aus der Toskana*

KÄFER-TIPP
Alternativ die Hackfleischmasse in weite Cannelloni füllen, in die mit etwas Sauce ausgegossene Auflaufform schichten, mit der Sauce übergießen, den Käse aufstreuen.

Spinat-Cannelloni

Für 4 Personen (Bild ganz links unten)
***Zubereitungszeit:** 45 Minuten (plus 30 Minuten backen)*

ZUTATEN:
250 g Cannelloni
Salz, Pfeffer
600 g Blattspinat
150 g durchwachsener Speck, 1 Zwiebel
4 Essl. Butter
100 g Crème fraîche
2 Essl. Pinienkerne
2 Essl. Mehl, 1/2 l Milch
geriebene Muskatnuss
100 g frisch geriebener Parmesan

VARIANTE:
Spinat-Lasagne
250 g Lasagneblätter abwechselnd mit Spinatmasse und Sauce in die Form schichten, mit Parmesan bestreuen und wie beschrieben backen.

1 Cannelloni nach Packungsanweisung vorkochen. Den Spinat putzen und waschen. Speck ohne Schwarte klein würfeln. Zwiebel schälen und würfeln.

2 Zwiebel und Speck in 1 Esslöffel Butter anbraten, Crème fraîche und Spinat hineingeben; mit Salz und Pfeffer würzen. Pinienkerne in einer trockenen beschichteten Pfanne leicht rösten; unter den Spinat mischen.

3 Eine feuerfeste Form mit 1 Esslöffel Butter ausfetten. Spinatmasse mit einem Teelöffel in die Cannelloni füllen, diese nebeneinander in die Form legen. Den Backofen auf 200° vorheizen.

4 Restliche Butter zerlassen, Mehl einrühren, nach und nach unter Rühren Milch dazugießen. Etwa 3 Minuten köcheln lassen, mit Salz, Pfeffer und Muskat würzen. Sauce über die Nudeln gießen, mit Parmesan bestreuen und im Backofen (Mitte) etwa 30 Minuten backen, bis der Käse gebräunt ist.

***Getränk:** Grüner Veltliner aus der Wachau*

Überbackene Makkaroni

Für 8 Personen (Bild links unten)
***Zubereitungszeit:** 20 Minuten (plus 30 Minuten backen)*

ZUTATEN:
400 g Makkaroni
Salz, Pfeffer
1 Zwiebel
200 g roher Schinken (in Scheiben)
150 g würziger Käse (zum Beispiel Bergkäse und Fontina)
60 g Butter
300 g aufgetaute tiefgekühlte Erbsen
2 Essl. Mehl
1/2 l Milch
Muskatnuss, frisch gerieben
3 Essl. gehacktes Basilikum (oder Zitronenthymian)

1 Nudeln in kurze Stücke brechen, nach Packungsanweisung bissfest kochen. Zwiebel schälen, hacken. Schinken in Streifen schneiden, 100 g Käse würfeln, Rest reiben.

2 Zwiebel in 1 Esslöffel Butter andünsten, Schinken und Erbsen dazugeben, salzen und pfeffern; etwa 3 Minuten dünsten. Von der Platte nehmen, Käsewürfel unterrühren.

3 Den Backofen auf 180° vorheizen. In einem Topf 2 Esslöffel Butter erhitzen, Mehl einrühren, nach und nach unter Rühren Milch dazugießen und etwa 3 Minuten köcheln. Mit Salz, Pfeffer und Muskat würzen. Basilikum unterziehen.

4 Nudeln und Gemüse mischen und in eine feuerfeste Form füllen. Sauce darüber gießen, Käse und restliche Butter in Flöckchen darauf verteilen. Im Ofen (Mitte) in etwa 30 Minuten goldbraun überbacken.

***Getränk:** leichter Rotwein aus Norditalien oder der Schweiz, z. B. Dôle du Valais*

Rigatoni-Salat mit Mozzarella

Für 4 Personen (Bild links oben)
***Zubereitungszeit:** 30 Minuten*

ZUTATEN:
400 g Rigatoni
Salz
4 Essl. Olivenöl
2 Essl. Aceto balsamico
Pfeffer
2 Knoblauchzehen
500 g Tomaten
1 gelbe Paprikaschote
je 1/2 Bund Petersilie und Basilikum
einige Blättchen frische Minze
250 g Mozzarella
1 Essl. Kapern
1 Essl. Zitronensaft

1. Rigatoni in reichlich Salzwasser mit 2 Esslöffeln Olivenöl nach Packungsanweisung bissfest kochen, in ein Sieb abgießen, kalt abschrecken und abtropfen lassen.
2. Inzwischen in einer Salatschüssel Aceto balsamico mit Salz und Pfeffer verrühren. Den Knoblauch schälen und durch die Presse dazupressen. Das restliche Öl unterrühren.
3. Tomaten waschen, ohne Stielansätze in etwa 2 cm große Würfel schneiden und dazugeben. Paprika waschen, vierteln, von Stielansatz, Kernen und inneren Trennwänden befreien, in 2 cm große Stücke schneiden und untermischen.
4. Petersilie, Basilikum und Minze waschen, in Streifen schneiden (Bild unten). Mozzarella würfeln und mit den Kräutern, den Kapern und den Nudeln in die Salatschüssel geben, mit Zitronensaft, Salz und Pfeffer abschmecken und gut durchmischen.

***Getränk:** Vernaccia di San Gimignano*

Frisch gehackte Minze- und Basilikumblättchen geben dem Rigatoni-Salat mit Mozzarella den richtigen Pfiff.

Italienischer Nudelsalat

Für 4 Personen
***Zubereitungszeit:** 30 Minuten*

ZUTATEN:
300 g Nudeln (wie Fusilli oder Spiralnudeln)
Salz
1 Essl. Öl
1 kleiner Kopf Lollo bianco
100 g gekochter Schinken
100 g Salami am Stück
100 g Emmentaler am Stück
1 kleine Zwiebel
4 große Gewürzgurken
200 g Joghurt
100 g süße Sahne
etwas Milch
1 Essl. Crème fraîche
1 Teel. scharfer Senf
2 Essl. Zitronensaft
Pfeffer
1 Bund Petersilie

1 Nudeln in reichlich Salzwasser mit dem Öl nach Packungsanweisung bissfest kochen, in ein Sieb abgießen, kalt abschrecken, abtropfen und abkühlen lassen. Dann in eine Salatschüssel geben.

2 Inzwischen Salat putzen, waschen, Blätter trockenschleudern, in Streifen schneiden und unter die Nudeln mischen.

3 Den Schinken in 2 cm lange Streifen, Salami und Käse in feine Würfel schneiden. Zwiebel schälen und fein würfeln, Gurken ebenfalls würfeln. Alles in die Salatschüssel geben.

4 Den Joghurt in einer Schüssel mit Sahne, Milch, Crème fraîche, Senf, Zitronensaft, Salz und Pfeffer verrühren. Petersilie waschen, trockenschütteln, klein schneiden und untermischen. Diese Sauce über den Salat geben und alles gut durchmischen.

Getränk:
Bardolino

Ravioli mit Kräuter-Käse-Sauce

Für 4 Personen
***Zubereitungszeit:** 20 Minuten*

ZUTATEN:
700 g frische Ravioli (oder 400 g getrocknete aus der Packung)
Salz, Pfeffer
200 g Ziegenfrischkäse (ersatzweise Doppelrahm-Frischkäse)
100 g Ricotta (ersatzweise Doppelrahm-Frischkäse)
2 Essl. frisch geriebener Parmesan
100 g süße Sahne
1 Ei
2 Essl. Pinienkerne
1 Hand voll Rucola (ersatzweise 1/2 Bund Petersilie)

1 Frische Ravioli wie in der Variante beschrieben garen. Für die Ravioli aus der Packung reichlich Salzwasser in einem Topf zum Kochen bringen, die Ravioli darin nach Packungsanweisung kochen. In ein Sieb abgießen, abtropfen lassen und wieder in den Topf zurückschütten.

2 Für die Sauce Ziegenkäse, Ricotta, Parmesan, die Sahne sowie 200 ml Wasser cremig verrühren und mit Salz und Pfeffer würzen.

3 Die Käsemischung in einem Topf unter Rühren erhitzen. Von der Herdplatte nehmen, Ei unterrühren und wieder erhitzen, dabei ständig rühren (am besten mit dem Schneebesen), aber nicht mehr kochen lassen, damit die Sauce schön cremig wird.

4 Pinienkerne in einer trockenen beschichteten Pfanne goldbraun rösten. Den Rucola waschen und klein schneiden.

5 Ravioli auf vier Teller verteilen, mit Sauce übergießen und Pinienkerne und Rucola darüber streuen.

Getränk:
frischer Schweizer Weißwein aus dem Wallis, z. B. Sauvignon Blanc

KÄFER-TIPP
Die Sauce schmeckt natürlich auch mit anderen Nudelsorten wie Tortellini oder Penne.

VARIANTE:
Selbst gemachte Ravioli
Wer möchte, kann die Ravioli auch selbst herstellen, das dauert zwar ein bisschen länger (30 Minuten plus 1 Stunde ruhen), ist aber ganz einfach und schmeckt richtig lecker:

300 g Mehl, 3 Essl. Grieß, 2 Eier, 2 Eigelbe, etwas Salz, 100 g weiche Butter, 2 Essl. frisch geriebenen Parmesan und etwa 6 Esslöffel Wasser (50 ml, die nach und nach dazugegeben werden) zu einem glatten Teig verkneten. Wenn er an den Händen klebt, noch etwas Mehl darüber stäuben. In einer Schüssel mit einem feuchten Tuch abgedeckt etwa 30 Minuten ruhen lassen. Den Teig etwa 1 mm dick auswälzen (s. Käfer-Tipp rechts).

Für die Füllung einfach die Saucenzutaten bis auf Sahne, Wasser und Pinienkerne nehmen. Den klein geschnittenen Rucola untermischen. Je 1 Teelöffel Füllung im Abstand von etwa 4–5 cm auf die Hälfte des Teigs setzen. Den Teig rund um die Füllung mit Wasser bepinseln, die zweite Teighälfte darüber klappen und den Teig jeweils rund um die Füllung festdrücken. Mit dem Teigrädchen oder Messer Rechtecke ausschneiden und die Ravioli etwa 30 Minuten ruhen lassen.
Ravioli in kochendem Salzwasser etwa 10 Minuten garen, herausheben und mit zerlassener Butter und Parmesan servieren.

Brauchen etwas Zeit, schmecken aber unwiderstehlich: selbst gemachte Ravioli!

KÄFER-TIPP
Das Ausrollen des Teigs geht am leichtesten mit der Pastamaschine. Wer keine hat, rollt den Ravioliteig auf bemehltem Backpapier aus, dann lässt sich die eine Teighälfte ganz leicht über die andere klappen.

Ob selbst gemacht oder fertig gekauft - Pasta passt immer, man kann sie auch in einer hübschen Verpackung verschenken, zum Beispiel mit einem guten Rezept dazu!

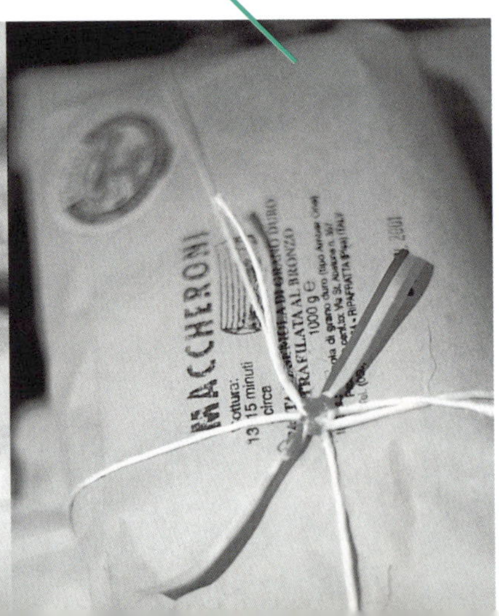

Eine tolle Kombi: Oliven und frische Tomaten. Da freuen sich die Spaghetti!

Spaghetti mit Olivenpaste und Tomaten

Für 4 Personen (Bild links oben)
***Zubereitungszeit:** 30 Minuten*

ZUTATEN:
500 g Spaghetti
Salz, Pfeffer
2 Essl. Olivenöl
4–6 Tomaten
2 Essl. Butter
2 Zweige frischer Thymian (oder 1/4 Teel. getrockneter Thymian)
2 Essl. Paniermehl
3 Essl. schwarze Olivenpaste
1 Bund Basilikum
100 g frisch geriebener Parmesan

1 Spaghetti in reichlich Salzwasser mit Öl nach Packungsanweisung bissfest kochen. Nudeln in ein Sieb abgießen, abtropfen lassen, wieder in den Topf zurückschütten.

2 Inzwischen Tomaten in kochendem Wasser etwa 1 Minute überbrühen, mit kaltem Wasser abschrecken und die Haut abziehen. Tomaten vierteln, dabei Stielansätze und Kerne entfernen und das Fruchtfleisch würfeln.

3 Butter in einer Pfanne erhitzen, Thymian waschen, Blättchen von den Zweigen streifen und mit den Tomaten in die Pfanne geben; bei schwacher Hitze etwa 5 Minuten köcheln. Paniermehl und Olivenpaste untermischen und unter Rühren weitere 5 Minuten garen. Leicht salzen und pfeffern.

4 Basilikum waschen, die Blättchen in Streifen schneiden. Nudeln auf Teller verteilen, mit der Sauce übergießen und mit Basilikumstreifen und Parmesan bestreuen.

KÄFER-TIPP
Die Tomatenmenge kann ohne Weiteres erhöht werden, denn das Paniermehl macht die Sauce sehr sämig, und sie kocht zudem auch etwas ein.

***Getränk:** Montepulciano d'Abruzzo aus Mittelitalien*

Spaghetti mit Mascarpone-Schinken-Sauce

Für 4 Personen (Bild ganz links)
***Zubereitungszeit:** 25 Minuten*

ZUTATEN:
500 g Spaghetti
Salz
2 Essl. Olivenöl
3 Schalotten
200 g gekochter Schinken (in dünnen Scheiben)
2 Essl. Butter
400 g Mascarpone
Pfeffer
100 g frisch geriebener Parmesan

KÄFER-TIPP
Statt mit Mascarpone schmeckt die Sauce auch mit zerbröckeltem Ziegenkäse.

1 Spaghetti in reichlich Salzwasser mit Olivenöl nach Packungsanweisung bissfest kochen; in ein Sieb abgießen, dabei etwas Kochwasser auffangen, Nudeln abtropfen lassen, in den Topf zurückschütten.

2 Inzwischen die Schalotten schälen und hacken, Schinken in 2 cm lange Streifen schneiden. Butter in einer Pfanne erhitzen, Schalotten darin kurz andünsten, Schinken dazugeben und ebenfalls kurz andünsten.

3 Mascarpone in einer Schüssel mit 6–8 Esslöffeln Nudelkochwasser verrühren, unter den Schinken in der Pfanne mischen und bei schwacher Hitze 2–3 Minuten köcheln, mit Salz und Pfeffer würzen.

4 Die Spaghetti auf vier Teller verteilen, mit der Sauce begießen und mit Parmesan bestreuen.

***Getränk:** junger Chianti classico oder Barbera d'Alba*

Spaghetti mit Thunfisch und Pilzen

Für 4 Personen (Bild links unten)
***Zubereitungszeit:** 45 Minuten*

ZUTATEN:
500 g Spaghetti
Salz
5 Essl. Olivenöl
250 g frische Steinpilze (ersatzweise 200 g Champignons und 50 g getrocknete eingeweichte Steinpilze)
1 Knoblauchzehe
6 Sardellenfilets (Dose)
100 g Thunfisch naturell (Dose)
500 g Tomaten, abgezogen, das Fruchtfleisch in Würfel geschnitten
Pfeffer
1 Bund Petersilie

1 Spaghetti in reichlich Salzwasser mit 2 Esslöffeln Olivenöl nach Packungsanweisung bissfest kochen, abgießen, abtropfen lassen.

2 Pilze mit Küchenpapier sauber reiben, putzen und in Streifen bzw. eingeweichte Pilze klein schneiden. Knoblauch schälen, hacken. Die Sardellen klein schneiden. Thunfisch abtropfen lassen.

3 Knoblauch in einer Pfanne im restlichen Öl andünsten. Pilze, Sardellen, Tomaten und Thunfisch dazugeben, etwas Wasser angießen. Alles unter Rühren 6–8 Minuten köcheln; salzen und pfeffern.

4 Petersilie waschen und ohne grobe Stiele hacken. Spaghetti auf Teller verteilen, Sauce darüber geben, mit Petersilie bestreuen.

***Getränk:** Dolcetto d'Alba oder Südtiroler Blauburgunder*

KÄFER-TIPP
Schmeckt auch kalt prima – zu diesem Gericht passt allerdings kein Käse!

Tagliatelle mit Morcheln

Für 4 Personen
***Zubereitungszeit:** 30 Minuten*
(plus 1 Stunde einweichen)

ZUTATEN:
50 g getrocknete Morcheln (ersatzweise 50 g getrocknete Steinpilze und 200 g frische Champignons)
500 g Tagliatelle
Salz, Pfeffer
2 Essl. Olivenöl
200 g Egerlinge
4 Schalotten
3 Essl. Butter
2 Essl. Zitronensaft
4 Essl. Marsala (ersatzweise Portwein)
500 g süße Sahne
1 Bund Petersilie

1 Morcheln in eine Schüssel mit kaltem Wasser legen, etwa 1 Stunde einweichen (Stepfoto 1), dann in ein Sieb abgießen und klein schneiden.

2 Tagliatelle in reichlich Salzwasser mit Öl nach Packungsanweisung bissfest kochen. Dann in ein Sieb abgießen, abtropfen lassen, wieder in den Topf zurückschütten.

3 Inzwischen Egerlinge mit Küchenpapier sauber reiben, putzen und vierteln. Schalotten schälen und klein schneiden. Butter in einer Pfanne erhitzen, Schalotten darin kurz andünsten (Stepfoto 2), Morcheln und Egerlinge dazugeben, Zitronensaft und Marsala unterrühren. Die Sahne dazugießen (Stepfoto 3), die Sauce mit Pfeffer und Salz würzen; 1–2 Minuten kochen.

4 Petersilie waschen und ohne grobe Stiele hacken. Nudeln auf Teller verteilen, mit Sauce begießen, mit Petersilie bestreuen.

***Getränk:** kalifornischer Chardonnay oder ein frischer und trockener italienischer Weißwein*

KÄFER-TIPP
Teller kurz im Backofen vorwärmen, dann erst die Nudeln darauf geben, so werden sie nicht so schnell kalt. Wer will, kann noch zusätzlich frisch geriebenen Pecorino oder Parmesan über das Gericht streuen.

Für die Tagliatelle mit Morcheln werden die Pilze erst eingeweicht, dann mit Egerlingen und Schalotten angebraten und mit Sahne zur Sauce gekocht.

Tagliatelle mit Schinken-Spinat-Sauce

Für 4 Personen (Bild rechts)
***Zubereitungszeit:** 30 Minuten*

ZUTATEN:
500 g Tagliatelle
Salz, Pfeffer
2 Essl. Olivenöl
2 Schalotten
300 g frischer Blattspinat (ersatzweise tiefgekühlter und aufgetauter Blattspinat)
200 g gekochter Schinken (in Scheiben)
2 Essl. Butter
400 g süße Sahne
1 Prise Muskatnuss, frisch gerieben
2 Essl. Mandelblättchen

1 Tagliatelle in reichlich Salzwasser mit Öl nach Packungsanweisung bissfest kochen. Dann in ein Sieb abgießen, abtropfen lassen, wieder in den Topf zurückschütten.

2 Inzwischen für die Sauce Schalotten schälen und hacken. Spinat waschen, putzen und klein schneiden. Den Schinken in 2 cm lange Streifen schneiden.

3 Butter in einer großen Pfanne erhitzen, Schalotten darin kurz andünsten, Schinken und Spinat dazugeben und die Sahne dazugießen. Etwa 3 Minuten bei mittlerer Hitze dünsten, mit Salz, Pfeffer und Muskat würzen.

4 In einer beschichteten trockenen Pfanne Mandeln goldgelb rösten, Nudeln und Sauce auf Teller verteilen und mit Mandelblättchen bestreuen.

***Getränk:** leichter trockener Rotwein aus Südtirol, z. B. Magdalener*

Tortellini mit Curry und Champignons

Für 4 Personen (Bild links)
***Zubereitungszeit:** 45 Minuten*

ZUTATEN:
500 g Tortellini (aus der Packung)
Salz
2 Frühlingszwiebeln
2 Knoblauchzehen
250 g Champignons
4 Essl. Olivenöl
1 Essl. Currypulver
1/8 l Weißwein
250 g süße Sahne
Pfeffer
2 Essl. Zitronensaft
1/2 Schälchen Gartenkresse

1 Tortellini in reichlich Salzwasser nach Packungsanweisung bissfest kochen, in ein Sieb abgießen und abtropfen lassen.

2 Frühlingszwiebeln putzen, waschen und mit dem zarten Grün in Röllchen schneiden. Knoblauch schälen, hacken. Champignons mit Küchenpapier sauber reiben, putzen, grob hacken.

3 Das Olivenöl in einer Pfanne erhitzen, Frühlingszwiebeln und Knoblauch mit dem Curry darin kurz andünsten, Pilze dazugeben und unter Rühren 1–2 Minuten bei mittlerer Hitze dünsten. Weißwein dazugießen und kurz aufkochen. Sahne dazugeben, alles mit Salz und Pfeffer würzen und 2–3 Minuten köcheln.

4 Currysauce mit Zitronensaft abschmecken und mit den Tortellini mischen. Kresseblättchen direkt vom Schälchen mit der Küchenschere abschneiden, Tortellini auf Teller verteilen und mit Kresse bestreuen.

***Getränk:** Tocai aus dem Friaul*

OBST UND

... schnell gerührt,
kurz probiert,
schon verführt.

Oh, du liebes Früchtchen, Desserts mit und ohne Obst, eine tolle Sache und ein »Muss« für hinterher. Mit Pfiff und Pepp, da kann garantiert keiner widerstehen!

Süsses

Käfers Top Six – Das Wichtigste

Was Süßes hinterher – das ist die Krönung! Mit einem guten Eis und einer fruchtigen Sauce ist man schon dabei! Mein Tipp: originell anrichten, zum Beispiel mal in Cocktailgläsern!

Einkaufen

Beim Einkauf von Obst nach der Saison richten (siehe rechts), dann schmeckt es frisch und aromatisch. Tiefgekühltes Obst oder Früchte aus der Dose sind oft nur ein schwacher Ersatz, aber trotzdem besser als nichts!

Lagern

sollte man Obst nie zu lange. Zwar hält es festes frisches Obst mal ein paar Tage im Kühlen aus, Beerenobst wird aber ganz schnell faul (Details im Lexikon ab Seite 191).

Zitrusfrüchte filetieren

Orange oder Grapefruit schälen und auch die weiße Haut sorgfältig entfernen. Mit einem scharfen Messer das Fruchtfleisch in Filets (länglichen Spalten) aus den Segmenthäuten herausschneiden.

Gelatine

ist Grundlage vieler Desserts. Es macht sie schön fest, vorausgesetzt man weiß wie: Blattgelatine einige Minuten in kaltem Wasser einweichen – mit den Händen ausdrücken und in die heiße Flüssigkeit (je nach Rezept) rühren. Auf keinen Fall darf sie kochen! Aufgelöste Gelatine nie direkt in kalte Speisen geben.

Sahne schlagen

ist eigentlich easy: Sahne sollte aber nicht älter als 2–3 Tage sein, sonst wird sie vielleicht nicht steif. Man nimmt immer nur kalte Sahne und eine kalte Schüssel, in der die Sahne geschlagen wird. Und dann geht's los, mit den Schneebesen des Handrührgeräts, so lange, bis die Sahne steif ist (also beim Schlagen Spitzen stehenbleiben).

Eier trennen

muss oft sein. Meist wird das Eigelb erst einmal mit Zucker verrührt, steif geschlagener Eischnee wird hinterher unter die übrigen Zutaten gehoben (mit einem Holzlöffel vorsichtig hineingerührt). Also: Das Ei in der Mitte der Schale an einer scharfen Kante anschlagen, vorsichtig auseinander brechen, dann Eigelb und Eiweiß so von einer Schalenhälfte in die andere gleiten lassen, dass das abtropfende Eiweiß in einer (fettfreien) Schüssel aufgefangen wird. Wichtig ist: Am Eigelb darf kein Eiweiß mehr sein und umgekehrt.

Eine fruchtige Dessertsauce

Aprikosensauce, passt zu Vanille- oder Nusseis: 250 g Aprikosen halbieren, entkernen und mit 2 Esslöffeln Zucker, 50 ml Wasser und dem Mark von 1/2 Vanilleschote 5 Minuten kochen. Die Sauce pürieren und durch ein feines Sieb streichen. Fertig!

Noch eine fruchtige Dessertsauce

Orangensauce, passt zu Vanillepudding und Schokoeis: 1 Esslöffel abgeriebene Orangenschale (unbehandelt!) mit 1/2 l Orangensaft und 80 g Zucker kochen, bis die Masse dickflüssig wird (dauert etwa 20 Minuten). 3 Esslöffel Orangenlikör und 1 Esslöffel Zitronensaft unterrühren und kurz mitkochen. Die Sauce durch ein feines Sieb gießen. Schmeckt warm oder kalt!

Und noch eine cremige Vanille- oder Schokosauce

Vanillesauce, passt beispielsweise zu frischem Obstsalat und Schokoladenpudding: 1/2 l Milch mit 1–2 Teelöffeln Speisestärke, 1 Päckchen Vanillezucker und dem Mark von 1 Vanilleschote in einem Topf verrühren. In einer Tasse 2 Eigelbe mit 3 Esslöffeln Zucker verquirlen und in die Milch rühren. Langsam erhitzen, nicht kochen lassen (!), und immer rühren. Schmeckt warm oder kalt! Schokosauce macht sich gut zu Bananen, Ananas und Erdbeeren: In die fertige, nur leicht abgekühlte Vanillesauce (s. o.) 100 g Zartbitterschokolade stückchenweise einrühren und darin auflösen.

Obst – was hat wann Saison?

Ananas
werden das ganze Jahr über importiert

Äpfel
Juli – Oktober

Aprikosen
Juli – August

Bananen
werden das ganze Jahr über importiert

Birnen
Juli – November

Brombeeren
Juli – Oktober

Clementinen
Oktober – Februar

Erdbeeren
Mai – Juli

Feigen
Juli – November

Grapefruits
werden das ganze Jahr über importiert

Himbeeren
Juli – Oktober

Johannisbeeren
Juni – August

Kirschen
Juni – August

Limetten
werden das ganze Jahr über importiert

Mandarinen
Oktober – Februar

Melonen
werden das ganze Jahr über importiert

Mangos
werden das ganze Jahr über importiert

Nektarinen
Juli – August

Orangen
werden das ganze Jahr über importiert

Pfirsiche
Juli – Oktober

Pflaumen
Juli – September

Preiselbeeren
August – Oktober

Quitten
September – Oktober

Rhabarber
April – Juli

Stachelbeeren
Juni – August

Weintrauben
August – Oktober

Zitronen
werden das ganze Jahr über importiert

Zwetschgen
August – Oktober

Thomas Lugeder ist überzeugt davon: Das Dessert ist das Tüpfelchen auf dem i – bei seinen tollen Ideen wünscht man sich mehr als ein i-Pünktchen.

Aprikosenauflauf

Für 6 Personen
***Zubereitungszeit:** 45 Minuten*

ZUTATEN:
4 Eier, 100 g Zucker
1 Prise Salz
1 Vanilleschote
100 g Mehl
4 Essl. gemahlene Mandeln
300 ml Milch
2 Essl. Aprikosenlikör (oder Aprikosensaft)
400 g Aprikosen
1 Essl. Butter
1 Essl. Puderzucker

KÄFER-TIPP
Dazu passt geschlagene Sahne oder Vanilleeis. Mit warmer Vanillesauce wird der Auflauf zum süßen Hauptgericht.

1 3 Eier in Eiweiße und Eigelbe trennen. Eigelbe mit dem übrigen ganzen Ei, 2 Esslöffeln Zucker und dem Salz schaumig rühren. Vanilleschote längs aufschlitzen, das Mark herauskratzen und dazugeben.

2 Mehl und Mandeln mischen und nach und nach unter die Eigelbmasse rühren. Nach und nach Milch dazugießen und Aprikosenlikör unterrühren. Eiweiße mit dem restlichen Zucker steif schlagen und unterheben. Backofen auf 180° vorheizen.

3 Aprikosen kurz in kochendem Wasser blanchieren (überbrühen), kalt abschrecken, die Haut abziehen. Aprikosen halbieren und entsteinen.

4 Eine feuerfeste Form mit Butter ausfetten, die Hälfte der Eimasse hineinfüllen, Aprikosen darauf verteilen und den Rest der Eimischung darauf geben.

5 Auflauf im Backofen (Mitte) in 30 Minuten goldgelb backen, nach 20 Minuten mit Pergamentpapier abdecken. Am Ende der Garzeit mit einen Holzstäbchen die Garprobe machen (der Auflauf ist gar, wenn kein Teig daran kleben bleibt). Auflauf aus dem Ofen nehmen, etwas abkühlen lassen, mit Puderzucker bestäuben.

***Getränk:** fruchtige Riesling-Spätlese oder Auslese von Mosel/Saar/Ruwer*

KÄFER-TIPP FÜR JEDEN TAG
Wer will, nimmt abgetropftes Obst aus der Dose. Schmeckt auch toll mit Pfirsichen. Weitere Obst-Alternativen: geschälte säuerliche Äpfel, Pflaumen oder Zwetschgen, Kirschen mit etwas Zimt.

Apfeltarte

Ergibt 6 Stucke (Bild ganz links)
***Zubereitungszeit:** 45 Minuten*

ZUTATEN:
200 g tiefgekühlter Blätterteig
1 Essl. Mehl
100 g Aprikosenkonfitüre
3 Äpfel
2 Essl. Zitronensaft

KÄFER-TIPP
Vorsicht beim Aprikotieren der Äpfel: Die Früchte verschieben sich leicht. Die Tarte schmeckt auch gut mit Birnenspalten!

1 Blätterteigplatten nebeneinander legen und etwa 10 Minuten auftauen lassen. Die Platten auf der bemehlten Arbeitsfläche aufeinander legen und in Größe der Tarteform (runde feuerfeste Form von etwa 28 cm Durchmesser) dünn ausrollen; in die Form legen. Einen etwa 2 cm hohen Rand formen und diesen ringsherum gerade schneiden. Blätterteig dünn mit gut der Hälfte der Aprikosenkonfitüre bestreichen.

2 Backofen auf 220° vorheizen. Äpfel schälen, vierteln, vom Kerngehäuse befreien und in dünne Spalten schneiden. Mit Zitronensaft beträufeln und fächerförmig auf den Blätterteig in die Form legen. Den Teigrand eventuell nachschneiden. Die Tarte im Backofen (Mitte) in etwa 15 Minuten goldbraun backen.

3 Restliche Aprikosenkonfitüre in einem kleinen Topf mit 2 Esslöffeln Wasser mischen und kurz aufkochen. Die fertige Tarte damit bestreichen (aprikotieren); mit Schlagsahne oder Eis servieren.

***Getränk:** nicht herber Cidre oder ein lieblicher Riesling, z. B. Auslese*

Bratäpfel mit Marsala

Für 4 Personen (Bild links)
***Zubereitungszeit:** 20 Minuten (plus 30 Minuten backen)*

ZUTATEN:
4 feste, leicht säuerliche Äpfel
3 Essl. Butter
8 Butterkekse
4 Essl. Marmelade
4 Essl. Mandelblättchen
4 Teel. Zucker
200 ml Marsala (oder Portwein)

KÄFER-TIPP
Winterlich-weihnachtlich schmeckt's mit etwas Zimt in der Füllung und 4 Gewürznelken im Wein.

1 Äpfel waschen und das Kerngehäuse ausstechen (das geht am besten mit einem speziellen Ausstecher, ansonsten Kerngehäuse kreisförmig mit einem spitzen Messer herausschneiden).

2 Eine feuerfeste Form mit 1 Esslöffel Butter ausfetten, Äpfel nebeneinander hineinsetzen. Backofen auf 180° vorheizen.

3 Butterkekse in eine Plastiktüte geben, zubinden und mit dem Nudelholz zerkrümeln. Die Kekskrümel in einer Schüssel mit der Marmelade verrühren und in die Äpfel füllen. Je 1/2 Teelöffel Butter obenauf setzen und mit Mandelblättchen und je 1/2 Teelöffel Zucker bestreuen.

4 Den Marsala um die Äpfel herum in die Form gießen und die Äpfel im Backofen (Mitte) etwa 30 Minuten backen, bis sie weich sind und die Oberfläche knusprig ist. Dann auf vier Teller geben und etwas Sauce dazugießen.

***Getränk:** Kaffee, evtl. mit Likör*

Mango-Parfait mit Erdbeeren

Für 4 Personen (Bild unten)
***Zubereitungszeit:** 20 Minuten*
(plus 4–6 Stunden gefrieren, plus 30 Minuten marinieren)

ZUTATEN:
1 reife Mango
Saft von 1 Zitrone
3 Eigelbe
150 g Puderzucker
200 g süße Sahne
300 g Erdbeeren
einige Minzeblättchen

1 Mango schälen, das Fruchtfleisch vom Kern schneiden und mit 1 Esslöffel Zitronensaft mit dem Pürierstab pürieren.

2 Eigelbe und 2 Esslöffel Puderzucker cremig verrühren. Sahne steif schlagen und mit der Eigelbmasse unter das Fruchtpüree mischen. Die Mischung in Eiswürfelformen füllen und 4–6 Stunden tiefkühlen.

3 Erdbeeren waschen, von Stielansätzen befreien, halbieren und in eine Schüssel geben. Restlichen Zitronensaft über Erdbeeren gießen, restlichen Puderzucker darüber stäuben und alles etwa 30 Minuten marinieren (ziehen lassen).

4 Erdbeeren auf Teller verteilen, das gefrorene Parfait aus dem Förmchen lösen (am besten geht das, wenn sie kurz ins heiße Wasser gehalten werden) und auf die Teller verteilen. Mit Minzblättchen garnieren.

Getränk:
halbtrockener deutscher Winzersekt

KÄFER-TIPP
Statt der Erdbeeren schmecken auch Himbeeren oder Kiwis gut zum Mango-Parfait.

Überbackene Erdbeeren

Für 4 Personen (Bild oben)
***Zubereitungszeit:** 30 Minuten*

ZUTATEN:
600 g Erdbeeren
100 ml Grand Marnier
5 Eier
100 g Puderzucker
100 g Speisequark
100 g Mascarpone
abgeriebene Schale von 1 unbehandelten Zitrone

1 Erdbeeren waschen, von Stielansätzen befreien, halbieren und sternförmig auf einer flachen feuerfesten Form anordnen. Grand Marnier darüber träufeln. Backofen auf 200° vorheizen.

2 Eier in Eiweiße und Eigelbe trennen. Die Eiweiße mit der Hälfte des Puderzuckers mit den Schneebesen des Handrührgeräts schaumig schlagen.

3 In einer extra Schüssel Eigelbe mit dem restlichen Puderzucker cremig verrühren. Speisequark, Mascarpone und Zitronenschale dazugeben. Danach den Eischaum unter die Masse ziehen.

4 Quarkmischung auf den Erdbeeren verteilen; im Backofen (Mitte) in etwa 15 Minuten hellbraun backen.

Getränk:
Scheurebe Auslese

KÄFER-TIPP FÜR JEDEN TAG
Statt mit frischem Obst geht's auch mit tiefgekühltem Obst oder mit Früchten aus der Dose.

KÄFER-TIPP
Das fertige Dessert noch mit etwas Puderzucker bestäuben oder mit abgeriebener Zitronenschale garnieren. Schmeckt auch super mit anderen Früchten, z. B. Himbeeren.

Erdbeerherzen in Champagner

Für 4 Personen (Bild unten)
***Zubereitungszeit:** 10 Minuten*

ZUTATEN:
350 g Erdbeeren
400 ml Champagner
300 g Erdbeereis
4 Teel. gehackte Pistazien

KÄFER-TIPP
Schmeckt auch mit Himbeeren lecker!

1 Erdbeeren waschen, von Stielansätzen befreien, einige große Erdbeeren beiseite legen, den Rest halbieren und mit dem Pürierstab pürieren.

2 Das Püree in vier Cocktailgläser füllen, mit Champagner aufgießen und je 1 Kugel Erdbeereis dazugeben.

3 Die zurückbehaltenen Erdbeeren längs in Scheiben schneiden und mit einem Ausstecher Herzen daraus ausstechen. Gläser damit dekorieren und jeweils 1 Teelöffel Pistazien darüber streuen.

***Getränk:** evtl. noch ein Glas Champagner separat*

KÄFER-TIPP FÜR GÄSTE
Ein Superdessert für Partys oder größere Feiern. Dann die Zutatenmengen entsprechend erhöhen: Man rechnet pro Person: 75–100 g Erdbeeren und 100 ml Champagner. Das Fruchtpüree kann vorbereitet und kühl gestellt werden. Und wer's preiswerter möchte, nimmt statt Champagner trockenen Sekt oder Prosecco.

Erdbeeren mit Rhabarbergrütze

Für 4 Personen (Bild oben)
***Zubereitungszeit:** 40 Minuten*
(plus 4–5 Stunden kühlen)

ZUTATEN:
500 g Rhabarber
1/2 l Orangensaft
250 g Zucker
250 g Erdbeeren
3 Blatt Gelatine
2 Essl. Speisestärke

1 Rhabarber waschen, putzen, schälen bzw. Haut abziehen, Stangen in kleine Stücke schneiden, in einen Topf geben, Orangensaft bis auf 2 Esslöffel und den Zucker hinzufügen. Alles zum Kochen bringen, bei mittlerer Hitze 10–12 Minuten kochen, bis der Rhababer weich ist. Dann mit dem Pürierstab pürieren.

2 Erdbeeren waschen, von Stielansätzen befreien und vierteln. Auf vier Dessertgläser verteilen. Die Gelatine in einem Schüsselchen mit kaltem Wasser etwa 5 Minuten einweichen. Stärke in einer Tasse mit dem restlichen Orangensaft verrühren.

3 Rhabarberpüree noch einmal kurz aufkochen, angerührte Stärke untermischen, ausgedrückte Gelatine einrühren, von der Herdplatte nehmen und etwas abkühlen lassen.

4 Rhabarbergrütze in die Gläser mit den Erdbeeren füllen und 4–5 Stunden kühl stellen. Mit Schlagsahne servieren.

***Getränk:** halbtrockener Riesling-Schaumwein*

Obstsalat mit Mascarponecreme

Für 6 Personen (Bild rechts)
***Zubereitungszeit:** 20 Minuten*

ZUTATEN:
300 g blaue Weintrauben
2 Kiwis
2 Äpfel
2 Bananen
Saft von 2 Zitronen
3 Essl. flüssiger Honig
400 g Mascarpone
5 Teel. Grand Marnier
4 Teel. Krokantstreusel (gibt's fertig zu kaufen)

1 Die Trauben waschen, trockentupfen, halbieren, Kerne entfernen und die Trauben in eine große Schüssel geben. Die Kiwis schälen, längs halbieren, in dünne Scheiben schneiden und dazugeben.

2 Äpfel waschen, vierteln, Kerngehäuse entfernen, dann die Äpfel in sehr schmale Spalten schneiden. Bananen schälen, in 1/2 cm dicke Scheiben schneiden und mit den anderen Früchten in der Schüssel mischen. Zitronensaft und Honig verrühren und über das Obst gießen.

3 Mascarpone in einer Schüssel mit Grand Marnier verrühren, zuletzt die Krokantstreusel untermischen und die Creme zum Obst servieren.

***Getränk:** halbtrockener Winzersekt oder Prosecco*

KÄFER-TIPP
Die Krokantstreusel erst direkt vor dem Servieren untermischen, sonst werden sie weich. Mascarponecreme schmeckt auch zu anderem Obst sehr gut, z. B. zu einer Mischung aus Wasser- und Honigmelone. Das Fruchtfleisch einfach klein schneiden, bzw. als Kugeln ausstechen. Eine noch lockerere, cremigere Konsistenz erhält die Creme übrigens, wenn etwas Milch untergerührt wird.

Exotischer Fruchtsalat

Für 4 Personen
***Zubereitungszeit:** 30 Minuten*

ZUTATEN:
100 g Zucker
1/8 l Orangensaft
1 Orange, 1 Grapefruit
1 reife Mango, 3 Kiwis
1/2 Honigmelone
1/2 Bund Minze
8 Kapstachelbeeren

1 Zucker im Orangensaft auflösen. Orange und Grapfruit schälen und in Stücke schneiden. Mango und Kiwis schälen und in kleine Würfel schneiden.

2 Von der Melone die Kerne herauskratzen, aus dem Fruchtfleisch mit einem Teelöffel oder Kugelausstecher kleine Halbkugeln ausstechen.

3 Früchte mit dem Orangensaft mischen und etwa 30 Minuten kühl stellen. Mit Minzblättchen und Kapstachelbeeren garnieren.

***Getränk:** Moscato d'Asti aus dem Piemont*

KÄFER-TIPP
Den Fruchtsalat nach Belieben mit Maraschino oder Orangenlikör verfeinern und mit Mandelblättchen bestreuen. Schmeckt auch gut mit Vanilleeis!

Desserts werden bei Käfer in immer wieder neuen Varianten dekoriert und garniert. Bernhard Barth ist einer der Besten auf diesem Gebiet.

Tiramisu mit Amaretto-Schoko-Sauce

Für 6 Personen
***Zubereitungszeit:** 30 Minuten*

ZUTATEN:
4 Eier
2 Eigelbe
250 g Zucker
500 g Mascarpone
500 g süße Sahne
200 ml Kaffee
3 Essl. Amaretto
300 g Löffelbiskuits
1 Essl. Kakaopulver
100 g weiße Schokolade

1 Eier, Eigelbe und 200 g Zucker in einer Schüssel cremig rühren (am besten mit den Schneebesen des Handrührgeräts; Stepfoto 1). Den Mascarpone unterrühren. Die Hälfte der süßen Sahne steif schlagen und untermischen.

2 Den Kaffee, 1 Esslöffel Amaretto und restlichen Zucker in einer Schüssel mischen. Die Löffelbiskuits jeweils kurz in den Kaffee tauchen (Stepfoto 2), dann eine flache Form damit auslegen. Etwa 1/3 der Mascarponemasse darauf streichen, diese Schicht wieder mit kaffeegetränkten Löffelbiskuits belegen und mit Mascarpone bestreichen (Stepfoto 3). So mehrere Schichten bilden, bis die Biskuits aufgebraucht sind. Die letzte Schicht sollte Mascarpone sein. Diese mit Kakaopulver bestäuben. Das Tiramisu etwa 1 Stunde kühl stellen.

3 Vor dem Servieren die Schokolade in einen Topf bröckeln, restliche Sahne und übrigen Amaretto dazugießen; kurz erhitzen. Tiramisu auf Teller verteilen, mit Schokosauce umgießen.

***Getränk:** Banyuls (Süßwein aus Südwestfrankreich)*

KÄFER-TIPP
Die Sauce kann auch mit dunkler Schokolade zubereitet werden; dann das Kakaopulver zum Bestäuben weglassen, etwas von der Sauce dekorativ über die Tiramisu-Portionen träufeln, den Rest angießen.

Für das Tiramisu Eier und Sahne verrühren, Löffelbiskuits in Kaffee tauchen, dann abwechselnd mit der Füllung in die Form schichten. Mit Amaretto und Kakaopulver einfach genial!

Orangenspaghettini mit Erdbeerragout

Für 4 Personen (Bild rechts)
***Zubereitungszeit:** 35 Minuten*

ZUTATEN:
100 g Spaghettini (sehr dünne Spaghetti)
500 g Erdbeeren
2 Essl. Puderzucker
5 Essl. Orangenlikör
2 Essl. Butter
4 Essl. Zucker
200 ml Orangensaft
300 g Vanilleeis

KÄFER-TIPP
Sehr hübsch sieht's aus, wenn das Dessert mit ein paar Blättchen Zitronenmelisse dekoriert wird.

1. Nudeln in reichlich Wasser nach Packungsanweisung bissfest kochen. Dann in ein Sieb abgießen, mit kaltem Wasser abschrecken und abtropfen lassen.
2. Erdbeeren waschen, von Stielansätzen befreien, in kleine Stücke schneiden, mit Puderzucker und Orangenlikör mischen.
3. In einem Topf Butter erhitzen, Zucker einrühren und unter Rühren leicht karamellisieren (anbräunen) lassen, sofort unter Rühren den Orangensaft dazugießen und kurz aufkochen.
4. Die Spaghettini mit der Sauce mischen und auf Teller verteilen, mit den marinierten Erdbeeren belegen und mit Vanilleeis servieren.

***Getränk:** Muscat de Beaumes de Venise (fruchtiger natursüßer Wein von der Rhône)*

Süße Spaghetti mit Himbeersauce

Für 4 Personen (Bild links)
***Zubereitungszeit:** 30 Minuten*

ZUTATEN:
1 unbehandelte Orange
400 g Doppelrahm-Frischkäse
50 g Puderzucker
1 Vanilleschote
400 g frische Himbeeren (oder tiefgekühlte aufgetaute)
2 Essl. Zucker
1 Essl. Zitronensaft
8 Blättchen Basilikum oder Zitronenmelisse
4 Teel. Kokosflocken

1. Die Orange gründlich waschen und abtrocknen, Schale mit einer Reibe abreiben, 1 Hälfte auspressen.
2. Den Frischkäse in einer Schüssel mit Puderzucker, Orangenschale und eventuell etwas Wasser cremig verrühren. Vanilleschote mit einem spitzen Messer längs aufschlitzen, das Mark herauskratzen und unter den Frischkäse mischen.
3. Die Himbeeren waschen und abtropfen lassen, mit Zucker, Zitronen- und 1 Esslöffel Orangensaft in einer Schüssel mit dem Pürierstab pürieren. Die Kräuterblättchen waschen und in Streifen schneiden.
4. Die Käsemasse durch die Kartoffelpresse auf Teller drücken, so dass es wie Spaghetti aussieht. Jeweils etwas von der Himbeersauce darum herumgießen, mit Kräutern und je 1 Teelöffel Kokosflocken bestreuen.

***Getränk:** Moscato d'Asti aus dem Piemont*

Panna cotta mit Himbeersauce

Für 6 Personen
***Zubereitungszeit:** 35 Minuten*
(plus 6 Stunden kühlen)

ZUTATEN:
2 Vanilleschoten
400 ml Milch
600 g süße Sahne
50 g Zucker
7 Blatt Gelatine
500 g Himbeeren
150 g Puderzucker
200 g Joghurt

1. Die Vanilleschoten mit einem spitzen Messer längs aufschlitzen, das Mark herauskratzen und in einem Topf mit Milch, Sahne, Zucker kurz aufkochen, dann bei schwacher Hitze etwa 20 Minuten ziehen lassen.

2. Die Gelatine in einer Schüssel mit kaltem Wasser etwa 5 Minuten einweichen, dann ausdrücken und in der heißen Sahnemilch unter Rühren auflösen.

3. In Förmchen (s. Käfer-Tipp) füllen und etwa 6 Stunden in den Kühlschrank stellen, bis die Masse fest geworden ist.

4. Inzwischen für die Sauce die Himbeeren waschen, für jede Portion etwa 3 Beeren zum Garnieren beiseite legen, den Rest in einer Schüssel zusammen mit Puderzucker und Joghurt mit dem Pürierstab pürieren.

5. Die Panna cotta aus den Förmchen auf Teller stürzen (Förmchen dazu kurz in heißes Wasser tauchen) und mit Himbeersauce umgießen. Mit den beiseite gelegten Himbeeren garnieren.

Getränk:
Moscato d'Asti oder Spumante

KÄFER-TIPP
Für die Panna cotta werden feuerfeste Portionsförmchen von etwa 180 ml Inhalt benötigt – gibt's im Haushaltswarengeschäft. Man kann sich aber auch mit feuerfesten Tassen oder Glasschüsselchen behelfen.

KÄFER-TIPP FÜR JEDEN TAG
Wenn's schneller gehen soll, die Panna cotta statt mit Himbeersauce einfach mit Nektarinenspalten, frischen Feigen oder anderem frischem Obst und/oder mit Minzblättchen garnieren. Oder gekaufte Fruchtsauce nehmen.

Klassisch, aber immer wieder gut: Panna cotta, hier mal mit frischen Himbeeren

Mit frischen Früchten schmecken Desserts am besten. Die Obstspezialisten bei Käfer wissen, was gerade Saison hat (auf Seite 153 steht's).

Einfach, aber gut und ganz schnell fertig: Kirschen in Portweinsauce mit Nusseis

Kirschen in Portweinsauce

Für 4 Personen (Bild links oben)
***Zubereitungszeit:** 20 Minuten*

ZUTATEN:
500 g Kirschen
1 Essl. Speisestärke
100 ml Rotwein (z. B. Beaujolais)
100 ml Portwein
2 Essl. Johannisbeerlikör
1 Essl. Kirschwasser
2 Essl. flüssiger Honig
2 Essl. Zitronensaft
300 g Nusseis

1 Kirschen waschen und entsteinen. Stärke mit 2 Esslöffeln Rotwein verrühren. Restlichen Wein und alle übrigen Zutaten (außer Kirschen und Stärke) in einen Topf geben.

2 Die Zutaten im Topf zum Kochen bringen, angerührte Stärke dazugeben, nochmals kurz unter Rühren aufkochen, bis die Flüssigkeit dicker wird. Dann von der Herdplatte nehmen und etwas abkühlen lassen.

3 Die Kirschen auf vier Teller verteilen und mit der noch lauwarmen Portweinsauce übergießen. Dazu jeweils 1 Kugel Nusseis servieren.

***Getränk:** trockener Schaumwein aus Deutschland oder Frankreich (Crémant) oder ein Glas süßer Port*

KÄFER-TIPP
Das Entsteinen der Kirschen geht schnell und einfach mit einem Kirschentkerner, den es in jedem Haushaltswarengeschäft zu kaufen gibt.

Oma Käfers Kirschkuchen

Für 1 Kuchen (Bild ganz links)
***Zubereitungszeit:** 20 Minuten (plus 1 Stunde backen)*

ZUTATEN:
1 Essl. Mehl
300 g aufgetauter tiefgekühlter Mürbeteig (gibt's fertig zu kaufen)
1 Essl. Butter
300 g frische Kirschen (ersatzweise abgetropfte Kirschen aus dem Glas)
4 Eier
250 g saure Sahne
200 g süße Sahne
100 g Zucker
2 Essl. Speisestärke

1 Auf bemehlter Arbeitsfläche den Teig 3 mm dick ausrollen. Quiche- oder Springform von 28 cm Durchmesser mit Butter ausfetten, Teig hineinlegen, einen etwa 3 cm hohen Rand bilden.

2 Den Backofen auf 180° vorheizen. Kirschen waschen, entsteinen, auf dem Teig verteilen. Eier, saure und süße Sahne, Zucker und Stärke verrühren.

3 Ei-Sahne-Mischung über die Kirschen geben; glatt streichen. Kuchen im Ofen (Mitte) in etwa 60 Minuten goldbraun backen.

***Getränk:** Portwein oder Banyuls*

KÄFER-TIPP
Selbst gemachter Mürbeteig: 300 g Mehl, 5 Essl. Puderzucker, 1 Prise Salz mischen, auf die Arbeitsfläche schütten. In eine Mulde 2 Eigelbe setzen. 200 g kalte Butter in Stückchen dazugeben, alles mit 3–5 Essl. Wasser zum Teig verkneten; zur Kugel formen, in Frischhaltefolie gewickelt 30 Minuten kalt stellen.

Weintrauben-Stachelbeer-Gelee

Für 4 Personen (Bild links unten)
***Zubereitungszeit:** 20 Minuten (plus 10 Stunden gelieren)*

ZUTATEN:
150 g kernlose helle Weintrauben
150 g Stachelbeeren (frisch oder aus dem Glas)
6 Blatt Gelatine
2 Essl. Apfelsaft
400 ml Birnensaft

1 Weintrauben und frische Stachelbeeren waschen. Beeren aus dem Glas abtropfen lassen. Die Gelatine in einem Schüsselchen mit kaltem Wasser etwa 5 Minuten einweichen.

2 Apfelsaft erwärmen (auf etwa 50°, nicht kochen!), Gelatine ausdrücken, im heißen Saft auflösen. Birnensaft dazugießen.

3 Früchte in eine Schüssel geben. Den Saft dazugießen. Alles etwa 10 Stunden (oder über Nacht) kalt stellen und gelieren lassen.

4 Die Schüssel kurz in heißes Wasser stellen, dann das Gelee auf einen Teller stürzen. Mit Schlagsahne oder Vanilleeis servieren.

***Getränk:** spanischer Cava*

KÄFER-TIPP FÜR GÄSTE
Statt der Stachelbeeren können auch gut Kapstachelbeeren (Physalis) verwendet werden.

Zwetschgenkompott

Für 4 Personen (Bild unten)
Zubereitungszeit: *40 Minuten (plus 1 Stunde kühlen)*

ZUTATEN:
600 g Zwetschgen
100 g Zucker
100 ml Portwein
1 Gewürznelke
1 Stück Sternanis
300 g Walnusseis

1. Zwetschgen waschen, entsteinen (Bild links oben), vierteln und in einer Schüssel mit dem Zucker mischen. Ziehen lassen.
2. Portwein mit den Gewürzen in einem Topf kurz aufkochen, dann etwa 15 Minuten abkühlen lassen.
3. Zwetschgen in den Portwein geben und bei mittlerer Hitze 10–15 Minuten kochen, bis sie weich geworden sind.
4. Das Zwetschgenkompott etwa 1 Stunde kühl stellen, dann in vier Dessertschalen verteilen und mit Walnusseis servieren.

Getränk:
(Gewürz-)Traminer Spätlese oder Auslese

KÄFER-TIPP
Außerhalb der Saison kann das Kompott auch gut mit gefrorenen Zwetschgen zubereitet werden, die in nur 10 Minuten weich gekocht sind.

Zwetschgenkompott gelingt ganz leicht und schmeckt auch gut zu Vanilleeis. Schön sind Melisseblättchen als Deko.

Zwetschgenröster

Für 4 Personen
***Zubereitungszeit:** 20 Minuten*

ZUTATEN:
500 g Zwetschgen
2 Essl. Puderzucker
1/2 Teel. Zimt
abgeriebene Schale von 1/2 unbehandelten Zitrone

1 Die Zwetschgen waschen, halbieren und entsteinen. Den Puderzucker in einer trockenen Pfanne unter ständigem Rühren schmelzen und leicht karamellisieren (anbräunen) lassen.

2 Die Zwetschgen zum karamellisierten Zucker geben und unter Rühren erhitzen, bis Saft auszutreten beginnt.

3 Zimt und Zitronenschale unterrühren und alles bei mittlerer Hitze etwa 10 Minuten kochen.

***Getränk:** Ruster Ausbruch aus dem Burgenland*

KÄFER-TIPP
Kaiserschmarrn
2 Eier in Eiweiße und Eigelbe trennen, die Eigelbe in einer Schüssel mit 2 ganzen Eiern, 1 Prise Salz, 2 Esslöffeln Zucker und 1 Esslöffel abgeriebener Zitronenschale verrühren. 4 Esslöffel Milch, 100 g Mehl und 250 g Mascarpone untermischen. Eiweiße steif schlagen und unterheben. 2 Esslöffel Butter in einer Pfanne erhitzen, Teig 2–3 cm dick einfüllen. Die untere Seite hellbraun backen, dann den Pfannkuchen mit der Gabel in Stücke rupfen. Teigstücke bei starker Hitze von allen Seiten knusprig braun braten. Mit Puderzucker bestäuben und zum Zwetschgenröster (oder mit Kompott oder Apfelmus) servieren.

KÄFER-TIPP FÜR JEDEN TAG
Zwetschgenröster ist die klassische Beilage zu Kaiserschmarrn (s. nebenstehenden Tipp), schmeckt aber auch lecker als Dessert mit Vanilleeis oder zu einfachen Pfannkuchen.

Schnell und bequem

... alles Gute in 20 Minuten. Fertig!

Mehr gibt's dazu nicht zu sagen – einfach machen und genießen.

Schmeckt alles prima!
Also los!

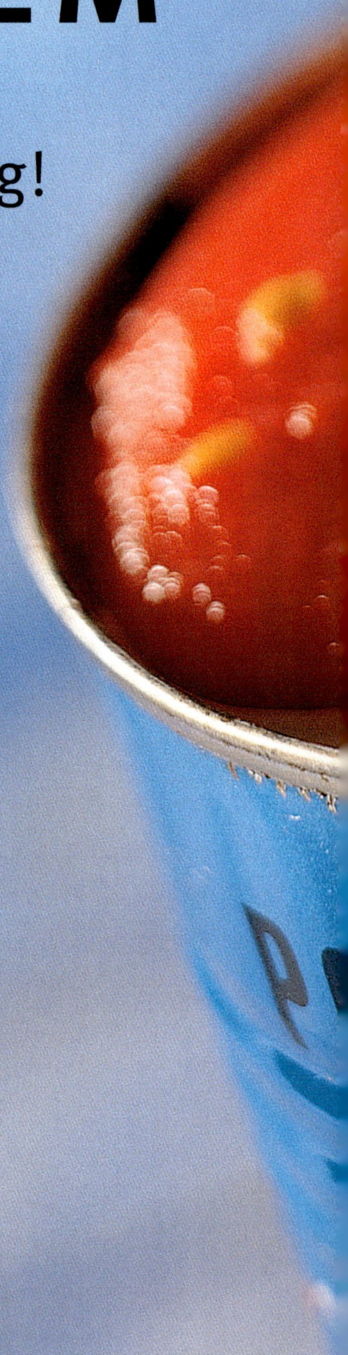

MODORI PELATI

Schnelle Häppchen, delikates Fingerfood: Francesco Basso ist Meister in seinem Fach beim Käfer Party Service.

Räucherlachs-Häppchen

Für 4 Personen
***Zubereitungszeit:** 15 Minuten*

ZUTATEN:
1 Bund Schnittlauch
150 g Crème fraîche
2 Essl. Zitronensaft
Salz, Pfeffer
8 Scheiben Toastbrot
200 g Räucherlachs

1. Schnittlauch waschen und in Röllchen schneiden. In einer Schüssel Crème fraîche mit Zitronensaft verrühren, mit Salz und Pfeffer würzen. Den Schnittlauch bis auf 1 Esslöffel zum Garnieren untermischen.

2. Von den Toastscheiben die Rinde abschneiden, das Brot toasten und mit Schnittlauchcreme bestreichen. Die Toastscheiben diagonal halbieren.

3. Räucherlachs in Streifen schneiden, die Brote damit belegen, mit Schnittlauchröllchen garniert servieren.

Getränk:
Champagner brut

VARIANTE:
Pumpernickel-Häppchen
2 Schalotten und den Lachs fein würfeln, mit 2 Esslöffeln Zitronensaft und 50–100 g Crème double mischen, salzen und pfeffern und kalt stellen. Fein geschnittenen Schnittlauch mit 200 g Crème double mischen und würzen. Aus beiden Massen kleine Nocken formen und auf Pumpernickeltalern mit Schnittlauchröllchen bestreut servieren.

KÄFER-TIPP FÜR GÄSTE
Die Häppchen eignen sich super als schnelle Vorspeise, wenn unangemeldete Gäste kommen, oder auch in größeren Mengen für Partys. Abgepackter Räucherlachs hält sich im Kühlschrank einige Tage, so dass er gut auf Vorrat gekauft werden kann.

Cracker mit Thunfisch-Käse-Aufstrich

Für 20–25 Cracker (Bild ganz links)
***Zubereitungszeit:** 10 Minuten*

ZUTATEN:
200 g Doppelrahm-Frischkäse
2 Essl. Milch
100 g Thunfisch naturell (aus der Dose)
Salz, Pfeffer
20–25 Cracker
1/2 Bund Petersilie

1. Frischkäse mit Milch in einer Schüssel verrühren, Thunfisch abtropfen lassen, mit einer Gabel in kleine Stücke zerpflücken und mit dem Frischkäse verrühren. Mit Salz und Pfeffer würzen und mit dem Pürierstab fein pürieren.

2. Die Mischung auf Cracker streichen. Petersilie waschen, die Blättchen abzupfen und die Cracker damit garnieren.

***Getränk:** vollmundiger Roséwein aus der Toskana*

KÄFER-TIPP
Der Aufstrich kann zusätzlich mit Schnittlauch verfeinert und statt mit Milch mit Zitronen- oder Limettensaft abgeschmeckt werden. Statt Thunfisch schmecken auch wahlweise 100 g gekochter Schinken (nicht pürieren, nur klein geschnitten untermischen) oder Roquefort oder klein geschnittene getrocknete Tomaten (nicht pürieren) mit etwas Basilikum.

KÄFER-TIPP
Etwas flüssiger zubereitet eignet sich der Aufstrich auch als Dip für Gemüsestifte.

Rucola-Pesto auf Baguette

Für 4 Personen (Bild links)
***Zubereitungszeit:** 15 Minuten*

ZUTATEN:
1 Bund Rucola
1 Bund Basilikum
3 Knoblauchzehen
1/2 Teel. Meersalz (ersatzweise Salz)
50 g Pecorino am Stück
50 g Parmesan am Stück
2 Essl. Pinienkerne
100 ml Olivenöl
1 Baguette

1. Vom Rucola grobe Stiele abschneiden. Rucola in kochendem Wasser kurz blanchieren (überbrühen), in einem Sieb abtropfen lassen. Basilikum waschen und ohne grobe Stiele zusammen mit dem Rucola klein schneiden. Knoblauchzehen schälen und grob hacken.

2. Rucola, Basilikum, Knoblauch und Meersalz im Mixer pürieren. Pecorino und Parmesan fein reiben und dazugeben.

3. Pinienkerne in einer trockenen beschichteten Pfanne goldbraun rösten und dazugeben. Alles kurz durchmixen und das Olivenöl unterrühren.

4. Das Baguette schräg in dicke Scheiben schneiden, mit dem Rucola-Pesto bestreichen und servieren.

Getränk:
Soave classico aus Venetien

Fleischtomaten mit Hüttenkäse und Basilikum

Für 4 Personen
***Zubereitungszeit:** 25 Minuten*

ZUTATEN:
200 g Hüttenkäse
5 Fleischtomaten
1 rote Zwiebel
Salz, Pfeffer
1 Bund Basilikum

KÄFER-TIPP
Deckel und Inneres der Tomaten können beispielsweise für Tomatensuppe, -sauce oder Bruscetta (mit Öl beträufeltes und gewürztem Tomatenhack belegtes Röstbrot) verwendet werden.

1 Den Hüttenkäse in einem Sieb abtropfen lassen. 1 Tomate in kochendem Wasser etwa 1 Minute überbrühen, mit kaltem Wasser abschrecken und die Haut abziehen. Die Tomate vierteln, dabei Stielansatz und Kerne entfernen, und das Fruchtfleisch würfeln.

2 Übrige Tomaten waschen, jeweils einen Deckel abschneiden und Tomaten mit einem Teelöffel aushöhlen. Deckel und ausgehöhltes Fruchtfleisch anderweitig verwenden (s. Käfer-Tipp).

3 Die Zwiebel schälen und klein würfeln. In einer Schüssel mit Hüttenkäse und Tomatenwürfeln mischen. Basilikum waschen und die Blättchen in Streifen schneiden. Unter den Hüttenkäse rühren, alles mit Salz und Pfeffer würzen.

4 Hüttenkäse-Mischung in die ausgehöhlten Tomaten füllen und diese mit frischem Weißbrot servieren.

***Getränk:** Prosecco frizzante*

Minipaprika mit Ziegenkäse

Für 4 Personen
***Zubereitungszeit:** 15 Minuten*

ZUTATEN:
8 bunte Mini-Paprikaschoten (ersatzweise 4 möglichst kleine rote oder gelbe Paprikaschoten)
1 rote Zwiebel
1/2 Bund Petersilie
1/2 Bund Basilikum
200 g Ziegenfrischkäse
je 1 Prise getrockneter Thymian und Rosmarin
Salz, Pfeffer
100 g süße Sahne

1 Die Paprikaschoten waschen, Deckel abschneiden (nicht wegwerfen!), innere Trennwände und Kerne entfernen.

2 Zwiebel schälen und klein würfeln. Petersilie und Basilikum waschen und ohne die groben Stiele fein hacken. Mit dem Ziegenfrischkäse in einer Schüssel mischen, mit Thymian, Rosmarin, Salz und Pfeffer würzen. Die Sahne dazugeben und alles zu einer cremigen Masse verrühren.

3 Käsemischung in die Paprikaschoten füllen (etwas Käse darf ruhig herausschauen), die Deckel wieder darauf setzen. Mit kräftigem Bauernbrot servieren.

***Getränk:** Sancerre von der Loire*

KÄFER-TIPP
Die Käsemischung schmeckt auch gut als Füllung in Tomaten oder einfach als Brotaufstrich.

Spiegeleier mit roten Zwiebeln und Croûtons

Für 4 Personen
***Zubereitungszeit:** 20 Minuten*

ZUTATEN:
10 Eier
2 Essl. Butterschmalz
Salz, Pfeffer
1 rote Zwiebel
1/2 Bund Schnittlauch
2 Essl. Croûtons (gibt's fertig zu kaufen)

1 2 Eier in etwa 10 Minuten hart kochen, kalt abschrecken, pellen und etwas abkühlen lassen. Dann Eiweiß und Eigelb getrennt voneinander fein hacken.

2 In zwei großen Pfannen jeweils 1 Esslöffel Butter zerlassen, je 4 Eier vorsichtig hineinschlagen und in 2–4 Minuten bei mittlerer Hitze zu Spiegeleiern backen. Mit Salz und Pfeffer würzen.

3 Die Zwiebel schälen und fein hacken. Den Schnittlauch waschen, trocknen und in Röllchen schneiden

4 Spiegeleier auf Teller verteilen und mit Zwiebeln, Schnittlauch, gehacktem Ei und Croûtons bestreuen. Dazu schmeckt frisches Bauernbrot.

Getränk:
helles Bier

KÄFER-TIPP
Das sind die typischen Käfer-Spiegeleier wie sie auf Partys zu früher Morgenstunde serviert werden.

Kaviar auf angebratenem Tatar

Für 4 Personen
***Zubereitungszeit:** 35 Minuten*

ZUTATEN:
2 Schalotten
4 kleine Gewürzgurken
600 g Tatar
2 Eigelbe
1 Teel. Senf
Salz, Pfeffer
1/2 Teel. Paprikapulver
3 Essl. Pflanzenöl
4 Essl. Crème fraîche
100 g Forellen- oder Keta-Kaviar

1 Schalotten schälen und klein hacken. Gurken in kleine Würfel schneiden. Tatar in einer Schüssel mit den Eigelben verkneten, Schalotten und Gurkenwürfel untermischen, mit Senf, Salz, Pfeffer und Paprikapulver würzen.

2 Aus der Masse mit angefeuchteten Händen 8 Kugeln formen und flach drücken. Das Öl in einer Pfanne erhitzen und die kleinen Buletten darin, eventuell portionsweise, bei starker Hitze von jeder Seite 2–3 Minuten braten.

3 Je 2 Buletten auf einem Teller anrichten und mit jeweils einem Klecks Crème fraîche und Kaviar garnieren. Dazu passt ein frischer Blattsalat.

Getränk:
Champagner brut oder Jahrgang

KÄFER-TIPP
Dieser Klassiker, schmeckt prima als exquisiter Snack, macht sich auch gut auf dem Büfett.

Matjessalat mit Pfirsich und Erdbeeren

Für 4 Personen (Bild unten)
***Zubereitungszeit:** 20 Minuten*

ZUTATEN:
1 Ei
1 Kopfsalat
1 Salatgurke
4 Pfirsiche
8 mittelgroße Tomaten
4 große Erdbeeren
1/2 Bund Radieschen
8 Matjesfilets (ca. 400 g)
100 g Mayonnaise
100 g Joghurt
125 g süße Sahne
3 Essl. Milch
1 Essl. Senf
Salz
2 Teel. Zitronensaft
1 Bund Petersilie (oder Schnittlauch, Dill, Gartenkresse)

1 Das Ei in etwa 10 Minuten hart kochen, kalt abschrecken, pellen und abkühlen lassen. Die Blätter vom Kopfsalat ablösen, waschen, trockenschleudern, in mundgerechte Stücke zupfen und in eine große Salatschüssel geben. Gurke schälen, in dünne Scheiben hobeln und dazugeben.

2 Pfirsiche und Tomaten kreuzweise einritzen, etwa 1 Minute in kochendem Wasser überbrühen, mit kaltem Wasser abschrecken und die Haut abziehen. Tomaten halbieren, Stielansätze und Kerne entfernen. Pfirsiche und Tomaten in feinste Spalten schneiden.

3 Erdbeeren waschen, putzen und in Scheibchen schneiden. Die Radieschen waschen, putzen und in dünne Scheiben schneiden. Matjesfilets quer in Streifen schneiden. Alles in die Salatschüssel geben und mischen.

4 Mayonnaise, Joghurt, Sahne verrühren, mit Senf, Salz, Zitronensaft würzen, über den Salat gießen und alles gut durchmischen.

5 Petersilie waschen, ohne grobe Stiele hacken. Das Ei klein würfeln. Salat in Glasschüsseln füllen und mit Petersilie und Ei garnieren.

***Getränk:** Mineralwasser oder Bier*

Thunfischsalat mit Paprika

Für 4 Personen (Bild oben)
***Zubereitungszeit:** 20 Minuten*

ZUTATEN:
4 Eier
4 Eiertomaten (ersatzweise Strauch- oder Fleischtomaten)
1 gelbe Paprikaschote
2 Dosen Thunfisch naturell (Abtropfgewicht je 150 g)
Salz, Pfeffer
250 ml Kräutersauce (z. B. Schweizer Kräutersauce, Seite 106)
1 Teel. Kapern

1 Die Eier in etwa 10 Minuten hart kochen, kalt abschrecken, pellen, abkühlen lassen, dann in Viertel schneiden.

2 Inzwischen Tomaten und Paprikaschote waschen. Die Tomaten achteln und dabei die Stielansätze entfernen. Paprikaschote halbieren, von Stielansatz, Kernen und inneren Trennwänden befreien. Jede Hälfte längs vierteln und quer in feine Streifen schneiden.

3 Thunfisch in einem Sieb kurz abtropfen lassen, in eine Schüssel geben und mit einer Gabel zerpflücken, Paprika, Tomaten und Kräutersauce untermischen. Mit Salz und Pfeffer abschmecken.

4 Den Thunfischsalat auf vier Teller verteilen und mit Kapern und Eivierteln garnieren. Dazu schmeckt frisches Baguette oder Pitabrot.

***Getränk:** fruchtiger Rotwein, z. B. Barbera d'Alba, Chinon von der Loire*

Fladenbrot mit Parmaschinken und Rucola

Für 4 Personen (Bild unten)
***Zubereitungszeit:** 10 Minuten*
(plus 10 Minuten backen)

ZUTATEN:
1 türkisches Fladenbrot
3 Kugeln Mozzarella (375 g)
150 g Parmaschinken (in hauchdünnen Scheiben)
1 Bund Rucola
Salz, Pfeffer

1 Backofen auf 200° vorheizen. Fladenbrot wie ein Brötchen aufschneiden.

2 Mozzarella abtropfen lasssen und in Scheiben schneiden. Die untere Hälfte des Brotes mit der Hälfte des Mozzarella belegen. Parmaschinken darauf verteilen.

3 Rucola waschen, trockenschütteln, grobe Stiele entfernen und Rucola auf den Parmaschinken legen. Zum Schluss den restlichen Mozzarella auf das Brot legen, den Käse leicht salzen und pfeffern, die obere Brothälfte darauf legen.

4 Das Brot auf dem Blech im Ofen (Mitte) etwa 10 Minuten backen, bis der Käse leicht geschmolzen ist. In Achtel schneiden und als Partysnack oder kleine Zwischenmahlzeit servieren.

Getränk:
Prosecco spumante

KÄFER-TIPP
Schmeckt auch gut mit Serrano- und Ardennen-Schinken oder Prosciutto di San Daniele sowie mit Tomatenscheiben und Basilikum statt Rucola.

Hähnchenbrust-Salat

Für 4 Personen (Bild oben)
***Zubereitungszeit:** 15 Minuten*

ZUTATEN:
500 g Hähnchenbrust
Salz, Pfeffer
2 Essl. Pflanzenöl
200 g gekochter Schinken
200 g Salat-Mayonnaise
3 Essl. Zitronensaft
1 Essl. Zucker
140 g Erbsen (aus der Dose)

1 Hähnchenbrust rundum salzen und pfeffern, im Öl von jeder Seite etwa 5 Minuten bei starker Hitze braten. Die Temperatur reduzieren, Fleisch noch etwa 5 Minuten weiterbraten, herausnehmen und abkühlen lassen.

2 Schinken in Streifen schneiden. Mayonnaise in einer Salatschüssel mit Zitronensaft, Zucker und Salz verrühren, Schinkenstreifen untermischen.

3 Hähnchenbrust in etwa 1 cm große Würfel schneiden und untermischen. Die Erbsen in einem Sieb abtropfen lassen und unter den Salat mischen; mit Pfeffer abschmecken.

***Getränk:** frischer spritziger Weißwein aus Südtirol oder dem Friaul*

KÄFER-TIPP FÜR JEDEN TAG
Ein superschneller Salat, der sich gut vorbereiten lässt. Auch gut als Resteverwertung für Brathähnchen.

Blätterteigquiche mit Schinken

Für 4 Personen
***Zubereitungszeit:** 15 Minuten (plus 45 Minuten backen)*

ZUTATEN:
300 g Blätterteig (tiefgekühlt und aufgetaut)
300 g gekochter Schinken in dicken Scheiben
200 g Chester
250 g süße Sahne
3 Eier
Salz, Pfeffer
1/2 Teel. Paprikapulver
Muskatnuss, frisch gerieben

1 Backofen auf 180° vorheizen. Eine feuerfeste Form (28 cm Durchmesser) mit Blätterteig auslegen, Nahtstellen zusammendrücken, einen etwa 2 cm hohen Rand formen und den Teig mehrmals mit einer Gabel einstechen. Schinken und Käse in kleine Würfel schneiden und in der Form verteilen.

2 Für die Eier-Sahne-Mischung in einer Schüssel Sahne und Eier verrühren, mit Salz, Pfeffer, Paprikapulver und Muskatnuss würzen und über den Teig in der Form gießen.

3 Quiche im Backofen (Mitte) etwa 45 Minuten backen; sofort servieren. Dazu schmeckt Blattsalat.

***Getränk:** Elsässer Pinot Blanc*

KÄFER-TIPP FÜR JEDEN TAG
Ganz schnell geht die Quiche-Variante mit Gemüse mit 1 Packung tiefgekühltem (aufgetautem) Misch- oder Suppengemüse!

VARIANTE:
Blätterteigquiche mit Gemüse
Den Teig wie oben beschrieben vorbereiten. 1 Stange Lauch putzen, längs aufschlitzen, gründlich waschen, halbieren und in schmale Halbringe schneiden. Einige Blumenkohl- und Broccoliröschen klein schneiden. 1 kleine Zucchini und 1 kleine rote Paprikaschote würfeln. Alles auf dem Teig verteilen. Mit der Eier-Sahne-Mischung (wie im Hauptrezept beschrieben) begießen und etwa 45 Minuten im Backofen (Mitte) bei 180° backen.

VARIANTE:
Blätterteigquiche mit Spinat
Teig wie beschrieben vorbereiten. 1 Zwiebel schälen, würfeln und in Butter andünsten, 600 g tiefgekühlten (aufgetauten) Blattspinat dazugeben, mit Salz, Pfeffer, Muskatnuss würzen und 4–6 Minuten dünsten. Dann auf dem Teig verteilen, mit der Eier-Sahne-Mischung (wie im Hauptrezept beschrieben) begießen und im Backofen (Mitte) bei 180° etwa 45 Minuten backen.

Mit fertigem Blätterteig überhaupt kein Problem: Schinken-Quiche, quick & easy und superlecker. Auch für Partys!

KÄFER-TIPP FÜR GÄSTE
Die schnellen Quiches lassen sich gut vorbereiten und schmecken auch kalt – also ideal für Büfetts und Partys.

Fertigprodukte sind besser als ihr Ruf: Hauptsache man weiß, wie man mit ihnen umgeht - das Käfer-Team verrät Ihnen die besten Rezepte.

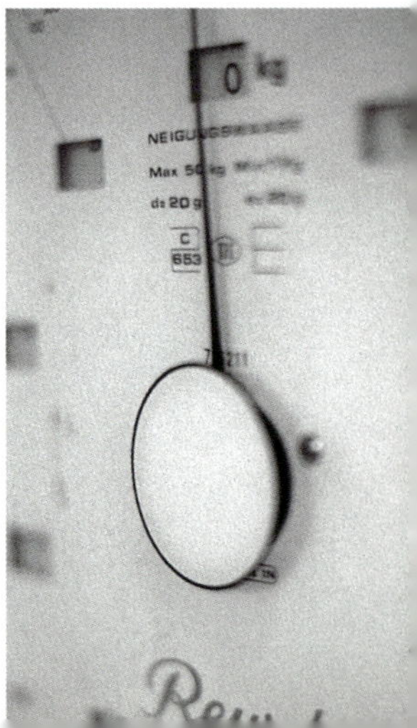

Ein Klecks saure Sahne gibt dem Chili-Eintopf das gewisse Etwas. Lässt sich super für Partys, auch in größeren Mengen, vorbereiten.

Schnelles Chili con Carne

Für 4 Personen (Bild links oben)
***Zubereitungszeit:** 25 Minuten*

ZUTATEN:
1 Zwiebel
1 Essl. Pflanzenöl
300 g Hackfleisch
Salz, Pfeffer
800 g gegarte rote Bohnen (aus der Dose, mit Flüssigkeit gewogen)
400 g geschälte Tomaten (aus der Dose, mit Flüssigkeit gewogen)
750 ml Rinderbrühe (frisch oder fertig)
1 Essl. Chilipulver
100 g saure Sahne

1 Zwiebel schälen und hacken. Öl in einer Pfanne erhitzen, Zwiebel darin kurz andünsten, Hackfleisch dazugeben und in 5–8 Minuten krümelig braten. Mit Salz und Pfeffer würzen.

2 Bohnen aus der Dose mit der Flüssigkeit in einen großen Topf geben, geschälte Tomaten dazugießen und im Topf mit zwei Gabeln zerpflücken. Die Brühe dazugießen und aufkochen. Das Hackfleisch dazugeben und alles mit Chilipulver würzen. Nochmals mit Salz und Pfeffer abschmecken.

3 Chili con Carne in Suppentassen oder -teller füllen und jeweils mit einem Klecks saurer Sahne servieren. Dazu schmeckt Baguette, Vollkornbrot oder auch mexikanische Tacochips.

***Getränk:** kalifornischer Zinfandel*

KÄFER-TIPP
Wer's feurig mag, gibt noch 1 frische Peperoni in den Eintopf (vorher waschen, halbieren, entkernen und in feine Scheibchen schneiden).
Und würziger wird's mit 1/2 Teelöffel gemahlenem Kreuzkümmel im Chili.
Es können auch angebratene Gemüsestücke mit in das Chili gegeben werden, beispielsweise Lauch oder Paprikaschote.
200 ml von der Brühe durch Rotwein ersetzt verfeinern das Gericht zusätzlich.

Schnelle Tomatensuppe mit Croûtons

Für 4 Personen (Bild ganz links unten)
***Zubereitungszeit:** 15 Minuten*

ZUTATEN:
800 g geschälte Tomaten (aus der Dose)
200 ml Gemüsebrühe (frisch oder fertig)
1 Teel. getrocknete Kräuter der Provence
Salz, Pfeffer
1 Prise Zucker
150 g süße Sahne
120 g Weißbrot
1/2 Essl. Butter

1 Tomaten in einen Topf geben, mit der Gabel zerdrücken, Brühe dazugießen und aufkochen. Alles durch ein Sieb streichen.

2 Mit Kräutern der Provence, Salz, Pfeffer und Zucker würzen. Die Sahne halbsteif schlagen, 2 Esslöffel davon beiseite stellen, den Rest unter die Tomatensuppe rühren.

3 Weißbrot entrinden und in Würfel schneiden. Butter in einer Pfanne erhitzen und die Weißbrotwürfel darin anrösten.

4 Tomatensuppe in Suppentassen oder -teller füllen und mit Weißbrotcroûtons und jeweils einem Klecks Sahne servieren.

***Getränk:** Dazu passt kein Wein.*

KÄFER-TIPP FÜR GÄSTE
Die Tomatensuppe mit einem Schuss Gin verfeinern.

Linsensuppe mit Tomaten und Balsamessig

Für 4 Personen (Bild links unten)
***Zubereitungszeit:** 20 Minuten*

ZUTATEN:
800 g gegarte Linsen (aus der Dose, mit Flüssigkeit gewogen)
1 l Gemüsebrühe (frisch oder fertig)
400 g geschälte Tomaten (aus der Dose, mit Flüssigkeit gewogen)
2 Möhren
1 Stange Staudensellerie
Salz, Pfeffer
1 Teel. getrocknete Kräuter der Provence
100 g Fusilli (Spiralnudeln)
2 Essl. Aceto balsamico

1 Linsen und Gemüsebrühe in einen großen Topf geben und erhitzen. Tomaten dazugeben und mit zwei Gabeln zerpflücken.

2 Möhren schälen und in feine Scheiben schneiden. Staudensellerie waschen, putzen, in Halbringe schneiden und beides zu den Linsen geben.

3 Alles mit Salz, Pfeffer und Kräutern der Provence würzen, Nudeln dazugeben und die Suppe bei mittlerer Hitze etwa 10 Minuten kochen, bis die Nudeln und das Gemüse bissfest sind.

4 Die Linsensuppe mit Aceto balsamico würzen und in vier Teller oder Suppentassen verteilen.

***Getränk:** italienischer Trebbiano oder Bianco di Custoza oder Bier*

KÄFER-TIPP
Schmeckt auch gut mit klein geschnittenen Wiener Würstchen.

Chinesischer Hühnertopf

Für 4 Personen
***Zubereitungszeit:** 15 Minuten*

ZUTATEN:
10 g getrocknete Mu-Err-Pilze
20 g Glasnudeln
1 l Rinderbrühe (frisch oder fertig)
100 g Sojabohnensprossen (aus dem Glas)
800 g Hähnchenbrust
250 g vorbereitetes Suppengemüse (tiefgekühlt)
1–2 Teel. Dajong-Chinagewürz (s. Käfer-Tipp auf Seite 42)
1 1/2 Teel. gemahlener Kreuzkümmel
2 Essl. Sojasauce
Salz

Pilze in kaltem Wasser etwa 10 Minuten einweichen. Die Glasnudeln in kaltem Wasser etwa 5 Minuten einweichen, herausnehmen und mit der Küchenschere klein schneiden.

Rinderbrühe in einem großen Topf zum Kochen bringen. Mu-Err-Pilze abtropfen lassen und klein schneiden. Sojabohnensprossen ebenfalls abtropfen lassen.

Die Hähnchenbrust in 2 cm lange Streifen schneiden; mit Pilzen, Suppengemüse, Sojabohnenprossen und Glasnudeln in die Brühe geben, mit Dajong-Gewürz, Kreuzkümmel, Sojasauce und Salz würzen, etwa 2 Minuten kochen, dann die Temperatur reduzieren und den Eintopf bei schwacher Hitze etwa 5–10 Minuten weiterkochen.

***Getränk:** halbtrockener reifer Riesling*

Saté-Spießchen mit Erdnusssauce

Für 4 Personen
***Zubereitungszeit:** 20 Minuten (plus 20 Minuten marinieren)*

ZUTATEN:
600 g Putenbrust
4 Essl. Zucker
2 Teel. Dajong-Chinagewürz (s. Käfer-Tipp auf Seite 42)
10 Essl. Sojasauce
2 Essl. Erdnussbutter
200 g Erdnüsse
100 ml Kokosmilch
2 Teel. Chilipaste
1/2 Teel. Korianderpulver
4 Essl. Pflanzenöl
8 lange Holzspieße

Putenbrust in lange Streifen schneiden und wellenförmig auf die Spieße stecken.

In einem tiefen Teller Zucker mit Dajong-Gewürz und Sojasauce verrühren und Spieße darin etwa 20 Minuten marinieren (ziehen lassen).

Inzwischen Erdnussbutter in einem kleinen Topf erhitzen, die Erdnüsse darin anbraten, Kokosmilch und 200 ml Wasser dazugießen und einmal kurz aufkochen. Mit Chilipaste und Koriander würzen, mit dem Pürierstab pürieren.

Das Öl in einer Pfanne erhitzen. Die Spieße aus der Marinade nehmen, abtropfen lassen, abtupfen und im Öl kurz von allen Seiten bei starker Hitze braten (Achtung: spritzt sehr!). Mit der Erdnusssauce servieren.

***Getränk:** Elsässer Gewürztraminer*

Taco-Shells mit Avocado und Mais

Für 4 Personen
***Zubereitungszeit:** 15 Minuten*

ZUTATEN:
2 Avocados
200 g Doppelrahm-Frischkäse
2–3 Essl. Zitronensaft
300 g Maiskörner (aus der Dose)
4 Eiertomaten (ersatzweise Strauch- oder Fleischtomaten)
Salz, Pfeffer
1 Spritzer Tabasco
12 Taco-Shells (gibt's fertig zu kaufen)

1. Avocados halbieren, Kern entfernen, mit einem Esslöffel das Fleisch aus der Schale heben, klein schneiden. In einer Schüssel mit dem Frischkäse und dem Zitronensaft verrühren.

2. Die Tomaten waschen und in kleine Würfel schneiden. Mais abtropfen lassen. Mit den Tomatenwürfeln unter die Frischkäsemischung rühren. Mit Salz, Pfeffer und Tabasco würzen.

3. Die Mischung in die Taco-Shells füllen und diese sofort servieren.

***Getränk:** mexikanisches Bier (Corona)*

KÄFER-TIPP FÜR GÄSTE
Eignet sich prima für Partys. Die Füllung lässt sich gut vorbereiten – jedoch erst kurz vor dem Servieren in die Taco-Shells füllen, damit diese nicht zu schnell durchweichen.

Würzige Tintenfischringe

Für 4 Personen
***Zubereitungszeit:** 30 Minuten*

ZUTATEN:
2 Knoblauchzehen
1 Lorbeerblatt
Salz
500 g Tintenfischringe (tiefgekühlt)
200 g geschälte rote Paprikaschoten (aus dem Glas)
100 g schwarze Oliven
1 Bund Petersilie
Saft von 1 Zitrone
100 ml Olivenöl
Pfeffer

1. 1 Knoblauchzehe schälen und längs halbieren. Zusammen mit dem Lorbeerblatt in einen Topf mit reichlich kochendem Salzwasser geben. Tintenfischringe dazugeben und alles zugedeckt etwa 15 Minuten bei schwacher Hitze kochen, in einem Sieb abtropfen lassen.

2. Paprikaschoten in einem Sieb abtropfen lassen, in feine Streifen schneiden. Oliven halbieren, entkernen und mit den Paprikaschoten in eine Schüssel geben. Die restliche Knoblauchzehe schälen und dazupressen. Die Tintenfischringe untermischen.

3. Die Petersilie waschen, ohne grobe Stiele fein hacken; über die Tintenfischringe streuen. In einem Schüsselchen Zitronensaft mit Olivenöl, Salz und Pfeffer verrühren und über die Tintenfischringe gießen.

4. Die Tintenfischringe vor dem Servieren einige Minuten durchziehen lassen. Dazu schmeckt Baguette.

***Getränk:** Roséwein aus Südfrankreich, z. B. Tavel*

Überbackene Rösti mit Egerlingen

Für 4 Personen
***Zubereitungszeit:** 20 Minuten*
(plus 30 Minuten backen)

Käfer-Tipp
Wer's noch herzhafter mag, nimmt statt Emmentaler Bergkäse oder Appenzeller. Noch schneller geht's mit tiefgekühlten bereits vorgeformten Rösti. Schmeckt auch gut mit Kartoffelpuffern (aus der Packung). Zu Rösti passt auch Räucherlachs und Meerrettichsahne (gibt's fertig zu kaufen) sehr gut.

Zutaten:
800 g Teig für Rösti (gibt's im Kühlregal fertig zu kaufen)
4 Eier
Salz, Pfeffer
Muskatnuss, frisch gerieben
4 Essl. Butterschmalz
1 Essl. Pflanzenöl
200 g Egerlinge (ersatzweise Champignons)
2 Frühlingszwiebeln
1 Essl. Butter
4 Essl. geriebener Emmentaler

1 Röstiteig in eine Schüssel füllen und mit den Eiern verkneten. Mit Salz, Pfeffer und Muskatnuss würzen. 1 Esslöffel Butterschmalz in einer beschichteten Pfanne erhitzen. Röstimasse in vier Teile teilen: einen Teil davon in das heiße Fett geben, etwas flach drücken und etwa 3 Minuten bei starker Hitze braten, dann wenden und von der anderen Seite goldbraun braten. Auf diese Weise vier gleich große Rösti backen (Stepfoto 1).

2 Ein Backblech mit Öl ausfetten und die Rösti darauf legen. Backofen auf 200° vorheizen. Pilze mit Küchenpapier sauber reiben, putzen und in feine Scheibchen schneiden. Frühlingszwiebeln waschen, putzen und in feine Röllchen schneiden (Stepfoto 2).

3 Butter in einer Pfanne erhitzen, Frühlingszwiebeln und Pilze kurz darin andünsten, salzen und pfeffern.

4 Jeweils etwas von der Pilzmischung in die Mitte einer Rösti geben und mit je 1 Esslöffel geriebenem Käse bestreuen (Stepfoto 3). Rösti im Ofen (Mitte) überbacken, bis der Käse goldgelb ist. Dazu schmeckt frischer Blattsalat.

***Getränk:** Dôle blanche du Valais aus der Schweiz*

Rösti aus der Packung mit frischen Pilzen und Käse überbacken kommen ganz ohne Fleisch aus.

Gnocchi mit Gorgonzolasauce

Für 4 Personen (Bild unten)
Zubereitungszeit: *15 Minuten*

ZUTATEN:
500 g Gnocchi (fertig im Kühlregal)
Salz, Pfeffer
250 g Gorgonzola
150 ml Milch
100 g süße Sahne
1/2 Bund Petersilie

1 Gnocchi in reichlich kochendem Salzwasser nach Packungsanweisung bissfest kochen, in ein Sieb schütten und abtropfen lassen.

2 Für die Sauce den Gorgonzola entrinden und in Würfel schneiden. Käse in einen Topf geben, Milch und Sahne dazugießen und unter Rühren köcheln, bis der Käse geschmolzen ist. Mit Pfeffer abschmecken.

3 Die Petersilie waschen und ohne die groben Stiele klein schneiden. Die Gnocchi auf vier Teller verteilen, mit der Sauce übergießen und mit Petersilie bestreut servieren.

Getränk: *frischer Sauvignon Blanc aus dem Friaul*

KÄFER-TIPP
Gnocchi mit Rucola-Pesto (Seite 175) kalt als Salat zubereiten. Lecker auch einfach mit klein geschnittenen getrockneten, eingelegten Tomaten, frischem Basilikum und einer Essig-Öl-Vinaigrette (Seite 12).

Käsespätzle

Für 4 Personen (Bild oben)
Zubereitungszeit: *10 Minuten (plus 10 Minuten backen)*

ZUTATEN:
600 g Spätzle (gibt's im Kühlregal fertig zu kaufen)
Salz
200 g süße Sahne
200 g geriebener Emmentaler
Pfeffer
Muskatnuss, frisch gerieben
4 Essl. Röstzwiebeln (gibt's fertig zu kaufen)

1 Spätzle in Salzwasser nach Packungsanweisung bissfest kochen, abgießen, abtropfen lassen, in eine Auflaufform füllen. Backofen auf 200° vorheizen.

2 Sahne in einer Schüssel mit dem geriebenen Käse verrühren, mit Pfeffer und Muskatnuss würzen.

3 Sahne-Käse-Mischung über die Spätzle gießen und die Spätzle im Backofen (Mitte) etwa 10 Minuten goldbraun überbacken. Auf Teller verteilen, mit je 1 Esslöffel Röstzwiebeln servieren. Dazu passt ein frischer Blattsalat.

Getränk: *Fendant aus der Schweiz oder badischer Gutedel*

KÄFER-TIPP
Spätzle mit Pilzen 250 g Egerlinge in Scheiben in Öl mit je 1 gehackten Knoblauchzehe und Zwiebel andünsten. Sahne nach und nach dazugießen, mit Salz und Pfeffer würzen. Die Pilze auf den fertigen Spätzle verteilen, mit gehackter Petersilie bestreut servieren.

Hier kommen Nudeln mal in einer etwas eigenwilligeren Variante daher, nämlich süß und mit Nüssen! Ausprobieren!

Süßer Nudelauflauf mit Nüssen

Für 4 Personen (Bild links oben)
***Zubereitungszeit:** 25 Minuten*
(plus 15 Minuten backen)

ZUTATEN:
150 g Spiralnudeln
1 Essl. Butter
1 Brötchen
100 g gehackte Haselnüsse
350 g Sauerkirschen (aus dem Glas; Abtropfgewicht)
200 g süße Sahne
2 Essl. Zucker
150 g Nussnougat
2 Eier
1 Essl. Puderzucker

1. Spiralnudeln in reichlich kochendem Wasser nach Packungsanweisung bissfest kochen. In ein Sieb abgießen und abtropfen lassen.
2. Eine feuerfeste Form mit Butter ausfetten, das Brötchen in dünne Scheiben schneiden und die Form damit auslegen. Haselnüsse in einer trockenen beschichteten Pfanne kurz anrösten. Die Kirschen in einem Sieb abtropfen lassen. Nudeln in der Form verteilen, Nüsse untermischen, Kirschen dazugeben.
3. Backofen auf 200° vorheizen. In einem Topf Sahne mit Zucker erwärmen, Nougat hineingeben und darin auflösen. Die Eier unterrühren und alles über die Nudeln in der Form gießen.
4. Den Nudelauflauf im Backofen (Mitte) etwa 15 Minuten überbacken, herausnehmen und mit Puderzucker bestäubt servieren.

Getränk:
halbtrockener Sekt oder Asti Spumante

KÄFER-TIPP
Superlecker dazu ist Schokosauce: 250 g süße Sahne mit 1/4 l Milch aufkochen, 125 g zerbröckelte Bitterschokolade hineinrühren und mit 2 Esslöffeln Rum verfeinern.

Rote Grütze mit Sahne

Für 4 Personen (Bild ganz links)
***Zubereitungszeit:** 20 Minuten*

ZUTATEN:
200 g Himbeeren (tiefgekühlt)
200 Erdbeeren (tiefgekühlt)
2 Essl. Zucker
1 Gewürznelke
1 Messerspitze Zimt
1 Essl. Speisestärke
einige Blättchen frische Zitronenmelisse
250 g süße Sahne

1. Beeren in einen Topf geben und darin unter Rühren in 5 Minuten auftauen; erhitzen, bis sie beginnen, musig zu werden. Eventuell etwas Wasser dazugeben. Zucker, Nelke und Zimt unterrühren.
2. Stärke mit 1–2 Esslöffeln Wasser verrühren, unter die Beeren mischen. Unter Rühren aufkochen lassen, dann vom Herd nehmen und abkühlen lassen. Nelke aus dem Topf nehmen.
3. Zitronenmelisse waschen. Rote Grütze in Dessergläser füllen und mit Zitronenmelisseblättchen garnieren.

Etwas abkühlen lassen. Sahne in einem Krug dazureichen.

Getränk:
Moscato d'Asti

KÄFER-TIPP
Wenn's noch schneller gehen muss: Rote Grütze gibt's fertig in Gläsern zu kaufen. Schmeckt auch gut mit Vanilleeis oder Vanillesauce, oder einfach mit geschlagener und mit Vanille aromatisierter Sahne.

Früchtepizza

Für 4 Personen (Bild links unten)
***Zubereitungszeit:** 20 Minuten*
(plus 10–15 Minuten backen)

ZUTATEN:
3 Essl. Pflanzenöl
350 g aufgetauter tiefgekühlter Hefeteig (gibt's fertig zu kaufen)
2 Äpfel
2 Bananen
3 Kiwis
5 EL Orangensaft oder Orangensaft mit Orangenlikör gemischt
200 g Schoko-Nuss-Aufstrich
200 g Vanilleeis

1. Backofen auf 200° vorheizen. Backblech mit Öl ausfetten. Hefeteigplatten nebeneinander auf das Blech legen. Im Backofen (Mitte) etwa 10 Minuten backen.
2. Äpfel schälen, vierteln, Kerngehäuse entfernen, dann Äpfel in dünne Scheiben schneiden. Bananen und Kiwis schälen und in Scheibchen schneiden.
3. Blech aus dem Ofen nehmen und Teig etwas abkühlen lassen. Mit Orangensaft(-likör) beträufeln, mit Schoko-Nuss-Aufstrich bestreichen und mit den Früchten belegen. Das Eis in kleinen Kugeln auf der Früchtepizza verteilen.

***Getränk:** Muscat de Beaumes de Venise oder ein anderer natürlicher Süßwein aus Südfrankreich*

KÄFER-TIPP
Schmeckt auch lecker mit anderen Obstsorten, beispielsweise frischen Beeren (Himbeeren, Brombeeren, Erdbeeren).

Bellini-Cocktail

Für 4 Personen (Bild unten)
***Zubereitungszeit:** 10 Minuten*

ZUTATEN:
4 reife Pfirsiche (ersatzweise aus der Dose) oder
12 reife Aprikosen
1 Essl. Pfirsichlikör
1 Essl. Zitronensaft
eisgekühlter Prosecco, trockener Sekt oder Champagner zum Aufgießen
4 Limettenscheiben

1. Die Pfirsiche dünn schälen, Aprikosen nur waschen. Das Fruchtfleisch in Spalten vom Kern schneiden bzw. das Aprikosenfruchtfleisch grob zerkleinern. Die Früchte mit Likör und Zitronensaft im Mixer pürieren.

2. Das Fruchtpüree auf vier Kelchgläser verteilen und mit Prosecco, Sekt oder Champagner auffüllen. Mit je 1 Limettenscheibe dekoriert servieren.

KÄFER-TIPP FÜR GÄSTE
Das Fruchtpüree in größeren Mengen zubereiten und portionsweise einfrieren.

Bananen-Milch-Shake

Für 4 Personen (Bild oben)
***Zubereitungszeit:** 10 Minuten*

ZUTATEN:
2 große vollreife Bananen
1/2 l kalte Milch
1 Päckchen Vanillezucker
2 gestrichene Essl. Zucker
je 4 Orangenscheiben und Cocktailkirschen zum Garnieren
4 Cocktailspieße

1. Die Bananen schälen, grob zerkleinern und im Mixer mit der Hälfte der Milch etwa 15 Sekunden durchmixen.

2. Restliche Milch, Vanillezucker und Zucker dazugeben und alles nochmals 10 Sekunden mixen.

3. Den Shake auf vier Longdrinkgläser verteilen, auf jeden Spieß 1 Orangenscheibe und 1 Cocktailkirsche stecken, die Spieße über die Glasränder legen.

FOOD-LEXIKON VON A–Z

Das gesammelte Wissen des Käfer-Teams finden Sie hier im Food-Lexikon.

In diesem Nachschlageteil erfahren Sie alles über Produkte, Einkauf, Lagerung und Verwendung, was Sie schon immer wissen wollten.

Die passenden Rezepte stehen gleich dabei, und zwar jeweils mit dem Hinweis darauf, ob sie »einfach« (●), »noch einfacher« (●●) oder »supereinfach« (●●●) nachzukochen sind.

Jedes Produkt ist mit einem farbigen Balken unterlegt und einem bestimmten Kapitel im Rezeptteil zugeordnet, damit Sie dieses noch schneller finden können (alle Fische sind zum Beispiel blau und gehören zum Kapitel »Fisch- und Meeresfrüchte« mit der Grundfarbe blau).

Außerdem gibt's zu vielen Produkten Minirezepte für die besonders schnelle und simple Zubereitung.

Lassen Sie sich informieren und inspirieren!

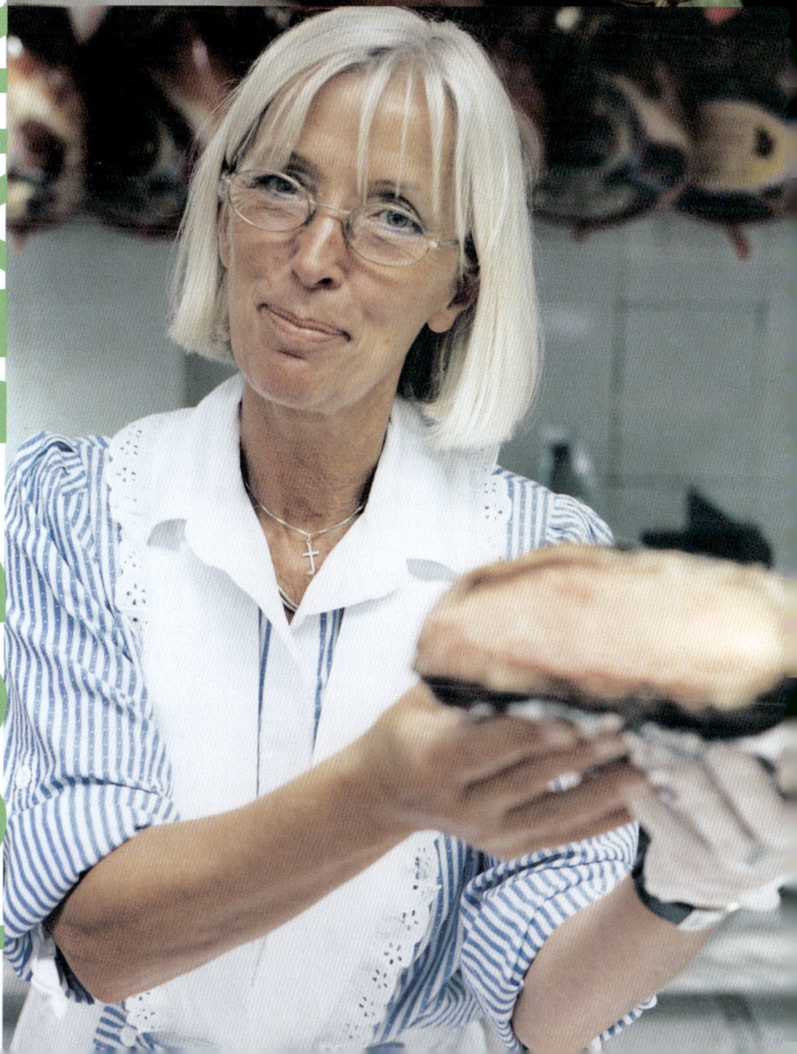

A

Aal

Aale sind schlangenförmige schuppenlose Fische mit festem, weißem Fleisch. Es gibt v. a. junge (Fluss-)Aale, aber auch die viel größeren und älteren Meeraale zu kaufen. Das Fleisch von Meeraalen ist allerdings weniger geschätzt. Aal ist recht fett und schwer verdaulich. Deshalb vor der Zubereitung häuten.
Einkauf: lebend frisch und geräuchert.
Schmeckt gegrillt und gebraten, als Pastete oder Aspik, in Suppen und Ragouts.
Rezept: ●●● *Aal-Salbei-Spieße vom Grill (S. 73)*

Aceto balsamico

Der dunkle milde, intensiv duftende Essig kommt aus Norditalien. Er entsteht aus eingekochtem Traubensaft. Echter Aceto balsamico reift traditionell mindestens sieben Jahre in Holzfässern.
Einkauf: Es gibt viele preiswerte Imitate, die aber nicht so lang gereift und qualitätsmäßig nicht mit dem Originalprodukt vergleichbar sind.
Kühl und dunkel aufbewahren.
Für Salate, Carpaccio oder z. B. Erdbeeren mit Aceto balsamico.
Rezepte: ●●● *Gebackener Mini-Mozzarella auf Tomatencarpaccio (S. 66)* ●● *Linsensuppe mit Tomaten und Balsamessig (S. 183)*

Aivar

Ein köstlicher Brotaufstrich, den man fertig kaufen kann: klein geschnittene Paprikaschoten, die in Öl gedünstet, dann püriert und nochmals gedünstet werden, bis der Paprikasaft fast ganz eingekocht ist.
Einkauf: in Supermärkten in Gläsern.
Geöffnet im Kühlschrank einige Wochen haltbar.
Aivar eignet sich auch hervorragend für schnelle Vorspeisen.
Minirezept: *Baguette oder → Ciabatta-Brot in Scheiben im Backofen anrösten und mit Aivar bestreichen.*

Ananas

In tropischen Ländern unreif geerntet, reifen die bis zu 4 kg schweren Früchte auf dem Transport nach, bevor sie bei uns auf den Markt kommen.
Einkauf: das ganze Jahr über erhältlich. Reife Ananas erkennt man am intensiven Duft, auf Druck gibt die Schale leicht nach. Über 5° lagern.
Achtung: Wegen des in der Frucht enthaltenen Enzyms Bromelain schmecken Milchprodukte mit frischer Ananas bitter, und Gelatine wird nicht fest.

A

Anis

Gewürzpflanze, die im trockenen südlichen Klima wächst. Gehört zu den ältesten Gewürzen der Welt. In der Küche werden Blätter, Samen und ätherisches Öl verwendet. Anis hat einen süßlicharomatischen Geschmack.
Einkauf: Anis gibt's als ganzes Korn, gemahlen, als Anisöl und Anisessenz.
Zum Würzen von Gemüse (z. B. Rotkohl), Saucen, Brot, Kuchen und Aufläufen. Super im Pflaumenkompott.
Minirezept: *4 Eier, 100 g Zucker, 100 g Mehl verrühren und runde Plätzchen formen, mit 2 Essl. Anissamen bestreuen und 8 Minuten bei 180° backen.*

Apfel

Es gibt unzählige Sorten, kommerziell angebaut werden jedoch nur knapp 100 und im überregionalen Handel sind kaum mehr als 20 Sorten. Auf der Hitliste stehen Jonagold, Elstar, Cox Orange, Golden Delicious und der zum Kochen geeignete Boskop.
Einkauf: Saison hier zu Lande ist von Juli bis Oktober; feste Früchte ohne Druckstellen auswählen. Es lohnt sich, unbehandelte Äpfel zu kaufen, da die meisten Vitamine direkt unter der Schale sitzen.
Rezepte: ●●● *Feldsalat mit Apfel und Pinienkernen (S. 20)* ●●● *Selleriesalat mit Äpfeln (S. 45)* ●●● *Bratäpfel mit Marsala (S. 155)*

Aprikose

Die feinsäuerliche Steinfrucht (in Österreich heißt sie Marille) gedeiht überall, wo viel Sonne scheint. Saison hier zu Lande ist im Juli/ August, dann schmeckt sie am besten und ist am preiswertesten.
Einkauf: von Mai bis September im Handel. Aprikosen sollten eine glatte samtige Haut ohne Grünstich haben und auf leichten Druck nachgeben.
Bald essen, weil Aprikosen nicht lange halten.
Köstlich für süße Aufläufe, Desserts oder zum Verfeinern von pikanten Gerichten.
Rezepte: ●● *Aprikosenauflauf (S. 155)* ●●● *Bellini-Cocktail (S. 190)*

Arborioreis

Rundkornreissorte mit besonders großen Körnern. Enthält mehr Stärke als Lang- oder Mittelkornreis, wird daher beim Kochen weich und klebrig. Arborioreis ist der beliebteste italienische Risottoreis. Ein »Verwandter« von Arborioreis ist der Avorio mit etwas kleineren Körnern. Beide Reissorten enthalten durch das »Parboiling-Verfahren« noch viele wertvolle Inhaltsstoffe.
Einkauf: in fast allen Lebensmittelgeschäften.
Gut für Risotto und Reispudding.
Rezept: ●● *Risotto mit Venusmuscheln (S. 129)*

● *einfach* | ●● *noch einfacher* | ●●● *supereinfach*

A

Artischocke

Blütenstand einer Distelart, die im warmen Klima wächst.
Einkauf: Artischocken haben von März bis Mai und von August bis Oktober Saison. Auf saftig grüne Blätter und geschlossene Köpfe achten. Artischockenböden gibt's in Gläsern oder Dosen. Lecker sind gekochte Artischocken mit Dip, Artischockenböden gefüllt oder in Salaten.
Rezepte: ●● *Artischocken auf provenzalische Art (S. 34)* ● *Artischockenböden im Strudelteig (S. 34)* ●●● *Jakobsmuscheln mit Artischockenstreifen (S. 75)* ● *Seezungenstreifen mit Artischocken (S. 87)*

Aubergine

Die Aubergine wird in warmen Gegenden angebaut. Sie hat ein zartschmelzendes Fleisch und ist nur gegart oder eingelegt essbar.
Einkauf: das ganze Jahr über, Hauptsaison ist von Juni bis November; sollte eine glänzende Schale ohne Druckstellen haben. Auberginen halten sich bei Zimmertemperatur wenige Tage. Immer gut würzen (Zitrone, Pfeffer, Knoblauch, Kräuter) da sie wenig Eigengeschmack haben.
Rezepte: ●● *Auberginenpüree (S. 36)* ●● *Paprika-Auberginen-Gemüse mit Gorgonzola (S. 42)* ●●● *Penne mit Steinpilzen und Auberginen (S. 143)*

Auster

Austern werden in warmen Küstengebieten gezüchtet, und zwar (sehr arbeitsintensiv) in künstlich angelegten »Bänken«.
Einkauf: verschiedene Sorten lebendfrisch an der Fischtheke großer Supermärkte und in Feinkostgeschäften; Saison ist von Oktober bis April.
Roh schmecken Austern nur lebend (sie sollten fest geschlossen sein und einen frischen Meeresgeruch haben), am besten mit Zitrone. Fein aber auch gekocht oder gratiniert.
Rezept: ●● *Überbackene Austern (S. 73)*

Austernpilze

Werden auf präparierten Strohballen gezüchtet. Es gibt den cremefarbenen bis bräunlichen »Sommertyp« und den blaugrauen bis violetten »Wintertyp«.
Einkauf: das ganze Jahr über frisch beim Gemüsehändler oder in Feinkostläden. Pilze sollten ohne feuchte Stellen und die Hüte nicht eingerissen sein.
Im Gemüsefach des Kühlschranks 3 Tage haltbar.
Rezepte: ●● *Eichblattsalat mit Austernpilzen und Speckvinaigrette (S. 18)* ●● *Gebackene Austernpilze mit Zitronen-Kräuter-Dip (S. 39)* ●● *Graupenrisotto mit Austernpilzen (S. 129)*

B

Avocado

Je nach Sorte ist die Schale hellgrün bis braun, glatt bis genarbt. Enthält viele Mineralstoffe und Vitamine.
Einkauf: das ganze Jahr über erhältlich. Harte Früchte reifen in Zeitungspapier gewickelt nach. Schmecken pur mit Zitrone, Salz und Pfeffer, im Salat oder püriert als Dip.
Achtung: Avocadofleisch immer sofort mit Zitronensaft beträufeln oder verrühren.
Rezepte: ●●● *Avocado-Shrimps-Cocktail (S. 14)* ● *Avocado mit Jacobsmuscheln (S. 14)* ● *Hosomaki-Sushi mit Avocado (S. 126)* ●● *Taco-Shells mit Avocado und Mais (S. 185)*

Baguette

Das Wort ist französisch und heißt »Stäbchen«, und so sieht das beliebte Weißbrot auch aus. Baguette ist lang, hell, innen weich und außen knusprig.
In Frankreich darf es bei keinem Essen fehlen und wird dort von Hand gebrochen.
Baguette passt auch sehr gut zu Salaten und Vorspeisen, Suppen und Eintöpfen. Es lässt sich auch gut füllen (z. B. mit gewürztem Frischkäse), dann in Scheiben schneiden und als Snack reichen oder aufs Partybüfett stellen.
Rezepte: ●●● *Friséesalat mit gratiniertem Ziegenkäse (S. 21)* ●●● *Rucola-Pesto auf Baguette (S. 175)*

Bambussprossen

Schösslinge einer Bambusart aus dem tropischen Ostasien. Heute in China, Taiwan und Japan kultiviert. Ernte ist zwei Mal im Jahr: Frühlingssprossen sind etwas größer, Wintersprossen sind kleiner und zarter.
Einkauf: Gibt's vorwiegend in Dosen, frische Bambussprossen im Asienladen.
Achtung: Nicht roh essen, sondern wie Kohlrabi schälen und wie Spargel kochen!
Rezept: ●● *Gemüse und Pilze mit Tofu (S. 42)*

Banane

Meistgegessene Obstart der Welt; liefert viel Energie, Mineralien und Vitamine. Sollte nie mit anderem Obst zusammen liegen, da die Banane das »Reifegas« Äthylen ausströmt, das andere Früchte im Nu überreif werden lässt.
Einkauf: Hellgelbe Früchte nehmen, die zu Hause gut nachreifen können.
Bananen mit braunen Pünktchen schmecken besonders süß, sollten aber bald verbraucht werden.
Rezepte: ●●● *Flambierte Bananen(S. 157)* ●●● *Obstsalat mit Mascarponecreme (S. 160)* ●● *Früchtepizza (S. 189)* ●●● *Bananen-Milch-Shake (S. 190)*

B

Basilikum

Mediterranes Würzkraut, das im Sommer auch hier zu Lande im Freien gezogen werden kann.
Einkauf: frisch geschnitten und im Topf sowie getrocknet und gerebelt oder als Pulver.
Basilikum im Topf hält sich ein paar Wochen auf der Fensterbank.
Klassische Zutat zu Tomaten mit Mozzarella und vielen anderen, v. a. italienischen Gerichten. Macht Fettes leichter verdaulich.
Rezepte: ●●● *Mangoldgemüse mit Basilikum (S. 41)* ●● *Riesengarnelen mit Basilikumbutter (S. 82)* ●● *Rotbarbenfilets mit Basilikum-Tomaten (S. 85)* ●● *Fleischtomaten mit Hüttenkäse und Basilikum (S. 176)*

Basmatireis

Ist eine der besten, aber auch teuersten polierten Langkornreissorten. Die schlanken langen Körner verbreiten beim Garen einen herrlichen Duft und schmecken sehr aromatisch. Basmatireis kommt aus Nordindien und wird dort besonders zu festlichen Gelegenheiten gekocht.
Einkauf: im Supermarkt und Asienladen.
Schmeckt toll mit asiatischen Gewürzen und als Beilage zu Lamm oder Geflügel.
ACHTUNG: Basmatireis bleibt sehr körnig und eignet sich deshalb nicht zum Essen mit Stäbchen!

Bataviasalat

Eine französische Züchtung aus einer Kreuzung von Kopfsalat und Eisbergsalat. Es gibt grünen und roten Batavia, der grüne ist nicht so lange haltbar.
Einkauf: Nur frische Salatköpfe mit hellem, feuchtem Strunk kaufen.
Im Gemüsefach des Kühlschranks im Plastikbeutel hält sich Bataviasalat 2–3 Tage.
Schmeckt lecker pur mit Essig-Öl-Vinaigrette oder gemischt mit anderen Blattsalaten.
Rezept: ●● *Batavia-Fisch-Röllchen (S. 15)*

Birne

Wie beim Apfel gibt es unzählige Sorten, von denen nur ein Bruchteil überregional im Handel ist. Birnen schmecken mild-süß, denn sie haben nur wenig Säure. Sie enthalten viele Vitamine und Mineralien, v. a. Kalium.
Einkauf: Als Tafelbirnen beliebt sind Williams Christ, Gellerts Butterbirne oder Alexander Lucas. Zu den Kochbirnen gehört z. B. die Sorte Kaiser Alexander.
Weiche Birnen bald essen, sie faulen schnell.
Lecker pur als Dessert oder zu Käse; pochiert fein zu Ente.
Rezept: ●● *Birnen-Quitten-Schaum (S. 157)*

B

Blätterteig

Mehrfach gekneteter und wieder ausgerollter Teig aus Mehl, Wasser, Salz und Butter. Das Selbstmachen ist etwas aufwändig.
Einkauf: Blätterteig gibt's tiefgekühlt in jedem Lebensmittelgeschäft.
Tiefgekühlter Blätterteig muss nur kurz aufgetaut und ausgerollt werden. Dann eignet er sich hervorragend für schnelles salziges Gebäck oder als Grundlage für pikante Kuchen.
Rezepte: ● *Schweinefilet in Blätterteig (S. 107)* ●● *Blätterteigquiche mit Schinken (S. 180)* ●● *Blätterteigquiche mit Gemüse (S. 180)* ●● *Blätterteigquiche mit Spinat (S. 180)*

Blumenkohl

Wächst bei uns von Mai bis Oktober, ist jedoch das ganze Jahr im Handel. Enthält viel Kalium und ist leicht verdaulich.
Einkauf: Aus Italien, Frankreich und den Niederlanden kommt außerdem der Romanesco (oder Türmchenkohl).
Blumenkohl hält sich im Kühlschrank 3–4 Tage.
Vielseitig verwendbar: gratiniert oder frittiert, oder klassisch gekocht mit in Butter angerösteten Semmelbröseln.
Rezept: ●● *Penne mit Blumenkohl und Pinienkernen (S. 143)*

Bohnen

Dicke Bohnen gibt's von Januar bis September frisch, ansonsten tiefgekühlt oder in Konserven.
Grüne Bohnen kann man ebenfalls frisch (Juni bis Oktober), in Dosen oder tiefgekühlt kaufen.
Getrocknete Bohnen sind sehr praktisch für den Vorrat, die wichtigsten Sorten sind Weiße Bohne, Borlottibohne, Kidneybohne, Feuerbohne (für Chili con Carne), schwarze Bohne. Vor der Verwendung muss man sie ca. 12 Stunden in Wasser einweichen.
Rezepte: ●● *Minestrone (S. 41)* ●● *Schnelles Chili con carne (S. 183)*

Bohnenkraut

Besonders würzig ist es kurz vor der Blüte im Juni frisch geschnitten. Ansonsten verwendet man das ähnlich wie Thymian, jedoch etwas bitterer schmeckende Kraut getrocknet und gerebelt, so hält es sich in geschlossenen Gläsern monatelang.
Bohnenkraut lässt sich auch leicht als Zimmerpflanze bzw. auf dem Balkon oder im Garten ziehen.
Bohnenkraut eignet sich zum Würzen von grünen Bohnen und anderem herzhaftem Gemüse, für Suppen, Eintöpfe und Füllungen.

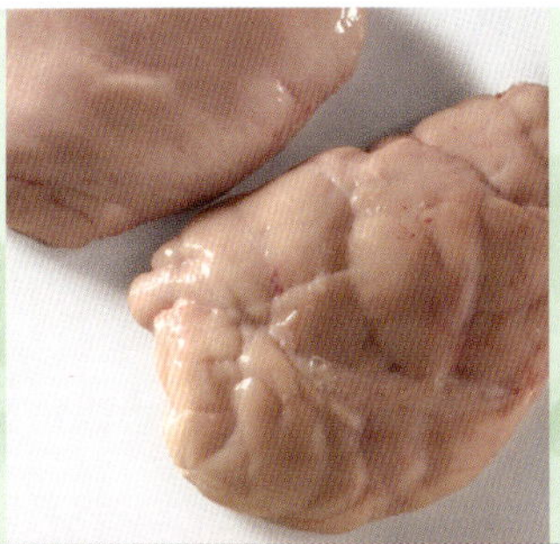

Bries

Bries heißen die Thymusdrüsen junger Kälber und Lämmer. Bries besteht aus einem runden Teil, der so genannten Nuss, und einem weniger kompakten länglichen Fortsatz.
Einkauf: In der Regel wird Bries vom Kalb angeboten. Auf kompakte Struktur und helle Farbe ohne dunkle Verfärbungen achten.
Achtung: Damit es schön weiß wird, das Bries vor dem Garen wässern.
Bries schmeckt paniert und frittiert, dazu passt sehr gut Tomaten- oder Tatarensauce.
Rezept: ●● *Kopfsalatherz mit gebackenem Bries (S. 25)*

Broccoli

Der Verwandte des Blumenkohl hat mehrere einzelne verdickte Blütenstände. Es gibt auch weiße und violette Sorten. Broccoli enthält viel Kalzium, Vitamin A und C.
Einkauf: das ganze Jahr im Handel, frisch aus Deutschland von August bis Oktober. Er sollte dicht und dunkelgrün sein, auf keinen Fall blühen.
Broccoli schnell verwenden, er welkt rasch!
Köstlich mit Pilzen oder Möhren oder pur mit Butterbröseln.
Rezepte: ● *Gemüsespieße im Backteig (S. 39)* ●●● *Thai-Gemüse mit roten Linsen (S. 43)*

Brombeere

Einkauf: Erntezeit ist ab Juli, spätere Brombeeren sind aber oft reifer und aromatischer. Bis in den Oktober im Handel.
Am besten sofort essen bzw. verarbeiten, denn sie faulen wie alle Beerenfrüchte schnell. Brombeeren gewinnen durch das Kochen an Aroma und werden weicher. Vollreife Brombeeren schmecken herrlich pur mit Sahne oder auf dem Kuchen, als Marmelade und Gelee.
Minirezept: 250 g gewaschene Brombeeren mit 250 g Sahnequark, 50 g Sahne und 1–2 Essl. Zucker verrühren. Mit Mandelblättchen bestreuen!

Brot

Es gibt unzählige Brotsorten und jeder Bäcker hat seine speziellen Rezepte. Zu den beliebten aus Hefeteig hergestellten Weißbroten wie → Ciabatta, Toskana-Brot, → Baguette oder hellem Toast sind Sauerteigbrote wie Körner-Mischbrote, Vollkornbrote und kräftiges Schwarzbrot eine gesunde und köstliche Alternative, passend zu Räucherfisch, Käse oder kaltem Fleisch.
Rezepte: ●●● *Fladenbrot mit Parmaschinken und Rucola (S. 179)* ●●● *Schnelle Tomatensuppe mit Croûtons (S. 183)*

Brühe

Kann man in verschiedenen Varianten (Hühner-, Fleisch-, Gemüsebrühe) selbst kochen oder fertig kaufen. Praktisch sind gekörnte Brühen aus dem Glas oder Brühwürfel als Grundlage für Suppen, Saucen und Eintöpfe. Gekörnte Brühe ist gut zum Würzen von Gemüse- und Fleischgerichten.
Rezepte: ●● *Minestrone (S. 41)* ●● *Irish Stew (S. 98)* ●● *Risotto mit Venusmuscheln (S. 129)* ●● *Graupenrisotto mit Austernpilzen (S. 129)* ●● *Schnelles Chili con carne (S. 183)* ●● *Chinesischer Hühnertopf (S. 184)*

Brunnenkresse

Das berühmteste Anbaugebiet der pikant-würzigen, fast senfähnlich schmeckenden Brunnenkresse liegt seit Jahrhunderten in Dreienbrunnen, einem Ort in Thüringen nahe Erfurt. Ernte ist mehrmals im Jahr jeweils vor der Blüte.
Einkauf: Frische Brunnenkresse ist von März bis September zu bekommen. Sie sollte im Handel im Wasser stehen.
Kühl und feucht aufbewahren und schnell verbrauchen.
Schmeckt klein gehackt auf Brot, im Salat oder in Suppen.
Rezept: ●●● *Chicoreesalat mit Roquefort (S. 17)*

Buchweizen

Ist keine Getreidepflanze, sondern ein Knöterichgewächs, dessen Samen jedoch wie Getreide verwendet werden. Buchweizen schmeckt mild-nussig.
Einkauf: als ganze Körner, Flocken, Grütze oder Mehl.
Für Aufläufe, Klöße, im Müsli. Aus dem Mehl kann man herzhafte Pfannkuchen backen. Geröstet und in Wasser gekocht schmeckt Buchweizen gut als Beilage.
Minirezept: Je 100 g gemahlenen Weizen und Mohn, 150 g Buchweizengrütze, je 100 g Sahne, Milch, Zucker, 1 Prise Salz verrühren, 30 Minuten quellen lassen. Kleine Laibe formen, in Butter braten.

B

Bulgur

Heißt auch Hartweizengrütze und entsteht, indem man Weizenkörner kocht, trocknet, von der Schale befreit und schrotet. Bulgur enthält noch viele Ballaststoffe, Mineralien und Vitamine des ganzen Korns und hat einen intensiven nussartigen Geschmack.
Einkauf: in Reformhäusern, Bioläden, Feinkostläden.
Achtung: Bulgur muss vor der Verwendung ca. 1 Stunde in Wasser quellen.
Minirezept: 450 ml Gemüsebrühe aufkochen, 300 g Bulgur darin 30 Minuten zugedeckt quellen lassen. Gehackte Kräuter, Olivenöl, Salz, Pfeffer, Zitronensaft untermischen.

Camembert

Der echte aus der Normandie hat 45 % Fett, der deutsche hat zwischen 30 und 60 % und schmeckt milder. Besonders mild ist junger Camembert, würzig ist älterer, sehr weicher Käse.
Einkauf: Das Original gibt's in guten Käsegeschäften, fast überall erhältlich sind die vielen französischen und deutschen Camembert-Varianten.
Ca. 2 Stunden vor dem Essen aus dem Kühlschrank nehmen, dann entfaltet sich das Aroma perfekt. Schmeckt toll auf Käseplatten und zu Wein, aber auch paniert und gebacken mit Preiselbeeren.

Cannelloni

Extra große hohle Nudeln, die sich hervorragend zum Füllen und Überbacken eignen. Sie sind wie die → Lasagne Basis für die beliebten Pastagerichte aus dem Backofen. Man kann sie aus einem Nudelteig aus Hartweizengrieß selbst herstellen oder fertig kaufen.
Einkauf: Steht auf der Packung »ohne Vorkochen«, kann man die Nudeln sofort verwenden.
Lecker mit Hackfleisch und Tomaten oder mit Ricotta gefüllt.
Rezept: ● *Spinat-Cannelloni (S. 139)*

Cashewnuss

Die nierenförmigen Nüsse schmecken geröstet leicht süß und ein wenig mandelartig.
Einkauf: In Supermärkten und im Reformhaus gibt es sie bereits geschält und oft auch geröstet. Aufs Haltbarkeitsdatum achten und die Nüsse nach dem Kauf bald verzehren.
Schmecken gut pur als Knabberei oder auch in asiatischen Gerichten, z. B. aus dem Wok.
Minirezept: Geschnetzelte Hühnerbrust und Gemüsestreifen in Olivenöl braten, würzen und mit Cashewnüssen – nach Belieben gehackt – bestreuen.

Champignons

Bekannt sind v. a. Zucht-, Wiesen-, Waldchampignon (auch Egerling genannt). Der Braune Egerling ist eine neuere Züchtung.
Einkauf: Die Pilze sollten sich fest anfühlen und die Kappen ohne Verfärbung sein.
Gekühlt 2–3 Tage haltbar.
Schmecken roh lecker in Salaten, größere Exemplare lassen sich gut füllen und überbacken.
Rezepte: ●● *Gefüllte Champignons mit Parmesan (S. 39)* ●●● *Züricher Geschnetzeltes (S. 95)* ●●● *Tortellini mit Curry und Champignons (S. 149)* ●● *Überbackene Rösti mit Egerlingen (S. 186)* ●●● *Spätzle mit Pilzen (S. 187)*

Chicoree

Chicoree hat von Oktober bis April Saison, ist jedoch das ganze Jahr erhältlich. Er wird v. a. in Belgien, Frankreich, Deutschland und in den Niederlanden angebaut.
Einkauf: Chicoreeköpfe sollten fest geschlossen, die Blattränder hellgelb sein, sonst sind sie sehr bitter.
Dunkel lagern!
Schmeckt roh als Salat oder auch gedünstet als Gemüse, z. B. mit gekochtem Schinken umwickelt, oder überbacken.
Rezepte: ●●● *Chicoreesalat mit Roquefort (S. 17)* ●● *Chicoreesalat mit Walnüssen (S. 17)* ●● *Chicoreeschiffchen mit Garnelen (S. 17)*

Chili

Die aus Mexiko stammende Schote ist mit dem Gewürzpaprika verwandt und höllisch scharf.
Einkauf: frisch oder getrocknet, grün oder rot und in verschiedenen Größen. Aus Chilischoten hergestellt werden Cayennepfeffer, Chilipulver und -flocken, Chilipaste und Tabasco-Sauce.
Achtung: Sparsam verwenden! Passt gut in viele südamerikanische und asiatische Gerichte.
Rezepte: ●●● *Kichererbsen-Dip (S. 36)* ●● *Chinesische Eiernudeln mit Gemüse und Riesengarnelen (S. 136)* ●● *Schnelles Chili con carne (S. 183)* ● *Saté-Spießchen mit Erdnusssauce (S. 184)*

Chinakohl

Vor 100 Jahren kam er aus China, heute wird er auch in Europa angebaut. Es gibt zwei Sorten, die eine ist etwas ovaler und runder, die andere länglich.
Einkauf: Gibt's das ganze Jahr über in fast jedem Lebensmittelladen.
Im Gemüsefach des Kühlschranks hält sich Chinakohl bis zu 10 Tage. Passt super in Salate aller Art, schmeckt gedünstet als Beilage oder überbacken und dient als Hülle für Kohlrouladen. Leicht verdaulich, Vitamin-C-haltig.
Rezept: ●● *Gemüse und Pilze mit Tofu (S. 42)*

Chines. Eiernudeln

Werden aus Weizengrieß mit oder ohne Ei hergestellt. Sehr praktisch sind Instantnudeln, die bereist vorgekocht und dann getrocknet wurden und die in wenigen Minuten gar sind.
Einkauf: getrocknet in den Asien-Abteilungen von Supermärkten.
Sie schmecken fantastisch in asiatischen Gerichten aus dem Wok, zu geschnetzeltem Fleisch und Gemüsegerichten.
Rezept: ●● *Chinesische Eiernudeln mit Gemüse und Riesengarnelen (S. 136)*

● *einfach* | ●● *noch einfacher* | ●●● *supereinfach*

C

Chutneys

Scharf gewürzte dickflüssige Saucen aus verschiedenen Früchten oder Gemüsen, meist süß-sauer im Geschmack.
Einkauf: In Feinkostabteilungen der Supermärkte und in Feinkostläden gibt's in Gläsern die unterschiedlichsten Sorten, z. B. Apfel-Chutney, Mango-Chutney, Pilz- oder Tomaten-Chutney. Chutneys sind besonders beliebt in der asiatischen und auch englischen Küche. Schmecken zu Fleisch (sehr gut auch zum Fleischfondue) und zu Geflügel oder zu Reis.
Rezept: ●● *Lammcurry mit gerösteten Mandeln (S. 101)*

Ciabatta

Flaches breites Weißbrot, das dem beliebten → Baguette Konkurrenz macht. Das Brot stammt aus der Lombardei. Ciabatta hat eine knusprige Kruste und ein saftiges Inneres. Wird aus einem Teig aus Weizenmehl, Wasser, Salz, Malz und ein wenig Olivenöl gebacken.
Einkauf: beim Bäcker und inzwischen auch in vielen Supermärkten.
Ciabatta schmeckt gut als Vorspeise oder Snack mit verschiedenem Belag, z. B. auch als Crostini mit Tomatenstückchen und Knoblauch.

Clementine

Kernlose Zitrusfrucht, eine Kreuzung aus → Mandarine und Pomeranze, die ihren Namen von ihrem Züchter Père Clément hat. Sie hat eine großporige leuchtend organgefarbene Schale und schmeckt besonders süß und aromatisch.
Einkauf: den ganzen Winter über erhältlich. Die Früchte sollten sich schwer anfühlen, das garantiert Saftigkeit.
Clementinen sind kühl gelagert einige Wochen haltbar.
Schmecken gut pur, in Obstsalaten und Sahnedesserts.

Cocktailsaucen

Mit zunehmender Beliebtheit der Büfettküche sowie der internationalen Küche gehören Cocktailsaucen, die ursprünglich aus den verschiedensten Küchentraditionen der Welt stammen, auch hier zu Lande zum festen Sortiment.
Einkauf: Die würzigen Saucen gibt's in den unterschiedlichsten Varianten fertig zu kaufen.
Sie gehören unbedingt zum Fleischfondue, zu kaltem Fleisch, Geflügel, Wild oder Fisch als Vorspeise oder auch als Dip zu Gemüserohkost.
Rezept: ●● *Chicoreeschiffchen mit Garnelen (S. 17)*

C

Cracker

Kleines knuspriges, keksartiges Salzgebäck von runder oder eckiger Form; oftmals mit Würzzutaten verfeinert.
Einkauf: im Spezialiätenregal und/oder im Keksregal im Supermarkt.
Cracker passen pur gut zu Wein und Bier. Man kann mit ihnen aber auch schnelle Vorspeisen zaubern: Dazu die Cracker mit Frischkäse oder fertig gekaufter Olivenpaste bestreichen, nach Belieben mit Petersilienblättchen oder Olivenhälften garnieren.
Rezept: ●●● *Cracker mit Thunfisch-Käse-Aufstrich (S. 175)*

Crème double

Wird aus Milchrahm hergestellt. Enthält jedoch mindestens 42 % Fett, also etwa 10 % mehr als die gebräuchliche Schlagsahne. Lässt sich hervorragend schlagen.
Einkauf: in großen Supermärkten und Feinkostläden.
Viele Profiköche nehmen Crème double anstelle von Mehl oder Stärke zum Andicken und auch Verfeinern von Suppen und Saucen. Außerdem gut für Dips und Dressings.
Rezept: ●●● *Pumpernickel-Häppchen (Variante S. 175)*

Crème fraîche

Aus mit Milchsäurebakterien gesäuerter Sahne. Hat mindestens 30 % Fettgehalt.
Einkauf: Gibt's in verschiedenen Sorten in jedem Lebensmittelgeschäft, z. B. natur oder mit Kräutern.
Crème fraîche wird in vielen Gerichten als verfeinernde Aromazutat verwendet, z. B. in Suppen, Saucen, Dips und pikanten Speisen, v. a. aber auch zu Fisch.
Rezepte: ●● *Kohlrabi-Tarte mit Parmesan (S. 55)* ●●● *Krabben-Dill-Rührei (S. 59)* ●●● *Filetgulasch »Stroganoff« (S. 98)* ●●● *Räucherlachs-Häppchen (S. 175)*

Currypulver

Scharfe, ursprünglich indische Gewürzmischung aus 10–20 verschiedenen fein gemahlenen Gewürzen. Im Geschmack von erdig-mild bis scharf.
Einkauf: Im Asienladen gibt's verschieden scharfe Mischungen.
Achtung: Currypulver immer schon beim Anbraten zugeben.
Zum Würzen von Suppen, Saucen, Reis, Teig- und Eierspeisen, indischen Currygerichten, Fisch, Geflügel, Ragouts.
Rezepte: ●● *Lammcurry mit gerösteten Mandeln (S. 101)* ●● *Reisauflauf mit Sesam und Fisch (S. 128)* ●●● *Tortellini mit Curry und Champignons (S. 149)*

D

Dattel

Die ovalen Früchte der Dattelpalme haben eine dunkelbraune glänzende, leicht klebrige Schale, einen feinen Duft und einen sehr süßen Geschmack. Die meisten Datteln werden aus Israel oder Kalifornien importiert.
Einkauf: Frische Datteln gibt's in Feinkostgeschäften, getrocknete auch im Supermarkt.
Frische Früchte bald verbrauchen! Schmecken lecker als gesunder Snack, auch mit Frischkäse oder Marzipan gefüllt, oder im Obstsalat.

Dessertsaucen

Gibt es in diversen Varianten, als Fruchtsaucen oder auch Vanille- und Schokoladensaucen, fertig zu kaufen.
Einkauf: in Supermärkten im Glas (v. a. Fruchtsaucen) oder als Pulver in der Packung (v. a. Vanille- und Schokosaucen).
Dessertsaucen eignen sich gut für den schnellen Nachtisch, z. B. in Kombination mit Eis bzw. einer Quark- oder Joghurtspeise.
Rezepte: ●● *Tiramisu mit Amaretto-Schoko-Sauce (mit fertiger Schokosauce; S. 162)* ●● *Süße Spaghetti mit Himbeersauce (S. 163)* ●● *Panna Cotta mit Himbeersauce (S. 164); jeweils mit fertiger Himbeersauce*

Dill

Auch Gurkenkraut genannt. Verwendet werden die fedrigen Zweige und die Samen, die etwas kräftiger im Geschmack sind.
Einkauf: das ganze Jahr über; frischer Dill schmeckt am besten, es gibt ihn aber überall auch getrocknet oder tiefgekühlt.
Frischer Dill hält locker in Folie gewickelt im Kühlschrank etwa 3 Tage.
Schmeckt fein zu Gurke, Ei, Fisch. Die Samen würzen Brotgebäck, Pickles oder auch Kartoffelsalat.
Rezepte: ●● *Pochierte Eier im Feldsalatnest (S. 20)* ●●● *Krabben-Dill-Rührei (S. 59)* ●● *Renkenfilet mit Graupenragout (S. 76)*

Dosentomaten

Aus geschälten Tomaten und Tomatensaft. Sind für die schnelle Küche unentbehrlich.
Einkauf: Gibt's überall im Lebensmittelhandel. In großen Supermärkten sind sie oft besonders preiswert, so dass man hier auf Vorrat kaufen sollte.
Mit Dosentomaten kann man Saucen und Suppen, Dips und Brotaufstriche zaubern und natürlich Pizza zubereiten.
Rezepte: ●● *Lasagne mit Hackfleisch und Tomaten (S. 139)* ●● *Schnelles Chili con carne (S. 183)* ●●● *Schnelle Tomatensuppe mit Croûtons (S. 183)* ●● *Linsensuppe mit Tomaten und Balsamessig (S. 183)*

E

Eichblattsalat

Pflücksalat mit grünen oder rotbraunen Blättern; von fester Struktur.
Einkauf: meist als ganze Salatpflanze im Handel, obwohl auch blattweise geerntet werden kann.
Hält lose in ein feuchtes Tuch geschlagen 2–3 Tage im Kühlschrank.
Man kann Eichblattsalat gut mit anderen Blattsalaten mischen oder solo mit einer interessanten Vinaigrette (z. B. mit kaltgepresstem Sonnenblumenöl und Himbeeressig) zubereiten.
Rezepte: ●● *Eichblattsalat mit Austernpilzen und Speckvinaigrette (S. 18)* ●● *Eichblattsalat mit Hähnchenbrust (S. 18)*

Eier

Die besten Eier kommen aus Freiland- oder Bodenhaltung.
Einkauf: Es gibt vier Größen (S, M, L, XL). Für die meisten Rezepte reichen Eier der Größe M. Im Kühlschrank aufbewahren.
Achtung: Roh verzehrt müssen Eier superfrisch sein!
Eier sind eigenständiges Gericht und Grundzutat (zum Verfeinern, Andicken und Binden, als Glasur)
Rezepte: ●● *Pochierte Eier im Feldsalatnest (S. 20)* ●●● *Krabben-Dill-Rührei (S. 59)* ●●● *Steinpilzomelett (S. 59)* ●● *Gemüse mit pochierten Eiern (S. 66)* ●●● *Spiegeleier mit roten Zwiebeln und Croûtons (S. 177)*

Eis

Einkauf: In jedem Supermarkt gibt es Milchspeiseeis in großer Auswahl; in Feinkostgeschäften auch ausgefallenere Sorten und Sorbets.
Schmeckt solo als Dessert, als Eistorte auch zum Kaffee. Sorbet wird gerne zwischen zwei Hauptgängen, z. B. zwischen Fisch und Fleisch, gereicht.
Rezepte: ●●● *Flambierte Bananen (S. 157)* ●●● *Erdbeerherzen in Champagner (S. 159)* ●●● *Orangenspaghettini mit Erdbeerragout (S. 163)* ●●● *Kirschen in Portweinsauce (S. 167)* ●●● *Zwetschgenkompott (S. 168)* ●● *Früchtepizza (S. 189)*

Eisbergsalat

Gehört zu den Kopfsalaten, es gibt mehrere Sorten.
Einkauf: Bei uns wird er das ganze Jahr über – meist in Folie verpackt – angeboten.
Halt sich in Folie, auch bereits angeschnitten, im Kühlschrank bis zu 2 Wochen.
Schmeckt gut roh als Salat oder Belag für Sandwiches und Tacos, aber auch als Gemüse oder im Eintopf.
Minirezept: *Salat halbieren, Strunk entfernen, in Streifen schneiden, mit Essig-Öl-Vinaigrette (S. 12) übergießen. Orangenspalten untermischen.*

Endivie

Ist mit dem Chicorée verwandt. Es gibt glatte und krause Endivie sowie den besonders krausen Frisée.
Einkauf: Endivie sollte frisch und fest aussehen und möglichst wenig braune Blattspitzen haben. Hält sich im Gemüsefach des Kühlschranks in ein feuchtes Tuch geschlagen bis zu 5 Tage.
Schmeckt pur als Salat (z. B. mit einer Öl-Essig-Senf-Vinaigrette und Orangenscheiben), aber auch als Suppe oder Gemüse oder fein geschnitten unter Kartoffelpüree gemischt.
Rezepte: ●● *Endiviensalat mit Estragondressing (S. 19)* ●● *Endiviensalat mit Parmesan und Croûtons (S. 19)*

Ente

Am besten sind die 8–9 Wochen alten Frühmastenten, besonders fein ist die französische Barberie-Ente. Ihr Fleisch ist sehr bindegewebsarm und feinfaserig.
Einkauf: Angeboten werden Frühmastenten und Jungenten (ca. 6 Monate), je nach Sorte sind sie mehr oder weniger fett, auch Entenbrust, Keulen und Entenleber.
Entenfleisch schmeckt als Braten und geschmort, ist aber auch in Suppen fein.
Rezepte: ●● *Entenbrust mit Orangenfilets (S. 111)* ●● *Knusprig gebratene Frühmastente (S. 111)*

Erbsen

Es gibt verschiedene Sorten: Markerbsen, Schalerbsen und Zuckererbsen. Sie enthalten alle viel Eisen, Phosphor und Vitamine.
Einkauf: Frische Erbsen in Schoten (die keine Flecken haben sollten) gibt's von März bis Juli. Auch bereits ausgepalt in Dosen und tiefgekühlt in hervorragender Qualität erhältlich.
Achtung: Die Schoten machen 50 % des Gewichts aus. Frische Erbsen immer sofort verbrauchen. Frische und tiefgekühlte Erbsen nur kurz kochen oder dämpfen; schmecken gut mit Kräutern, Champignons oder Perlzwiebeln.
Rezept: ●●● *Überbackene Makkaroni (S. 139)*

Erdbeere

Einkauf: Gibt's fast das ganze Jahr über als Importware. Bestes Aroma zum günstigen Preis bekommt man während der hiesigen Saison von Mai bis Juli.
Sind wie alle Beerenfrüchte empfindlich: bald essen/verarbeiten.
Rezepte: ●●● *Joghurt-Limetten-Creme mit Erdbeermark (S. 157)* ●● *Mango-Parfait mit Erdbeeren (S. 158)* ●● *Erdbeeren mit Rhabarbergrütze (S. 159)* ●●● *Erdbeerherzen in Champagner (S. 159)* ●●● *Orangenspaghettini mit Erdbeerragout (S. 163)* ●● *Matjessalat mit Pfirsich und Erdbeeren (S. 178)*

E

Erdnuss

Wächst unterirdisch und ist botanisch gesehen keine Nuss, sondern eine Hülsenfrucht.
Einkauf: Am besten in der Schale kaufen und selbst knacken, es gibt auch bereits geschälte geröstete Erdnüsse (gesalzen und ungesalzen).
Erdnüsse schmecken nicht nur als Knabberei, sondern sind auch in asiatischen Gerichten köstlich. Lecker auf Brot ist Erdnussmus (gibt's fertig) und als Dip für Fleischspießchen Erdnusssauce (gibt's ebenfalls fertig zu kaufen).
Rezept: ● *Satéspießchen mit Erdnusssauce (S. 184)*

Erdnussöl

Speiseöl aus gemahlenen und anschließend gepressten Erdnusskernen. Erdnussöl ist reich an einfach ungesättigten Fettsäuren und schmeckt neutral. Es lässt sich stark erhitzen, ist also ideal zum Frittieren.
Einkauf: im Asienladen, in Feinkostläden und in gut sortierten Supermärkten.
In der asiatischen Küche und in der kalten Küche findet Erdnussöl überall dort Verwendung, wo der Eigengeschmack anderer Zutaten unterstützt werden soll.
Rezepte: ● *Seezungenstreifen mit Artischocken (S. 87)* ●● *Glasnudeln mit Gemüse (S. 136)*

Essig

Entsteht durch Vergärung alkoholischer Flüssigkeiten mit Hilfe von Bakterien (z. B. → Weinessig). Fruchtessig (wie Himbeer- oder Apfelessig) wird aus vergorenem Obstwein hergestellt, er ist besonders reich an Mineralstoffen. Im Handel sind zudem verschiedene Sorten von mit Gewürzen und Kräutern aromatisiertem Weinessig. Zum Würzen von Salaten, Suppen und Gemüse sowie für Beizen ist Essig unentbehrlich.
Rezepte: *alle Salate mit Essig-Öl-Vinaigrette (S. 17–29)* ●● *Auberginenpüree (S. 36)* ●● *Kürbis-Honig-Suppe (S. 41)* ●● *Lachs auf Gemüse-Pfifferling-Vinaigrette (S. 81)*

Estragon

Stammt ursprünglich aus der Mongolei und ist mit seinem leicht süßen, würzigen Aroma ein echter Gewinn für die europäische Küche.
Einkauf: gelegentlich frisch zu bekommen (Feinkostgeschäfte, Gemüseladen, Markt); ansonsten getrocknet kaufen.
Frischer Estragon gibt v. a. Fischgerichten einen besonderen Pfiff und passt zu Eier- und Kartoffelgerichten sowie zu Huhn.
Rezepte: ●● *Endiviensalat mit Estragondressing (S. 19)* ●● *Tomaten mit Kefircreme (S. 63)* ●● *Überbackene Austern (S. 73)* ●● *Lachssuppe mit Kaviar und Estragon (S. 81)*

Fasan

Wird heutzutage in Freigehegen gezüchtet und ist das ganze Jahr über erhältlich. Wildfasane gibt's von Oktober bis Januar.
Einkauf: Fasane kann man küchenfertig im Ganzen kaufen, außerdem Keulen oder Bruststücke.
Zum Braten eignen sich nur junge Tiere, ältere für Pasteten, Terrinen oder Ragouts verwenden. Fasanenfleisch ist sehr mager und muss mit Speckscheiben umwickelt oder mit Butter bestrichen gebraten werden.

Feige

Kommt aus den Mittelmeerländern und Israel, im Winter auch aus Australien und Kalifornien.
Einkauf: Frische Feigen sind hauptsächlich von Juli bis November im Handel. Je dunkler die Früchte, umso reifer, süßer und weicher sind sie. Auch im Angebot sind getrocknete Feigen.
Reife Feigen schnell verspeisen. Sehr köstlich sind frische Feigen pur, mit Beeren und Sahne als Dessert, aber auch zu Blauschimmel- oder Ziegenfrischkäse und sogar zu Ente.
Rezept: ●●● *Greyerzer-Tarte mit Feigenragout (S. 55)*

Feldsalat

Er hat weiche Blätter von mildwürzigem Geschmack und wird vorwiegend im Herbst und Winter angeboten, da er frosthart ist.
Einkauf: Nur knackig frisch aussehenden Salat kaufen.
Hält sich geputzt und trockengeschleudert lose im Plastikbeutel im Kühlschrank ca. 3 Tage.
Feldsalat schmeckt solo (mit Vinaigrette und Knoblauch-Croûtons) sowie mit anderen Salatarten gemischt.
Rezepte: ●●● *Feldsalat mit Apfel und Pinienkernen (S. 20)* ●● *Pochierte Eier im Feldsalatnest (S. 20)* ●● *Kartoffel-Trüffel-Püree mit Feldsalat (S. 121)*

Fenchel

Es gibt längliche und kugelige Knollen. Hauptsaison des aromatischen, magenfreundlichen Gemüses ist von Juli bis Oktober.
Einkauf: Das Fenchelgrün sollte frisch sein, die Knollen weiß und nicht eingetrocknet.
Fenchel nicht zu lange aufbewahren, er wird sonst zäh.
Schmeckt toll als Rohkost oder im Salat, auch überbacken oder gedünstet ein Genuss.
Rezepte: ●●● *Fenchelgratin mit Tomaten und Pecorino (S. 55)* ●● *Jakobsmuscheln auf Orangennudeln (S. 74)* ●● *Rotbarschfilet auf Fenchel (S.77)*

Fertigsalate

Fertigsalate – frisch oder aus dem Glas – sind eine prima Sache für alle, die wenig Zeit haben.
Einkauf: Im Angebot sind z. B. verschiedene gemischte Blattsalate, Rucola, Feldsalat – bereits fertig geputzt, geschnitten und abgepackt. Außerdem gibt's eine große Auswahl an Fertigsalaten aus dem Glas, die allerdings konserviert sind.
Achtung: Gemischte Blattsalate sollten ganz besonders frisch sein, denn es können sich schnell Keime bilden.
Rezepte: ●●● *Friséesalat mit gratiniertem Ziegenkäse (S. 21)* ●●● *Lollo bianco mit Oliven und Paprika (S.25); jeweils mit fertigem Mischsalat*

Fertigsaucen

Wer keine Zeit hat, Saucen selbst anzurühren, kann sich am großen Angebot im Handel bedienen.
Einkauf: Saucen für Salate sind in guten Feinkostgeschäften offen frisch zu bekommen. Es gibt sie aber auch abgepackt in Supermärkten in den verschiedensten Varianten. Außerdem wird eine große Auswahl an fertigen Saucen für Fleisch, Gemüse, Fisch usw. angeboten – im Glas oder auch einfach als Pulver zum Anrühren aus der Tüte.
Achtung: Es gibt große qualitative Unterschiede und wenige Fertigsaucen reichen an eine selbst gemachte Sauce heran.

Feta

Frischer Schafkäse (in Griechenland auch aus Ziegenmilch hergestellt) aus den östlichen Mittelmeerländern: Der gesalzene gepresste Käsebruch reift in Molke.
Einkauf: am besten beim Käsehändler oder im griechischen oder türkischen Laden. Auf original Schafsmilch-Feta achten, Kuhmilchkäse in Lake schmeckt nicht so intensiv.
Feta gehört unbedingt in einen griechischen Salat, schmeckt aber auch mariniert oder gebacken lecker.
Rezept: ●● *Gebackener Schafkäse mit Oliven (S. 67)*

Fett

Fett ist in der Küche nicht gleich Fett: Zum Braten eignet sich Butterschmalz, es hält hohe Temperaturen aus und hat ein feines Butteraroma. Pflanzliche Fette sind meist flüssig (s. auch → Öle).
Zum Frittieren oder fürs Fleischfondue nimmt man am besten ein hoch erhitzbares Pflanzenfett (z. B. Kokosfett), das nicht spritzt und neutral schmeckt.
Für die kalte Küche eignen sich Butter sowie die hochwertigen und aromatischen kaltgepressten Pflanzenöle.
Rezepte: ●● *Gebackene Austernpilze mit Zitronen-Kräuter-Dip (S. 39)* ●●● *Käfers Butter in vier Varianten (S. 64)*

F

Fettuccine

Eine Sorte Bandnudeln, die etwas breiter ist als → Tagliatelle, aber schmaler als Pappardelle.
Einkauf: Es gibt sie in fast allen Supermärkten. In italienischen Spezialabteilungen werden oft auch Fettuccine al nido (Nudelnester) angeboten.
Fettuccine sind ideale Nudeln für eine klassische Tomatensauce, für Pesto, Olivenpaste oder Sauce bolognese.
Rezepte: ●●● *Fettuccine mit Gorgonzola (S. 135)* ●●● *Fettuccine mit Zuckerschoten und Parmaschinken (S. 135)*

Fond

Eine Art Brühe, hergestellt durch Kochen von Fleisch, Fisch, Gemüse sowie Gewürzen in Wasser (z. B. Kalbsfond, Geflügelfond, Fischfond) oder entstanden beim Pochieren von Fleisch oder Fisch.
Einkauf: frisch (z. B. Fischfond beim Fischhändler, evtl. vorbestellen) oder in Gläsern im Supermarkt oder Feinkosthandel.
Ein kräftiger Fond ist die beste Grundlage für Saucen zu den jeweiligen Speisen.
Rezepte: ●●● *Tomaten-Käse-Suppe (S. 67)* ●● *Lachssuppe mit Kaviar und Estragon (S. 81)* ●● *Hähnchenkeule mit Oliven (S. 102)* ●● *Königsberger Klopse mit Kapernsauce (S. 104)*

Fontina

Italienischer Käse aus dem Aostatal, wird aus Rohmilch von der Kuh hergestellt. Hat mindestens 45 % Fett. Er ist von nussigem und leicht rauchigem Geschmack.
Einkauf: Gibt's an gut sortierten Käsetheken. Der Käse sollte wenige kleine gleichmäßige Löcher haben.
Innerhalb 1 Woche verbrauchen.
Fontina macht sich gut auf der Käseplatte, eignet sich aber auch bestens zum Kochen und Überbacken, denn er schmilzt leicht.
Minirezept: Fonduta Creme aus Fontina, Ei, Sahne, Butter und einer Garnitur aus weißen Trüffeln. Als Pastasauce oder mit Brot servieren.

Forelle

Zählt zu den Süßwasserfischen (obwohl die Lachsforelle nur zum Laichen in die Flüsse kommt). Die Forelle wird wegen ihrer Beliebtheit in Massen gezüchtet. Lachsforelle hat ein delikates hellrosa Fleisch, alle anderen Arten (z. B. Bach-, See-, Regenbogenforellen) haben helles schmackhaftes Fleisch und wenig Fett.
Einkauf: frisch, tiefgekühlt und geräuchert erhältlich, ganz oder als Filets.
Schmeckt gedünstet, gebraten oder gekocht, im Ofen zubereitet, pochiert, sautiert und gebraten.
Rezepte: ●● *Forelle mit Mandeln (S. 73)* ● *Lachsforelle in der Salzkruste (S. 81)*

F

Frikadelle

Auch Fleischpflanzerl, Fleischklops, Bulette oder Bratling genannt. Meist aus einem Teig aus Rinder- oder/und Schweinehack mit Zwiebeln, Ei und Paniermehl geformt.
Einkauf: fertig geformt und bereits gebraten an der Fleischtheke im Supermarkt oder beim Metzger. Es gibt sie auch abgepackt im Kühlregal und tiefgekühlt.
Frikadellen eignen sich sehr gut für schnelle Mahlzeiten zwischendurch, z. B. mit Senf und Kartoffelsalat. Kleine runde Frikadellen am Holzspießchen sind ein praktisches Fingerfood für Stehpartys.
Rezepte: ●● *Königsberger Klopse mit Kapernsauce (S. 104)* ●●● *Fleischpflanzerl (S. 105)*

Frischkäse

Käse, der gar nicht oder nur wenige Tage gereift ist und dessen Basis → Quark ist – je nach gewünschtem Fettgehalt mit mehr oder weniger Sahne vermischt.
Einkauf: Es gibt unzählige Sorten von → Quark über Doppelrahm-Frischkäse bis zu Ricotta, Mozzarella und Mascarpone.
Mit Frischkäse kann man leckere schnelle Dips zaubern, Rohkost füllen oder köstliche Brotaufstriche und Desserts zubereiten.
Rezepte: ●●● *Frischkäsesouffle mit Zuckerschoten (S. 57)* ●●● *Kräuterquark auf Pumpernickel (S. 62)* ●● *Fleischtomaten mit Hüttenkäse und Basilikum (S. 176)*

Friséesalat

Eine → Endivien-Sorte, auch Krause Endivie genannt; weißlich-hellgrüner Salatkopf mit zerfransten krausen Blättern. Hauptsaison ist von Oktober bis Dezember.
Einkauf: Köpfe sollten frisch aussehen, einzelne trockene Blattspitzen sind unbedeutend.
Hält sich ca. 3 Tage in ein feuchtes Tuch eingeschlagen im Kühlschrank.
Schmeckt gut alleine oder gemischt mit anderen Salaten oder Obst und auch gegart in Gemüsegerichten.
Rezepte: ●●● *Friséesalat mit gratiniertem Ziegenkäse (S. 21)* ●●● *Friséesalat mit Portweinsauce und Gartenkresse (S. 21)*

Frühlingsrollenteig

Dünner Teig aus Mehl, Wasser, Salz und Öl, der für die berühmten asiatischen Frühlingsrollen verwendet wird.
Einkauf: bereits fertig abgepackt im Asienladen oder in gut sortierten Feinkostgeschäften.
Frühlingsrollen werden gefüllt mit fein geschnittenem Gemüse, Schweine- oder Hähnchenfleisch und/oder Bambus-, Sojabohnen- oder Mungobohnensprossen und dann fritiert. Mit Hilfe des fertigen Frühlingsrollenteigs kann man sie im Nu selbst zubereiten und als Vorspeise bei einem asiatischen Menü oder auch auf Salat servieren.

G

Frühlingszwiebel

Zwiebelsorte, die mit unserer gewöhnlichen Hauszwiebel verwandt ist; hat im Gegensatz zur Lauchzwiebel eine Zwiebelknolle ausgebildet.
Einkauf: Zwiebelansätze sollten weiß und knackig aussehen, das Laub darf nicht welk sein. Hält sich bis zu 6 Tage.
Schmeckt lecker roh, gekocht und gedünstet. Das Grün wird wie Schnittlauch mitverwendet.
Rezepte: ●●● *Asiatisches Paprika-Sprossen-Gemüse (S. 43)* ●● *Zander mit Tomaten und Frühlingszwiebeln (S. 89)* ●● *Chinesische Eiernudeln mit Gemüse und Riesengarnelen (S. 136)*

Fusilli

Spiralnudeln, ursprünglich aus der Gegend um Neapel. Dort werden sie oft noch nach alter Tradition von Hand zubereitet.
Einkauf: im Supermarkt oder italienischen Spezialabteilungen. Fusilli passen am besten zu Gerichten mit viel Sauce, weil diese gut an den Nudeln haften bleibt.
Rezepte: ●●● *Fusilli mit Garnelen und Zucchini (S. 134)* ●● *Linsensuppe mit Tomaten und Balsamessig (S. 183)*

Gans

Tradition hat hier zu Lande die »Martinsgans« oder der festliche Gänsebraten an Weihnachten.
Einkauf: Unterschieden werden Frühmastgänse, Junge Gänse, und Gänse. Am häufigsten gibt's junge Gänse (4–7 kg, bis 7 Monate alt). Auf helle Haut und vollfleischige Brust achten. Angeboten werden auch Teilstücke wie Keulen oder Brust, frisch und tiefgekühlt.
Gans ist ziemlich fett, das Fett brät jedoch beim langsamen Garen zu einem großen Teil aus. Das so gewonnene Gänseschmalz schmeckt köstlich.
Rezept: ● *Gänsebraten mit Preiselbeeren (S. 111)*

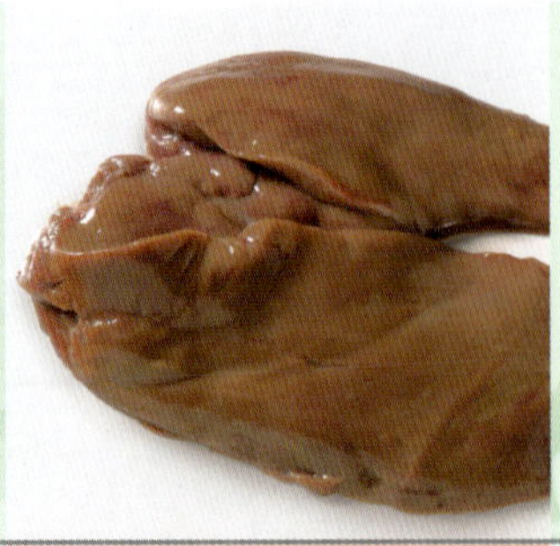

Gänseleber

Für diese Spezialität werden die Gänse zwangsübererernährt, damit ihre Leber möglichst groß wächst. Dieses so genannte »Nudeln« von Gänsen ist hier verboten.
Einkauf: im Ganzen frisch oder tiefgekühlt im Delikatessenhandel (oft auch unter der französischen Bezeichnung »foie gras«). Außerdem gibt's Gänseleber-creme, -pastete und -parfait in Dosen.
Frische Gänseleber wird kurz heiß überbrüht, dann warm z. B. auf Blattsalaten oder als Vorspeise serviert. Gänseleberpastete schmeckt lecker z. B. auf geröstetem → Ciabatta-Brot.

G

Garnele

Die größten Garnelen heißen Riesengarnelen (Gambas/King Prawns), Garnelen mittlerer Größe → Shrimps/Prawns und die kleinsten Exemplare ebenfalls → Shrimps oder → Nordseekrabben.
Einkauf: roh, gegart, frisch oder tiefgekühlt.
Rezepte: ●● *Chicoreeschiffchen mit Garnelen (S. 17)* ●● *Riesengarnelen mit Basilikumbutter (S. 82)* ● *Riesengarnelen mit Kartoffeln und Tomaten (S. 82)* ●● *Couscous mit Riesengarnelen und Tomaten (S. 116)* ●●● *Fusilli mit Garnelen und Zucchini (S. 134)* ●● *Chinesische Eiernudeln mit Gemüse und Riesengarnelen (S. 136)*

Gelatine

Geschmacksneutraler tierischer Eiweißstoff, der zum Gelieren verwendet wird. Muss vor Verwendung kalt eingeweicht und dann warm aufgelöst werden.
Einkauf: Gibt's als Pulver oder als Blätter.
Achtung: Ananas, Kiwi, Mango und Papaya müssen vor der Verwendung mit Gelatine blanchiert werden, sonst geliert es nicht.
Rezepte: ●● *Staudensellerie-mousse (S. 37)* ●●● *Joghurt-Limetten-Creme mit Erdbeermark (S. 157)* ●● *Erdbeeren mit Rhabarbergrütze (S. 159)* ●● *Panna cotta mit Himbeersauce (S. 164)* ●●● *Weintrauben-Stachelbeer-Gelee (S. 167)*

Gemüsemischungen

Zusammenstellung verschiedener Gemüsesorten (z. B. Blumenkohl, Broccoli, Möhren, Mais) zu Mischungen von feiner bis deftiger Geschmacksnote – meist sind bereits Gewürze und Kochfett mit enthalten.
Einkauf: Tiefgekühlt in allen Lebensmittelläden im Karton oder in der Tüte erhältlich.
Fertige Gemüsemischungen eignen sich hervorragend für schnelle Gerichte – als Beilage, als Hauptzutat und Einlage für Suppen und Eintöpfe oder auch für Aufläufe.
Rezept: ●● *Chinesischer Hühnertopf (S. 184)*

Gewürznelke

Altes ostasiatisches Gewürz aus den Blütenknospen des Gewürznelkenbaums, die getrocknet werden.
Einkauf: Gibt's ganz, gemahlen oder geschrotet.
Aufs Haltbarkeitsdatum achten; dunkel in einem fest schließenden Glas aufbewahren.
Gewürznelken eignen sich zum Würzen von Kompotten, Obstdesserts, zum Backen, für süß-sauer eingelegte Früchte und auch für Fleisch- und Fischmarinaden.
Rezepte: ●● *Königsberger Klopse mit Kapernsauce (S. 104)* ●●● *Zwetschgenkompott (S. 168)* ●●● *Rote Grütze mit Sahne (S. 189)*

Glasnudeln

Aus Sojabohnen, Mungobohnen oder Reismehl hergestellt.
Einkauf: in Asienläden und im Spezialitätenregal des Supermarkts.
Nach Packungsvorschrift in Wasser einweichen und dann im Gericht mitkochen. Schmecken neutral, deshalb passen sie so gut zu scharfen asiatischen Gerichten oder als Suppeneinlage. Lecker auch in Fett ausgebacken (dazu vorher nicht einweichen!).
Rezepte: ●● *Glasnudeln mit Gemüse (S. 136)* ●● *Chinesischer Hühnertopf (S. 184)*

Gnocchi

Ist italienisch und heißt »Nocken«. Es sind kleine Klöße aus Grieß-, Mais-, Kartoffel- oder Brandteig.
Einkauf: Kartoffelgnocchi gibt's fertig abgepackt im Supermarkt oder auch frisch offen im (italienischen) Feinkostladen.
Sie sind in wenigen Minuten gar, dazu schmeckt eine leckere schnelle Sauce (z. B. Tomatensauce, Pesto-Sauce o. Ä.) – ein wahres Blitzgericht.
Rezepte: ● *Gnocchi mit Steinpilzen und Tomatensauce (S. 125)* ●●● *Gnocchi mit Gorgonzolasauce (S. 187)*

Gorgonzola

Von feinen Blauschimmel-Edelpilzkulturen durchzogener Kuhmilchkäse.
Einkauf: im Supermarkt und Feinkostladen – es gibt milden und pikanten sowie mit Mascarpone geschichteten Gorgonzola
Köstlich pur zu Brot oder in Kombination mit Früchten (z. B. mit Birnen), fein auch in sahnigen Saucen, z. B. zu Spaghetti.
Rezepte: ●● *Paprika-Auberginen-Gemüse mit Gorgonzola (S. 42)* ●● *Gorgonzolasouffle (S. 57)* ●● *Putenschnitzel mit Spinat-Gorgonzola-Füllung (S. 101)* ●●● *Fettucchine mit Gorgonzola (S. 135)* ●●● *Gnocchi mit Gorgonzolasauce (S. 187)*

Gouda

Gibt es im holländischen Original in verschiedenen Reifestufen; wird auch hier zul Lande (nur mittelalter Gouda) in großen Mengen hergestellt.
Einkauf: möglichst am Stück; auf gleichmäßige Lochung achten.
Junger und mittelalter Gouda eignen sich sehr gut zum Überbacken. Alter Gouda ist gerieben eine feine Würzzutat.
Minirezept: Rote-Bete-Gratin 6 rote Bete in Scheiben andünsten, etwas Schmant, Zwiebel, grünen Pfeffer dazugeben, je 125 ml Rotwein und Brühe angießen, mit Zucker, Salz, Pfeffer, würzen. Mit 100 g geriebenem Gouda bestreut überbacken.

Granatapfel

Ursprünglich aus Asien stammende Frucht mit ledriger orangerötlicher Schale, unter der unzählige Samenkerne mit süß-saftiger Hülle stecken.
Einkauf: von September bis Dezember In Obstläden und Feinkostabteilungen.
Granatäpfel sind im Kühlschrank 2 Wochen haltbar.
Zum Verzehr aufschneiden, auseinanderbrechen und die Kerne in eine Schüssel fallen lassen.
Achtung: Weiße Trennhäute sorgfältig aussortieren, sie schmecken sehr bitter!
Köstlich sind Granatapfelkerne in Obstsalaten, zu Eis und Mousse-Desserts.

Grapefruit

Gedeiht in fast allen klassischen »Zitrusländern«, in der Größe zwischen Orange und Pampelmuse.
Je rötlicher ihr Fruchtfleisch, desto süßer und aromatischer schmeckt sie.
Einkauf: von Herbst bis Frühsommer überall erhältlich; Früchte sollten sich schwer anfühlen.
Rotfleischige Früchte sind an der rötlichen Pigmentierung der Schale zu erkennen.
Grapefruits werden hauptsächlich frisch gegessen: einfach durchschneiden, mit Zucker bestreuen und auslöffeln.
Rezepte: ● *Avocado mit Jakobsmuscheln (S. 14)* ●●● *Exotischer Fruchtsalat (S. 160)*

Graupen

Grobe Graupen (auch Rollgerste) sind die entspelzten und polierten Gerstenkörner. Perlgraupen sind geschliffene Gerstenkörner, sie sind viel kleiner als Rollgerste und meist rund.
Einkauf: in jedem Supermarkt.
Graupen brauchen nicht eingeweicht zu werden und sind in 1/2 Stunde gar.
Graupen sind eine traditionelle Einlage für deftige Suppen; schmecken auch gut in gehaltvollen Salaten.
Rezepte: ●● *Renkenfilet mit Graupenragout (S. 77)* ●● *Graupenrisotto mit Austernpilzen (S. 129)*

Greyerzer

Klassischer Schweizer Kuhmilchkäse, hat kleinere Löcher als Emmentaler und ein ähnliches nussartiges, leicht scharfes Aroma.
Einkauf: An jeder Käsetheke erhältlich; je älter, desto kräftiger im Geschmack.
Im Kühlschrank bis zu 2 Wochen haltbar. Zur Aromaentfaltung ca. 1 Stunde vor dem Verzehr aus dem Kühlschrank nehmen.
Lässt sich gut reiben, gehört unbedingt ins Käsefondue; für Suppen und Saucen, Gratins und Aufläufe. (Zieht keine Fäden!)
Rezepte: ●●● *Greyerzer-Tarte mit Feigenragout (S. 55)* ●●● *Kartoffelgratin mit Greyerzer (S. 118)*

G

Grünkern

Noch nicht ausgereifter Dinkel, der gedörrrt und dann wie anderes Getreide weiterverarbeitet wird. Schmeckt sehr würzig.
Einkauf: als ganze Körner, Schrot oder Mehl in gut sortierten Supermärkten, in Reformhäusern und Bioläden.
Als Beilage ganze Körner in Wasser oder Gemüsefond einweichen, ca. 1 Stunde kochen, danach noch 10 Minuten ausquellen lassen.
Minirezept: Grünkernkroketten: Kalten gekochten Grünkern mit Mehl, Eiern und gehackten Kräutern verrühren, zu Kroketten formen, in heißem Fett knusprig ausbacken.

Grünkohl

Besonders beliebt in Nordeuropa, Saison von November bis März. Am besten schmeckt Grünkohl nach dem ersten Frost. Dann hat sich ein Teil seiner Stärke in Zucker umgewandelt, der Kohl ist milder und bekömmlicher.
Einkauf: frisch v. a. auf dem Markt und beim Gemüsehändler. Im Supermarkt auch tiefgekühlt und als Konserve erhältlich.
Im Kühlschrank lose eingeschlagen bis zu 1 Woche haltbar.
Schmeckt am besten deftig zubereitet, z. B. mit Schmalz, würziger Wurst und/oder Zwiebeln.

Guave

Frucht eines Myrtenbaums, ursprünglich aus Lateinamerika stammend. Die apfel- bis birnenförmigen Früchte haben grüngelbes bis rötliches Fruchtfleisch, das von vielen kleinen Kernen durchsetzt ist, die man nicht mitisst.
Einkauf: in gut sortierten Obstgeschäften oder Feinkostläden. Bei reifen Früchten gibt die Schale auf leichten Druck nach.
Sie schmecken roh im Obstsalat oder gekocht als Kompott bzw. Püree sowie als Beilage zu pikanten Gerichten.

Gurke

Die Gemüsegurke heißt auch Gärtner-, Schäl- und Schmorgurke. Sie hat je nach Sorte eine glatte bis gerippte Schale von blassgelber bis dunkelgrüner Farbe. Hauptsaison ist im August und September.
Einkauf: Gurken müssen sich fest anfühlen, eine raue Schale sagt nichts über die Qualität.
Gut als Salat oder als kalte, z. B. mit Frischkäse gefüllte Vorspeise, aber auch als Suppe, gedünstet oder überbacken als Beilage.
Rezepte: ●●● *Gurkensalat mit Nordseekrabben (S. 23)* ●●● *Orientalischer Gurkensalat (S. 23)* ●● *Matjessalat mit Pfirsich und Erdbeeren (S. 178)*

H

Hackfleisch

Recht preiswert, weil – außer bei Tatar – auch weniger edle Fleischteile mitgehackt werden dürfen.
Einkauf: Bereits gehackt gibt's Schweine- und Rinderhackfleisch.
Achtung: Frisches Hackfleisch noch am gleichen Tag verzehren, verarbeiten oder einfrieren.
Für Frikadellen, Saucen, Aufläufe; Mett und Tatar schmecken gewürzt auch roh lecker.
Rezepte: ●● *Königsberger Klopse mit Kapernsauce (S. 104)* ●●● *Fleischpflanzerl (S. 105)* ●● *Lasagne mit Hackfleisch und Tomaten (S. 139)* ●● *Kaviar auf angebratenem Tatar (S. 177)* ●● *Schnelles Chili con carne (S. 183)*

Hafer

War bis ins 18. Jahrhundert hier zu Lande ein Grundnahrungsmittel, danach gab es morgens keinen Brei mehr, sondern Brot.
Hafer ist sehr gesund: enthält relativ viel Fett und Eiweiß, dazu Vitamine und Mineralien.
Einkauf: in Reformhäusern und Bioläden als ganzes Korn, Grütze, und Hafermehl; Flocken in allen Supermärkten.
Hafer schmeckt als süßer Brei (klassisch in England: Porridge), in allerlei Brotgebäck und Keksen, Flocken sind lecker im Müsli, angeröstet passen sie gut über Joghurt- und Quarkspeisen.

Hähnchen

Einkauf: als Ganzes oder Teile, frisch oder tiefgekühlt.
Achtung: Wegen Salmonellengefahr Auftauwasser von gefrorenem Geflügel wegschütten, Geflügel gründlich abwaschen, Fleisch immer gut durchgaren!
Rezepte: ●● *Eichblattsalat mit Hähnchenbrust (S. 18)* ●●● *Hähnchenbrust mit Salbei und Parmaschinken (S. 102)* ●● *Hähnchenkeule mit Oliven (S. 102)* ●● *Thai-Curry mit Hähnchenburst und Spargel (S. 103)* ●● *Couscous mit Hähnchenbrust und Koriander (S. 117)* ●● *Hähnchenbrust-Salat (S. 179)* ●● *Chinesischer Hühnertopf (S. 184)*

Hase

Feldhase sollte nicht älter als 8–10 Monate sein. Saison ist von Oktober bis Januar. Rücken und Filets schmecken am besten.
Einkauf: frisch als Ganzes küchenfertig beim Metzger oder Wildhändler. Im Supermarkt gibt es tiefgekühlte Teile, z. B. Rücken oder Keulen, fertig gespickt.
Zu Hase passen alle klassischen Wildbeizen.
Minirezept: Gespickten Hasenrücken würzen, in Öl anbraten, mit 1/2 Teel. Ingwerpulver, 1 Prise Muskat bestreuen, 1/4 l Rotwein dazugießen; im Bräter im Backofen bei 220° 20 Minuten garen, im ausgeschalteten Ofen 10 Minuten stehen lassen.

H

Haselnuss

Neben der → Walnuss die einzige Nuss, die in unseren Breitengraden wächst. Die im Handel erhältlichen Nüsse kommen v. a. aus Südeuropa und den USA.
Einkauf: am besten Haselnüsse in der Schale kaufen. Geschälte Nüsse gibt's als ganze Kerne, gehobelt, gehackt und gemahlen.
Achtung: Nicht zu lange lagern, sonst verlieren die Nüsse an Aroma und werden ranzig.
Lecker in Müsli und Gebäck oder auch gehackt (und geröstet) über Obst oder Salat gestreut.
Rezepte: ●● *Rehkoteletts mit Haselnusskruste (S. 109)* ●● *Süßer Nudelauflauf mit Nüssen (S. 189)*

Hecht

Die Raubfische können bis zu 150 cm lang und 35 kg schwer werden. Zum Kochen genügen 1–3 kg schwere Fische. Hecht zählt mit seinem leicht süßen, fein strukturierten Fleisch zum Besten unter den Süßwasserfischen.
Einkauf: frische, bereits ausgenommene Fische als Ganzes – sollten klare Augen, glänzende Haut und rote Kiemen haben – und Filets.
Achtung: Besonders die kleinen Exemplare haben viele haarfeine Gräten!
Lässt sich gut füllen; lecker auch gedünstet oder gebraten; eignet sich zum Pürieren z. B. für Hechtklößchen.

Hefeteig

Entsteht aus Mehl, lauwarmer Flüssigkeit, Hefe, Salz, evtl. auch Eiern und Fett als geschmacksverbessernde Zutaten – und Zucker für süßes Hefegebäck. Hefeteig selbst zu machen ist nicht schwer, es dauert nur etwas.
Einkauf: Praktisch ist fertiger tiefgekühlter Hefeteig, den man nur noch auftauen und ausrollen muss. In jedem Lebensmittelladen zu kaufen.
Super z. B. für schnelle Pizzen oder pikantes Kleingebäck, für Brote und allerlei süße Gebäckstücke mit und ohne Füllung.
Rezept: ●● *Früchtepizza (S. 189)*

Heidelbeere

Die aromatischen Beerenfrüchte, auch Blaubeeren genannt, haben von Juni bis September Saison.
Einkauf: v. a. auf dem Markt, im Feinkostladen und beim Obsthändler erhältlich; es gibt kultivierte Heidelbeeren und die kleineren, aromatischeren Wald- oder Wildheidelbeeren.
Am besten sofort verarbeiten, im Kühlschrank aber bis zu 3 Tage haltbar.
Achtung: Nicht in Gesellschaft von Tomaten oder Bananen lagern, da faulen sie schneller.
Schmecken super pur mit Joghurt und Honig, mit Quark oder im Pudding.

H

Heilbutt

Der größte unter den Plattfischen kann bis zu 4 m lang und 300 kg schwer werden. Er hat ein festes weißes Fleisch.
Einkauf: Es werden v.a. Steaks oder Filets vom »Weißen Heilbutt« angeboten. Geräucherter Heilbutt stammt vom fettreicheren »Schwarzen Heilbutt«.
Heilbutt schmeckt gut gebraten (Steaks), gedämpft (Filets) oder auch als Ganzes im Ofen gegart.
Minirezept: *800 g Heilbuttfilets würfeln, mit Salz, Limettenschale würzen. Zwiebel, Knoblauch, Chilischote in Öl dünsten. Ingwer, Curry und 350 g Kokoscreme und Fisch zugeben, 10 Minuten garen, abschmecken.*

Hering

In Nordatlantik, Nordpazifik und in der Ostsee heimisch; mit relativ fettreichem, weichem und blättrigem Fleisch. Kann 35 cm lang werden.
Einkauf: frisch und auf verschiedenste Arten konserviert: als Salzhering, frisch oder gebraten eingelegt, geräuchert (Bückling). Eine Spezialität ist → Matjes.
Frischer Hering schmeckt knusprig gebraten oder gegrillt.
Minirezept: *4 Matjesfilets, 2 Gewürzgurken und 300 g gekochte Kartoffeln in Streifen schneiden. Mit Apfel- und Zwiebelstücken, Mayonnaise, Salz, Pfeffer mischen, mit gehackten Walnüssen bestreuen.*

Himbeere

Saison ist von Juli bis Oktober, ansonsten gibt es sie tiefgekühlt.
Einkauf: Vielerorts kann man sie auf Plantagen selbst pflücken.
Achtung: Himbeeren verderben schnell, deshalb am besten sofort essen oder verwenden.
Schmecken lecker mit Joghurt, Quark, heiß über Eis oder zu anderen Desserts. Zum selbst einfrieren die Beeren auf einem Tablett ausbreiten und vorfrosten. Erst dann in Gefrierbeutel füllen.
Rezepte: ●● *Eichblattsalat mit Hähnchenbrust (S. 18)* ●● *Süße Spaghetti mit Himbeersauce (S. 163)* ●● *Panna cotta mit Himbeersauce (S. 164)* ●●● *Rote Grütze mit Sahne (S. 189)*

Hirsch

Es gibt Dam- und Rothirschfleisch; Saison hat Hirschfleisch von August bis Januar. Am besten schmeckt gut abgehangenes junges Hirschfleisch, das etwas an mageres Lamm erinnert.
Einkauf: frisch beim Wild- oder Feinkosthändler; sollte eine dunkelrote bis braunrote Farbe haben. Auch tiefgekühlt zu kaufen, z. B. aus dem Rücken geschnittene Medaillons.
Größere Stücke bei niedrigen Temperaturen im Ofen garen, vor dem Braten mit dünnen Speckscheiben umwickeln. Keulen am besten schmoren. Schulter-, Nacken- und Brustfleisch eignen sich für Ragouts.

H

Hirse

Sammelbegriff für eine Reihe kleinkörniger Getreidearten, die in den Subtropen und Tropen heimisch sind.
Einkauf: Gibt's als »Goldhirse«, d. h. als geschältes ganzes Korn, sowie als Hirseflocken oder -mehl.
Schmeckt in süßen und pikanten Gerichten, eignet sich hervorragend für Füllmassen und passt auch gut in Gemüsesalate. Süßer Hirsebrei wird wie Milchreis gekocht.
Minirezept: 1 Tasse Hirse in 2 Tassen kochendem Wasser mit 1 Brühwürfel 20 Minuten ausquellen, mit Butter und gekochtem Gemüse mischen.

Holunder

Ein Strauch mit cremeweißen, duftenden Blüten, aus denen schwarze, äußerst Vitamin-C-reiche Beeren heranwachsen.
Einkauf: manchmal beim Obsthändler; am besten selbst pflücken. Blüten haben im Mai/Juni Saison, Beeren sind im Spätsommer reif.
Achtung: Holunderbeeren nie roh verzehren!
Mit den Blüten kann man Sirup herstellen, aus den Beeren Mus, Gelee oder Kaltschalen.
Minirezept: Blütendolden waschen, in Pfannkuchen- oder Bierteig tauchen, in Fett schwimmend ausbacken, mit Zucker und Zimt servieren.

Honig

Seit Urzeiten in der Küche verwendetes natürliches Süßungsmittel. Je nach Hauptblütensorte (z. B. Raps, Klee, Lavendel, Tanne) ist Honig von charakteristischer Farbe und Aroma. Er kann fest oder flüssig sein.
Einkauf: diverse Sorten im Supermarkt, ausgefallenere Sorten in Feinkostgeschäften.
Rezepte: ●● *Kürbis-Honig-Suppe (S. 41)* ●●● *Mexikanische Hühnerbeinchen (S. 103)* ●● *Kaninchenkeulen mit Honig-Pumpernickel-Kruste (S. 108)* ●●● *Flambierte Bananen (S. 157)* ●●● *Obstsalat mit Mascarponecreme (S. 160)*

Hummer

Das edelste Meeres-Krustentier. Er wird auch gezüchtet. Hummerfleisch ist weiß und aromatisch, das vom europäischen Hummer schmeckt süßlicher als das vom amerikanischen.
Einkauf: hauptsächlich lebendfrisch (kann aber bereits im Geschäft getötet werden) oder tiefgekühlt.
Frischen Hummer am besten sofort zubereiten. Dann mit einer Hummerzange den Panzer aufbrechen und das Fleisch auslösen. Hummerfleisch schmeckt hervorragend pur mit einer delikaten Mayonnaise oder in Ragouts und Salaten.

I

Ingwer

Tropische Pflanze, von der die Wurzelstöcke verwendet werden. Ingwer hat einen frischen, zitronig-scharfen Geschmack.
Einkauf: Kommt frisch, getrocknet, als Pulver, eingelegt oder kandiert auf den Markt. Frische Wurzeln müssen prall und fest sein.
Passt zu Suppen, Gemüse, zu Fleisch und Fisch, in Obstsalate und Desserts; wird auch als Backzutat verwendet.
Rezepte: ●● *Gemüse und Pilze mit Tofu (S. 42)* ●●● *Asiatisches Paprika-Sprossen-Gemüse (S. 43)* ●●● *Mexikanische Hühnerbeinchen (S. 103)* ●● *Glasnudeln mit Gemüse (S. 136)*

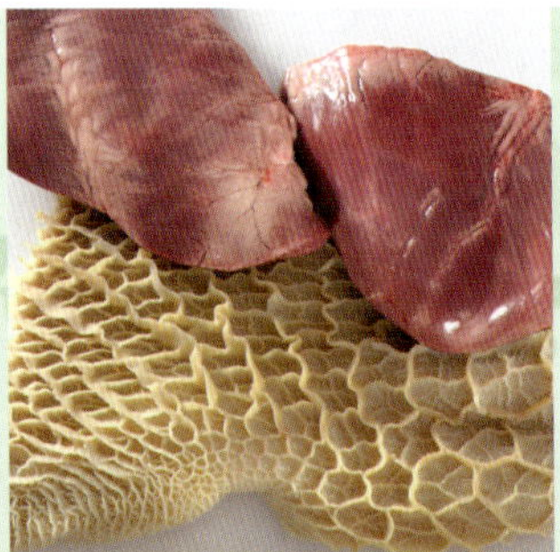

Innereien

Essbare innere Organe von Wild, Geflügel, Rind, Kalb oder Schwein (→ Bries, Herz, Hirn, Magen, Lunge, Milz, Zunge, → Leber, → Nieren).
Einkauf: Gibt's frisch, aber auch tiefgekühlt in guten Metzgereien und Feinkostgeschäften.
Viele Innereien eignen sich gut zum Pochieren, robuste Innereien kann man schmoren, Leber und Niere schmecken sautiert fein.
Achtung: Obwohl Innereien oft als Delikatesse gelten und wichtige Nährstoffe enthalten, sind sie nicht jedermanns Sache.
Rezepte: ●● *Kopfsalatherz mit gebackenem Bries (S. 25)* ●●● *Kalbsleber Berliner Art (S. 101)*

J

Jakobsmuschel

Große Muschel mit fächerförmig gerippter Schale.
Einkauf: frische Muscheln mit oder ohne Schale (von August bis April) oder tiefgekühltes Muschelfleisch mit oder ohne den orangefarbenen Rogen (Corail); auch in Dosen erhältlich.
Das Fleisch schmeckt fein mit Butter und Sahne gegart, kleine Muscheln kann man auch gut roh mit Zitrussaft marinieren.
Rezepte: ● *Avocado mit Jakobsmuscheln (S. 14)* ●● *Jakobsmuscheln auf Orangennudeln (S. 74)* ●●● *Jakobsmuscheln mit Artischockenstreifen (S. 75)*

Joghurt

Mit Milchsäurebakterien dickgelegte Milch. Ein universell einsetzbares und sehr gesundes Lebensmittel.
Einkauf: Joghurt gibt's mit verschiedenem Fettgehalt als Naturjoghurt und mit Geschmack, z. B. mit Früchten (Fruchtjoghurt), mit Nüssen, mit oder ohne Zuckerzusatz.
Rezepte: ●●● *Orientalischer Gurkensalat (S. 23)* ●● *Gebackene Austernpilze mit Zitronen-Kräuter-Dip (S. 39)* ●● *Italienischer Nudelsalat (S. 141)* ●●● *Joghurt-Limetten-Creme mit Erdbeermark (S. 157)* ●● *Panna cotta mit Himbeersauce (S. 164)*

K

Johannisbeere

Gibt's in weiß, rot, schwarz; die roten sind am säuerlichsten. Saison ist von Juni bis August/September. Die Beeren enthalten viel Vitamin C!
Einkauf: während der Saison frisch auf dem Markt und beim Obsthändler; sonst überall als Tiefkühlware erhältlich.
Am besten gleich verwenden, mit einer Gabel von den Ästchen streifen.
Schmecken toll pur mit Zucker und flüssiger Sahne sowie in Cremespeisen. Ideal auch zu fetten Fleisch- und Geflügelgerichten sowie als Garnitur. Oft zu Gelee verarbeitet.

Kabeljau

Unser Konsumfisch Nr. 1 – als junger Fisch wird er Dorsch genannt – kommt aus dem Nordpazifik und Nordatlantik. Kabeljau hat ein festes blättriges Fleisch.
Einkauf: frisch oder tiefgekühlt, als Filets, Koteletts oder in Stücken, Dorsch auch als ganzer Fisch. Getrockneter Kabeljau heißt Stockfisch.
Kabeljau eignet sich super zum Braten, Frittieren in Teighülle, Dünsten, Kochen oder auch für Ragouts.
Rezept: ●●● *Kabeljaufilet in Senfbutter (S. 76)*

Kaki

Auch Chinesische Quitte, Japanische Aprikose, Dattelpflaume und → Sharon genannte, etwa tomatengroße, orangefarbene exotische Frucht mit geleeartigem, süßaromatischem Fruchtfleisch.
Einkauf: von Oktober bis Dezember in gut sortierten Supermärkten und Obstgeschäften. Die Frucht sollte gut reif sein, d. h. weich mit einer glasigen Schale von leuchtenem Orange.
Kaki schmeckt fein in Obstsalaten, passt gut zu Frischkäse und auch zu geräuchertem Fleisch. Man kann sie aber auch einfach auslöffeln oder zu Kompott verarbeiten.

Kalbfleisch

Fleisch vom noch nicht einjährigen Rind. Kalbfleisch ist rosa bis hellrot und sehr gut verdaulich, weil es so zart ist.
Einkauf: Es sollte hellrosa und feinfaserig sein. Fleisch mit grauen oder trockenen Stellen nicht kaufen.
Zum Garen bei hohen Temperaturen eignet es sich auf Grund seines geringen Fettgehalts nicht, besser wird es geschmort oder bei kleiner Hitze in reichlich Flüssigkeit geköchelt. Typische Gerichte sind Kalbsschnitzel, gefüllte Kalbsbrust oder Kalbshachse.
Rezepte: ●● *Kalbspiccata alla Milanese (S. 94)* ●●● *Züricher Geschnetzeltes (S. 95)*

K

Kaninchen

Zucht- bzw. Stallkaninchen haben ein hellrosa Fleisch, das in Struktur und Geschmack an Hähnchenfleisch erinnert. Wildkaninchen schmecken intensiver. Sie werden seltener angeboten, es gibt sie aber das ganze Jahr.
Einkauf: ganze Tiere, mit oder ohne Innereien, Schenkel und Rücken. Auch tiefgekühlte Teile erhältlich.
Kaninchen wird gerne als Ganzes oder nur der Rücken gebraten oder in Wein geschmort; dazu schmecken Karotten, Zucchini, Tomaten, Äpfel und Pilze.
Rezept: ●● *Kaninchenkeulen mit Honig-Pumpernickel-Kruste (S. 108)*

Kapern

Blütenknospen des Kapernstrauches, der rund ums Mittelmeer wächst. Die besten und kleinsten Kapern (Nonpareilles) kommen aus Südfrankreich.
Einkauf: in jedem Lebensmittelladen eingelegt in Essigaufguss, in Feinkostgeschäften auch offen, in Salz eingelegt.
Achtung: Durch Erhitzen verstärkt sich das salzige Aroma! Verleihen Gerichten ein würzig-säuerliches Aroma. Fein auch zu Innereien und Thunfisch.
Rezepte: ●● *Kopfsalatherz mit gebackenem Bries (S. 25)* ●●● *Rinderbrust mit Salsa verde (S. 96)* ●● *Königsberger Klopse mit Kapernsauce (S. 104)*

Kapstachelbeere

Auch Physalis genannte, etwa kirschgroße, orangefarbene exotische Beere mit einer trockenen papierartigen Hülle. Schmeckt erfrischend säuerlich und ist saftig.
Einkauf: in vielen Supermärkten oder in Feinkostgeschäften, Saison ist von Dezember bis Juli; auch in Dosen erhältlich.
Kapstachelbeeren schmecken gut im Obstsalat, eignen sich aber auch zur Dekoration.
Rezept: ●●● *Exotischer Fruchtsalat (S. 160)*

Karambole

Ursprünglich aus Asien stammend; auch Sternfrucht oder Baumstachelbeere genannt. Hat ein saftiges Fruchtfleisch, das mit zunehmender Reife weicher und süßer wird.
Einkauf: das ganze Jahr über in Obst- und Feinkostgeschäften sowie gut sortierten Lebensmittelläden. Kräftig gelbe Exemplare nehmen.
Nicht zu lange aufbewahren, sonst werden die Kanten braun. Ist quer aufgeschnitten sehr dekorativ, etwa zur Garnierung von Salaten, Desserts, Drinks oder Bowlen.

K

Kardamom

Beliebtes Gewürz in weißen oder großen hellbraunen Kapselfrüchten aus Indien und Sri Lanka.
Einkauf: Kapseln (mit Samenkörnchen), Samen pur und gemahlene Samen. Die Samenkörnchen haben das meiste Aroma und sind teuer, deshalb werden oft die Kapseln mitvermahlen. Ganze Kapseln trocken und dunkel aufbewahren, Samen und Pulver schnell verbrauchen. Interessant in Gebäck, Desserts, Kompott, asiatischen Gerichten und Pickles.

Karpfen

Die verschiedenen Arten unterscheiden sich nach Art der Schuppen: Spiegelkarpfen, Zeilkarpfen, Nackt- oder Lederkarpfen und die Wildform, der Schuppenkarpfen. Am besten schmecken in sauberem Wasser gezüchtete Karpfen, sie haben ein leicht süßliches Aroma,.
Einkauf: ganz oder als Filets beim Fischhändler.
Kann pochiert, gedämpft oder in Butter sautiert werden. Karpfen wird traditionell an Weihnachten oder Silvester zubereitet.
Rezept: ●● *Pörkölt vom Karpfen (S. 84)*

Kartoffel

Es gibt sehr frühe, frühe, mittelfrühe und späte Kartoffeln. Je nach Sorte sind sie fest kochend (z. B. Sieglinde, Linda), vorwiegend fest kochend (z. B. Christa, Maja) und mehlig kochend (z. B. Aula, Bintje)
Einkauf: Sollten ohne Druckstellen und grüne Flecken sein. Halten sich luftig, kühl und dunkel (nicht im Kühlschrank) einige Wochen.
Fest kochende Sorten eignen sich für Salate, zum Braten, für Gratins, mehlig kochende lassen sich gut pürieren, in Alufolie backen, als → Kartoffelpuffer zubereiten.
Rezepte: *siehe Kapitel Kartoffeln, Reis, Getreide (ab S. 112)*

Kartoffelpuffer

Auch Reibekuchen genannt, aus mehlig kochenden geriebenen rohen Kartoffeln mit Eiern und Zwiebeln zu flachen runden Fladen geformt. Werden in heißem Fett in der Pfanne knusprig gebacken.
Einkauf: Wer Kartoffelpuffer nicht selbst herstellen will, bekommt sie tiefgekühlt im Supermarkt und braucht sie nur noch auftauen und braten.
Kartoffelpuffer sind superpraktisch für die schnelle Mahlzeit zwischendurch – z. B. klassisch mit Apfelmus –, eignen sich aber auch für kleine delikate Vorspeisen (z. B. mit Räucherlachs).

K

Käse

Einkauf: am besten am Stück an der Käsetheke; die größte Auswahl gibt's im Käsefachgeschäft.
Achtung: Sortenspezifischer Schimmel kann sich bei gemeinsamer Lagerung übertragen, er ist nicht schädlich. Käse mit anderem Schimmel wegwerfen!
(s. a. → Camembert, → Feta, → Fontina, → Gorgonzola, → Gouda, → Greyerzer, → Parmesan)
Rezepte: ●●● *Fenchelgratin mit Tomaten und Pecorino (S. 55)* ●●● *Käsesalat mit Senfsauce (S. 63)* ●●● *Tomaten-Käse-Suppe (S. 67)* ●●● *Kartoffel-Kohlrabi-Gratin (S. 118)* ●●● *Überbackene Makkaroni (S. 139)* ●●● *Käsespätzle (S. 187)*

Kaviar

Echter Kaviar ist der Rogen vom Stör (Beluga-, Osietra-, Sevruga-stör) Keta-Kaviar (vom Lachs) ist nicht so teuer. Forellen-Kaviar schmeckt ähnlich gut. Deutscher Kaviar wird aus Seehasenrogen hergestellt, er eignet sich v. a. zum Garnieren.
Einkauf: in Dose oder Glas; an der Dosenfarbe erkennt man die Kaviarart (Beluga/blau, Osietra/gelb, Sevruga/rot). »Malassol« bei russischem Kaviar bedeutet, dass wenig Salz enthalten ist.
Rezepte: ●● *Renkenfilet mit Graupenragout (S. 77)* ●● *Lachssuppe mit Kaviar und Estragon (S. 81)* ●● *Kaviar auf angebratenem Tatar (S. 177)*

Kefir

Heimisch in vielen Gegenden der ehemaligen Sowjetunion; dort aus Stutenmilch, hier zu Lande aus Kuhmilch hergestellt: Mit Hilfe von Kefir-Hefepilzen gesäuerte und vergorene Milch von erfrischendem Geschmack und mit geringen Mengen an Alkohol.
Einkauf: Kefir gibt's natur oder mit Früchten und anderen Geschmackszutaten aromatisiert im Kühlregal.
Er schmeckt besonders köstlich und erfrischend im Sommer mit frischen Früchten!
Rezept: ●● *Tomaten mit Kefircreme (S. 63)*

Kerbel

Das ursprünglich aus Russland stammende Kraut mit den hellgrünen gefiederten Blättern hat ein süßliches, an Anis erinnerndes Aroma.
Einkauf: Gibt's frisch und getrocknet; bestes Aroma haben junge Kerbelblättchen.
Achtung: Nicht zu lange mitgaren, das mindert das Aroma!
Pikant in vielen Gerichten, v. a. in Suppen und Saucen; besonders köstlich ist Kerbelsuppe.
Rezepte: ●● *Spargel klassisch mit Sauce hollandaise (S. 47)* ●●● *Kräuterquark auf Pumpernickel (S. 62)*

● *einfach* | ●● *noch einfacher* | ●●● *supereinfach*

K

Ketchup

Dickflüssige würzige Sauce aus Tomatenmark mit Essig, Zucker, Salz, verschiedene Sorten auch mit Paprika, Zwiebeln und anderen Gewürzen.
Einkauf: Es gibt Ketchup mit und ohne künstliche Aroma- und Konservierungsstoffe; auf möglichst hohen Tomaten-Fruchtgehalt achten.
Ketchup ist obligatorisch zu Pommes frites, passt aber auch gut zu gegrilltem Fleisch, Geflügel oder Fisch. Man kann außerdem schnelle leckere Dips aus Ketchup zaubern!
Rezepte: ●●● *Mexikanische Hühnerbeinchen (S. 103)* ●●● *Sauce Aiba (Käfer-Tipp S. 105)*

Kichererbse

Im Orient und in Asien viel verwendete Zutat, auch bei uns inzwischen sehr beliebt.
Einkauf: Gibt's getrocknet und in Dosen (bereits gegart); Kichererbsenmehl im Asienladen für Fladenbrot.
Getrocknete Kichererbsen kühl und trocken aufbewahren. Wie alle Hülsenfrüchte vor dem Garen mehrere Stunden einweichen.
Gesund und lecker in türkischen oder arabischen Gerichten, Salaten, als Eintopf; auch püriert als Paste und Dip beliebt.
Rezept: ●●● *Kichererbsen-Dip (S. 36)*

Kirsche

Unter den Süßkirschen gibt es die Herz- und die festeren Knorpelkirschen. Sauerkirschen sind z. B. »Weichsel« und »Amarelle«.
Einkauf: Saison ist Mai/Juni bis August, dann gibt es sie auch in jedem Supermarkt.
Bald essen; Sauerkirschen kann man gut einfrieren.
Lecker sind Süßkirschen pur, mit Sahne, Eis, auch im Auflauf. Sauerkirschen sind feine Beigabe zu pikanten Fleischgerichten, zum Backen, für Marmelade.
Rezepte: ●●● *Kirschen in Portweinsauce (S. 167)* ●●● *Oma Käfers Kirschkuchen (S. 167)* ●● *Süßer Nudelauflauf mit Nüssen (S. 189)*

Kiwi

Kleine grüne Frucht aus Neuseeland, wird heute auch in den Mittelmeerländern angebaut. Sie ist ein wahres Vitamin-C-Bömbchen!
Einkauf: Schale sollte auf Fingerdruck leicht nachgeben, runzlige Exemplare sind überreif, nicht kaufen. Harte Kiwis reifen neben Bananen schnell nach.
Achtung: Kiwi nicht in Verbindung mit Milchprodukten zubereiten, Kiwi macht diese bitter!
Kiwis schmecken gut pur oder im Obstsalat.
Rezepte: ●●● *Exotischer Fruchtsalat (S. 160)* ●●● *Obstsalat mit Mascarponecreme (S. 160)* ●● *Früchtepizza (S. 189)*

K

Klebreis

Spezielle kurzkörnige Reissorte, die beim Kochen oder Dämpfen aneinander klebt. In Indonesien (Nasi goreng u. a.) sehr beliebt.
Einkauf: in gut sortierten Supermärkten, Feinkostgeschäften und Asienläden.
Passt gut zu Gerichten mit viel Sauce, auch für süße Gerichte. Eignet sich für das Essen mit Stäbchen!
Minirezept: *1 Tasse Reis 12 Stunden einweichen, mit 2 Tassen Wasser kochen, 20 Minuten quellen. 200 ml Kokosmilch mit etwas Speisestärke, Salz, Wasser, 3 Essl. Zucker aufkochen. Reis mit Sauce begießen. Mangospalten dazureichen.*

Knoblauch

Eine der ältesten Heil- und Würzpflanzen der Welt, wächst am besten in trocken-heißem Klima.
Einkauf: Frischen Knoblauch gibt's im Frühling und Frühsommer. Ganzjährig ist getrockneter erhältlich. Gibt's auch in Öl eingelegt, als Granulat oder Pulver.
Getrockneter Knoblauch ist etwa 6 Monate haltbar.
Achtung: Das schwefelhaltige ätherische Öl »Allicin« wirkt antibiotisch; es ist jedoch für den berüchtigten Geruch verantwortlich!
Rezept: ●●● *Käfers Knoblauchbutter (S. 64)*

Kohlrabi

Hauptsaison für Kohlrabi ist von April bis Oktober.
Einkauf: Das Kraut sollte frisch sein, die Schale der Knolle glatt und ohne Risse, sonst ist das Gemüse holzig.
Hält sich im Gemüsefach des Kühlschranks etwa 1 Woche.
Lecker als Rohkost, in Suppen, Eintöpfen oder als Gratin. Unübertrefflich als zarte gedünstete Gemüsebeilage.
Junge Kohlrabiblätter möglichst mitverwenden, sie liefern reichlich Vitamine!
Rezepte: ●● *Kohlrabi-tarte mit Parmesan (S. 55)* ●●● *Kartoffel-Kohlrabi-Gratin (S. 118)*

Kokosflocken

Getrocknetes geraspeltes Kokosfleisch. Auch unter der Bezeichnung Kokosraspel erhältlich.
Einkauf: in jedem Lebensmittelgeschäft.
Auf das Haltbarkeitsdatum achten (das enthaltene Fett wird bei zu langer Lagerung ranzig)!
Kokosflocken eignen sich hervorragend für Desserts (einfach über Quarkspeisen oder Joghurt streuen) und geben pikanten asiatischen Gerichten eine milde Note.
Minirezept: *Kokosflocken in einer Pfanne ohne Fett kurz anrösten und über fertig gekauften Sahnejoghurt streuen.*
Rezept: ●● *Süße Spaghetti mit Himbeersauce (S. 163)*

K

Kopfsalat

Wird je nach Sorte von Mai bis Oktober im Freiland geerntet, ansonsten kommt er aus Unterglasanbau.
Einkauf: Nur knackig frische Salatköpfe kaufen.
Im Kühlschrank in feuchtes Papier gewickelt bis zu 3 Tage haltbar.
Achtung: Kopfsalat aus Unterglasanbau enthält mehr gesundheitsschädliches Nitrat als Freilandsalat.
Schmeckt lecker z. B. gemischt mit anderen Blattsalaten oder pur mit einer feinwürzigen Essig-Öl-Vinaigrette.
Rezepte: ●● *Geschmorter Kopfsalat (S. 25)* ●● *Kopfsalatherz mit gebackenem Bries (S. 25)*

Koriander

Würzpflanze, die in Latein- und Südamerika, in Südostasien und Indien häufig verwendet wird. Die Blätter schmecken säuerlich-scharf, die Samen zart zitrusartig.
Einkauf: Die Samen gibt's als Ganzes, gemahlen und geschrotet. Das frische Kraut bekommt man beim Gemüsehändler.
Koriandersamen behalten auch bei langem Garen ihr Aroma!
Rezepte: ●● *Gemüse und Pilze mit Tofu (S. 42)* ●●● *Asiatisches Paprika-Sprossen-Gemüse (S. 43)* ●● *Couscous mit Hähnchenbrust und Koriander (S. 117)* ● *Saté-Spießchen mit Erdnusssauce (S. 184)*

Kräuter der Provence

Eine Mischung der in der Provence heimischen Kräuter: Thymian, Bohnenkraut, Fenchel, oft auch mit Salbei, Lorbeer, Rosmarin und/oder Oregano.
Einkauf: meist getrocknet und gerebelt in Tüten und Dosen. Auf Haltbarkeitsdatum achten!
Kräuter der Provence würzen alle möglichen Speisen, v. a. Saucen (z. B. Tomatensauce zu Spaghetti), Fleisch- und Fischgerichte.
Rezepte: ●●● *Schnelle Tomatensuppe mit Croûtons (S. 183)* ●● *Linsensuppe mit Tomaten und Balsamessig (S. 183)*

Kresse

Wird wegen seines leicht scharfen Geschmacks auch Pfefferkraut genannt; ist eine beliebte Salatzutat und Garnitur.
Einkauf: Kresse wird meist in kleinen Keimschälchen verkauft. Hält sich im Gemüsefach des Kühlschranks 1–2 Tage.
Lecker in Salaten, Saucen und Suppen, in Eier-, Quark- und Kartoffelgerichten.
Minirezept: *Quark mit etwas Milch cremig rühren, Kresse, Pfeffer und Salz untermischen und zu Pellkartoffeln servieren.*
Rezepte: ●●● *Friséesalat mit Portweinsauce und Gartenkresse (S. 21)* ●● *Gartenkresse im roten Töpfchen (S. 22)*

K

Kreuzkümmel

Pflanze und Samen ähneln äußerlich dem Kümmel, schmecken aber charakteristisch erdig-aromatisch. Kreuzkümmel hat eine pfeffrige Note. Ist u. a. auch Bestandteil von → Currypulver.
Einkauf: hauptsächlich getrocknet und gemahlen, aber auch als ganze Samen. Haltbarkeitsdatum beachten!
Schmeckt interessant in asiatischen sowie nordafrikanischen Gerichten mit Fleisch, auch mit Auberginen oder Joghurt.
Rezept: ●● *Chinesischer Hühnertopf (S. 184)*

Kümmel

Angeblich das älteste Gewürz der Welt. Gedeiht in ganz Europa. Macht fette Speisen besser bekömmlich.
Einkauf: getrocknete ganze Körner oder gemahlen.
Trocken und dunkel aufbewahren! Auf das Haltbarkeitsdatum achten!
Achtung: Samen müssen lange gegart werden, damit sie ihr volles Aroma entfalten.
Gehört in alle Kraut- und Kohlgerichte, deftige Eintöpfe und Fleischgerichte, auch für pikantes Brot- und Blätterteiggebäck.
Rezepte: ●●● *Kürbis-Honig-Suppe (S. 41)* ●●● *Rotkraut (Käfer-Tipp; S. 111)*

Kumquat

Auch Zwergorange oder Nagami genannt. Kleine Zitrusfrucht, von der man die Schale mitessen kann. Saison von November bis März.
Einkauf: in Obstgeschäften und gut sortierten Supermärkten; Kumquats gibt's auch in Sirup oder Alkohol eingelegt.
Kühl lagern und schnell verbrauchen.
Kumquat schmeckt pur, aber auch in Blatt- und Obstsalaten oder Desserts. Sie ist zudem eine hübsche Dekoration.

Kürbis

Die Familie der Kürbisgewächse ist ausgesprochen artenreich. Die Kürbisse mit harter Schale, von denen hier die Rede ist, haben vielfältigste Formen und Farben – Saison ist September/Oktober.
Einkauf: Kleine Kürbisse werden stückweise verkauft, große werden nach Gewicht angeboten.
Ganze Kürbisse halten sich mehrere Wochen, Kürbisstücke in Frischhaltefolie im Kühlschrank ein paar Tage.
Super für süßsaure Chutneys, für Eintöpfe, Suppen, Kompott.
Rezepte: ●● *Kürbis-Honig-Suppe (S. 41)* ●● *Orecchiette mit Linsen und Kürbis (S. 143)*

K

Kürbiskerne

Die flachen großen Kerne des Gartenkürbisses sind eine gesunde Köstlichkeit.
Einkauf: Grüne schalenlose Kürbiskerne gibt's als ganze Kerne oder als Granulat in Bioläden, Reformhäusern und gut sortierten Lebensmittelgeschäften.
Die ölhaltigen Kerne schmecken schnell ranzig, deshalb kühl und trocken und nicht zu lange aufbewahren.
Kürbiskerne sind fein im Müsli oder angeröstet über Salaten, Gemüse und Desserts.
Rezepte: ●●● *Radicchio mit Parmaschinken (S. 26)* ●● *Kürbis-Honig-Suppe (S. 41)*

Kürbiskernöl

Eine Spezialität aus der Steiermark: Aus den gerösteten Kernen verschiedener Arten des Ölkürbisses wird das delikate Öl gewonnen. Es ist dunkelgrün und dickflüssig und schmeckt nussig und etwas herb.
Einkauf: Beste Qualität gibt's in Feinkostgeschäften.
Etwa 12 Monate, am besten im Kühlschrank haltbar.
Kürbiskernöl schmeckt gut in herzhaften Salaten wie Wurstsalat, Fleisch-, Kartoffel-, Eier- oder Krautsalat. Eventuell mit anderen, neutraleren Ölen mischen.
Rezept: ●●● *Radicchio mit Parmaschinken (S. 26)*

Kurkuma

Stammt aus Asien. Wegen seiner Farbe auch Gelbwurzel oder Safranwurzel genannt und mit dem Ingwer verwandt, jedoch nicht von scharfem, sondern von warmem erdigem Geschmack und leuchtend gelb färbend.
Einkauf: Frische oder getrocknete ganze Kurkumawurzeln gibt's selten, wird meist als Pulver angeboten.
Achtung: Nur kleine Mengen kaufen, da das Aroma schnell verfliegt.
Wichtiger Bestandteil von Currymischungen, in vielen asiatischen Gerichten unverzichtbar.

Kuskus (Couscous)

Grobkörniger Hartweizengrieß sowie damit zubereiteter Eintopf, eine nordafrikanische Spezialität.
Einkauf: In Asienläden, großen Supermärkten und Feinkostläden. Der hier erhältliche Kuskus gart relativ schnell, er muss lediglich in kochend heißem Wasser ziehen und dabei wiederholt mit der Gabel aufgelockert werden.
Schmeckt mit Butter verrührt hervorragend als Beilage zu Fleisch-, Fisch- und Gemüsegerichten. Kalter Kuskus passt wie → Bulgur auch in Gemüse- und Fischsalate.
Rezepte: ●● *Couscous mit Riesengarnelen und Tomaten (S. 116)* ●● *Couscous mit Hähnchenbrust und Koriander (S. 117)*

L

Kuvertüre

Schokolade mit einem hohen Anteil (mind. 31 %) Kakaobutter, so dass sie leicht schmilzt und gut fließt. Zum Überziehen und Dekorieren von Kuchen und Torten sowie für selbst gemachte Pralinen.
Einkauf: gibt's als Vollmilch- oder Halbbitterkuvertüre oder als weiße Kuvertüre bei den Backzutaten im Supermarkt.
Achtung: Wird im Wasserbad geschmolzen, darf jedoch nicht mit Wasser in Berührung kommen!
Minirezept: Obst wie z. B. Erdbeeren oder Bananen in geschmolzene Kuvertüre tauchen und auf einem mit Puderzucker besiebten Teller anrichten.

Lachs

Kommt wild in Nordeuropa und Alaska vor, wird auch gezüchtet. Sein rosarotes Fleisch ist relativ fettreich und schmeckt köstlich.
Einkauf: Es gibt ganze Fische, Koteletts, Filets. Räucherlachs ist küchenfertig erhältlich.
Fein gedünstet mit zartem Gemüse und sahniger Sauce. Räucherlachs schmeckt kalt mit Sauce zu Brot oder Pellkartoffeln.
Rezepte: ●● *Lachssuppe mit Kaviar und Estragon (S. 81)* ●● *Lachs auf Gemüse-Pfifferling-Vinaigrette (S. 81)* ● *Steinbutt-Cordon-bleu mit Räucherlachs (S. 88)* ●●● *Nigri-Sushi mit Lachs (S. 126)* ●●● *Räucherlachs-Häppchen (S. 175)*

Lamm

Schafe bis zum Alter von 1 Jahr gelten als Lämmer. Ihr Fleisch ist hell- bis dunkelrosa, der feinste Teil ist der Rücken.
Einkauf: Angeboten wird Fleisch von Frühlingslämmern (höchstens 8 Wochen alt), Milchlämmern (bis 3 Monate) und Mastlämmern (bis 12 Monate).
Achtung: Immer auf vorgewärmten Tellern servieren! Koteletts erst nach dem Braten salzen.
Das Fleisch ist so zart, dass nahezu alle Stücke gebraten werden können. Besonders schnell und praktisch sind Koteletts.
Rezepte: ●● *Irish Stew (S. 98)* ●● *Lammcurry mit gerösteten Mandeln (S. 101)*

Languste

Mit dem Hummer verwandter scherenloser Seekrebs. Am besten schmecken kleinere, bis 400 g schwere Exemplare. Das meiste Fleisch ist im Schwanz enthalten.
Einkauf: Ganze Langusten gibt's lebendfrisch, Schwanzteile sind frisch, tiefgekühlt roh oder bereits gegart zu kaufen.
Gerichte mit Langusten sind ideal für festliche Anlässe! Langusten werden wie Hummer zubereitet.
Minirezept: Vorgegarte Langustenschwänze mit Marinade aus Öl, gehackter Petersilie und Knoblauch, Zitronensaft, Salz, Pfeffer bepinseln. In feuerfester Form unter dem Grill im Ofen 6–8 Minuten grillen.

L

Lasagne

Rechteckige Nudelblätter für auflaufartige Gerichte, auch Bezeichnung für das damit zubereitete berühmte Pastagericht aus Italien.
Einkauf: Bereits vorgekochte getrocknete Lasagneblätter, die man direkt verwenden kann, gibt's in der Nudelabteilung des Supermarkts.
In Italien kennt jede Region ein eigenes Lasagnerezept. Bekannt ist v. a. Lasagne mit Hackfleischragout, Béchamelsauce und Parmesan. Lecker sind auch vegetarische Varianten.
Rezept: ●● *Lasagne mit Hackfleisch und Tomaten (S. 139)*

Lauch

Gehört zur Zwiebelfamilie; wird in ganz Europa, meist im Freiland angebaut. Es gibt zarten Sommer- sowie derberen Winterlauch.
Einkauf: Auf feste Stangen und leuchtend grüne Blätter achten. Hält sich in Papier eingewickelt bis zu 4 Tage im Kühlschrank.
Achtung: Lauch überträgt seinen Geruch an aromaempfindliche Produkte, z. B. Milchprodukte oder Obst, also getrennt lagern!
Lauch schmeckt lecker roh in Salaten, gegart in Suppen, Eintöpfen oder als Beilage mit etwas Butter gedünstet.
Rezepte: ●● *Irish Stew (S. 98)* ● *Wildschweinrückensteaks mit Morcheln (S. 109)*

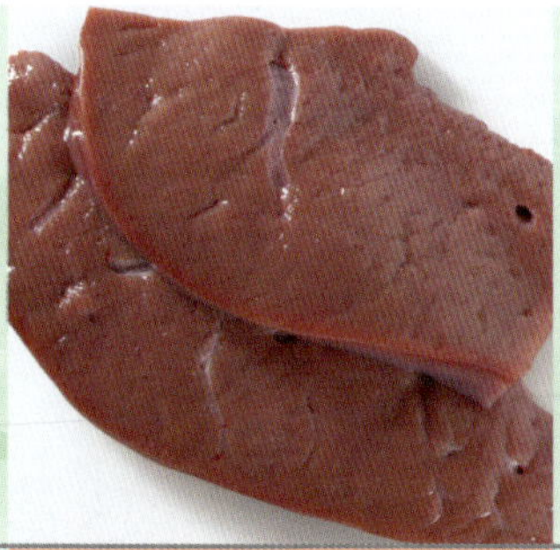

Leber

In der Küche verwendet werden Rinder-, Lamm- und Schweineleber. Am besten schmeckt Leber von jungen Tieren. Enthält sehr viel Eisen und viele Vitamine. Vor dem Braten von dicken Adern der dünnen Haut befreien und kurz in Milch einlegen, das mildert den Geschmack.
Einkauf: Nur Leber mit frischem, angenehmem Geruch kaufen.
Achtung: Leber immer erst nach dem Braten salzen und nicht zu lange garen, sonst wird sie hart!
Rezept: ●●● *Kalbsleber Berliner Art (S. 101)*

Limette

Wird in der Küche wie Zitrone verwendet; hat einen feinen, herbaromatischen Geschmack.
Einkauf: in Supermärkten und Obstgeschäften. Auf unbehandelte Schale achten, falls sie verwendet werden soll.
Kann bis zu 1 Woche im Kühlschrank gelagert werden.
Der Saft schmeckt fein zu kalten Meeresfrüchten, zu Avocado und Obst; toll auch in Cocktails. Die Schale ist ideal zum Verfeinern.
Rezepte: ●● *Batavia-Fisch-Röllchen (S. 15)* ●●● *Gebackene Rote Bete (S. 45)* ●●● *Flambierte Bananen (S. 157)* ●●● *Joghurt-Limetten-Creme mit Erdbeermark (S. 157)*

L

Linsen

Je kleiner, desto besser im Geschmack. Hier zu Lande am gebräuchlichsten sind Tellerlinsen (= grüne/braune Linsen). Rote und gelbe Linsen sind schnell gar und müssen nicht eingeweicht werden. Beliebt sind die französischen Puy-Linsen, die fein schmecken und nicht zerkochen.
Einkauf: Linsen gibt's getrocknet und gegart in Dosen.
Sie sind sehr vielseitig: super in Suppen, als Eintopf. Rote Linsen sind ideal für asiatische Gerichte.
Rezepte: ●●● *Thai-Gemüse mit roten Linsen (S. 43)* ●● *Orecchiette mit Linsen und Kürbis (S. 143)* ●● *Linsensuppe mit Tomaten und Balsamessig (S. 183)*

Lollo bianco/rosso

Blattsalat, den es in gelb-grüner (bianco) und rotbrauner (rosso) Variante gibt. Beide haben krause Blätter. Saison: Mai bis Oktober.
Einkauf: Auf welke Blätter achten, nur knackig frischen Salat kaufen.
Bleibt im Gemüsefach des Kühlschranks einige Tage frisch (länger als Kopfsalat).
Schmeckt z. B. mit einer Vinaigrette aus Himbeeressig, Öl, Salz und Pfeffer. Man kann ihn gut mit anderen Salaten mischen oder die Blätter als Dekoration verwenden.
Rezepte: ●●● *Lollo bianco mit Oliven und Paprika (S. 25)* ●● *Italienischer Nudelsalat (S. 141)*

Lorbeer

Lorbeerbäume wachsen rund ums Mittelmeer. Die lederartigen Blätter enthalten ätherische Öle und Bitterstoffe mit starker Würzkraft. Werden gewöhnlich getrocknet verwendet, da frische Blätter sehr bitter schmecken können.
Einkauf: im Gewürzregal im Supermarkt getrocknet, ganz; seltener auch gemahlen erhältlich.
Lorbeerblätter werden gewöhnlich mitgegart und vor dem Servieren entfernt. Sie würzen Marinaden, Suppen, Brühen, Fleisch, Gemüse, Saucen.
Rezepte: ●● *Artischocken auf provenzalische Art (S. 34)* ●●● *Rinderbrust mit Salsa verde (S. 96)*

Loup de mer

Auch als Seewolf, Seebarsch oder Wolfsbarsch bekannt. Ein Salzwasserfisch, der zu den besten und teuersten gehört. Er hat festes, weißes, sehr köstliches Fleisch.
Einkauf: in Feinkost- und Fischgeschäften, frisch als ganzer Fisch, als Steaks oder Filets.
Loup de mer eignet sich zum Grillen im Ganzen, gefüllt zur Zubereitung im Ofen, die Filets auch zum Pochieren.
Rezept: ●● *Batavia-Fisch-Röllchen (S. 15)*

● *einfach* | ●● *noch einfacher* | ●●● *supereinfach*

M

Mais

Es gibt Gemüse- bzw. Zuckermais und Körnermais. Zuckermais wird als Gemüse verwendet, aus Körnermais werden Maismehl, -grieß und -stärke hergestellt.
Einkauf: Gemüsemais wird als frische Kolben, Konserven oder tiefgekühlt angeboten.
Frische Zuckermaiskolben sind gegrillt und mit Butter bestrichen lecker. Die Körner passen z. B. gut in Salate, Suppen, zu Reis; köstlich sind auch Maispuffer.
Rezepte: ●● *Mais-Crêpes (S. 125)* ●●● *Polentagratin (S. 125)* ●● *Glasnudeln mit Gemüse (S. 136)* ●● *Taco-Shells mit Avocado und Mais (S. 185)*

Majoran

Frischen Majoran gibt's von Juni bis September. Er ist in Aussehen und Geschmack dem → Oregano ähnlich, jedoch etwas milder.
Einkauf: frisch beim Gemüsehändler, im Supermarkt getrocknet oder gerebelt.
Achtung: Frischen Majoran erst kurz vor Ende der Garzeit zugeben, getrocknet kann man ihn mitkochen.
Vielseitiges Gewürz für Suppen, Salate, Fleisch-, Gemüsegerichte.
Rezepte: ● *Gänsebraten mit Preiselbeeren (S. 111)* ●●● *Kartoffelgröstl (S. 119)*

Makkaroni

Glatte oder gerillte röhrenförmige Nudeln (die mit dem Loch!); gibt es in verschiedenen Größen. In Süditalien werden mit »maccheroni« Nudeln ganz allgemein bezeichnet.
Es gibt unzählige Rezepte für Makkaroni, sie schmecken gut mit einer dickflüssigen Sauce (z. B. Hackfleischsauce oder Gemüseragout mit Fisch) und man kann damit prima Aufläufe zaubern.
Rezepte: ●● *Minestrone (S. 41)* ●●● *Überbackene Makkaroni (S. 139)*

Makrele

Salzwasserfisch, der in allen Meeren heimisch ist. An seinen stahlblauen Querstreifen gut zu erkennen. Makrelen haben ein gehaltvolles Fleisch von feiner Struktur. Am feinsten schmeckt die Spanische Makrele.
Einkauf: ganze Fische, frisch, tiefgekühlt oder geräuchert, auch als Konserve in Öl eingelegt.
Frische Makrelen kann man gut füllen und braten, schmoren oder grillen. In Bayern beliebt: der Steckerlfisch (auf einen Stock aufgespießte gegrillte Makrele).

M

Mandarine

Die kleine orangefarbene Zitrusfrucht hat eine lose anhaftende Schale und ein süßaromatisches Fruchtfleisch; je nach Sorte (Mandarine, Tangerine, Satsuma, Clementine) mit mehr oder weniger Kernen durchsetzt.
Einkauf: von Oktober bis Februar überall erhältlich; evtl. die kernlosen Satsumas bevorzugen. Mandarinenspalten gibt's auch in der Dose (mit oder ohne Zucker).
Frische Mandarinen sind im Gemüsefach des Kühlschranks 2–3 Wochen haltbar.
Schmecken gut pur, aber auch in Obstsalaten oder Quarkspeisen.

Mandel

Süßmandeln finden in der Küche vielseitige Verwendung. Bittermandeln enthalten roh giftige Blausäure.
Einkauf: mit Schale, als Kerne mit/ohne brauner Haut, gehackt, gemahlen sowie als Blättchen.
Mandelkerne halten im Kühlschrank 6 Monate; zerkleinerte Mandeln schnell verbrauchen.
Schmecken lecker in Süßspeisen und Backwerk; fein auch in Aufläufen sowie zu Fisch, Huhn und in indischen Currys.
Rezepte: ●● *Zucchinigratin mit Mandeln (S. 49)* ●● *Forelle mit Mandeln (S. 73)* ●● *Lammcurry mit gerösteten Mandeln (S. 101)*

Mango

Überaus köstliche tropische Steinfrucht mit goldgelbem Fruchtfleisch.
Einkauf: Das ganze Jahr über in allen gut sortierten Supermärkten erhältlich; reife Früchte geben auf leichten Druck nach.
Im Kühlschrank bis zu 1 Woche lagerbar.
Achtung: Mangosaft hinterlässt hartnäckige Flecken!
Das goldgelbe Fruchtfleisch passt gut zu Eis und in Obstsalate, zu Schinken, Räucherfleisch, Scampis, Lachs und Geflügel. Auch super: Mangochutney!
Rezepte: ●● *Mango-Parfait mit Erdbeeren (S. 158)* ●●● *Exotischer Fruchtsalat (S. 160)*

Mangold

Mit der roten Bete verwandt. Es gibt verschiedenen Sorten, u. a. rot- und weißstielige. Saison ist hier Mai bis Oktober; im Handel ist er bis in den Dezember.
Einkauf: beim Gemüsehändler, Stiele und Blätter müssen knackig frisch sein; gibt's in gut sortierten Supermärkten auch tiefgekühlt.
Frischer Mangold hält in ein feuchtes Tuch eingeschlagen im Kühlschrank 2–3 Tage.
Blätter werden wie Spinat verwendet; schmecken auch roh in Salaten oder als Hülle für Rouladen.
Stiele kann man wie Spargel zubereiten.
Rezept: ●●● *Mangoldgemüse mit Basilikum (S. 41)*

M

Maracuja

Gehört zu den Passionsfrüchten; hat eine gelb-rote bis aubergine-farbene Schale und ein säuerlich-süßes, von vielen Kernen durchsetztes weiches Fruchtfleisch.
Einkauf: Von Frühling bis Herbst in gut sortierten Supermärkten und Obstgeschäften erhältlich. Vollreife Früchte haben eine trockene, verschrumpelte Schale.
Maracujas aufgeschnitten pur auslöffeln oder Fruchtfleisch ausschaben und in Obstsalaten o. Ä. verwenden; auch püriert in Saucen und Desserts lecker.

Mascarpone

Italienischer Frischkäse aus Sahne, die mit Zitronensäure zum Gerinnen gebracht wird; enthält kein Salz. Kann als Ersatz für Butter oder Sahne verwendet werden.
Einkauf: Gibt's im Supermarkt im Kühlregal.
Super für cremige Desserts und für Tortenfüllungen; spielt die Hauptrolle im Tiramisu. Toll auch zum Verfeinern von Saucen, in Aufläufen oder zu Gemüse.
Rezepte: ●●● *Spaghetti mit Mascarpone-Schinken-Sauce (S. 147)* ●●● *Überbackene Erdbeeren (S. 158)* ●●● *Obstsalat mit Mascarponecreme (S. 160)* ●● *Tiramisu mit Amaretto-Schoko-Sauce (S. 162)*

Matjes

Ganz junge Heringe, die einige Wochen in Salzlake eingelegt wurden. Der Name kommt vom holländischen »Meisje« (= junges Mädchen).
Einkauf: Anfang Juni kommt der erste frisch eingesalzene Matjes in den Handel; ganz oder als Filets.
Schmeckt fantastisch mit Pellkartoffeln und Apfel-Sahne-Sauce.
Rezept: ●● *Matjessalat mit Pfirsich und Erdbeeren (S. 178)*

Mayonnaise

Kalt geschlagene Sauce aus Eigelb, Essig, Salz, Senf und Öl.
Einkauf: Gibt's in Tuben oder Gläsern in jedem Lebensmittelgeschäft, auch mit reduziertem Fettgehalt: Im Angebot sind z. B. Salatmayonnaisen und Mayonnaisen mit einem Anteil an Joghurt.
»Mayo« gehört zu Pommes frites, wird für Gemüse- und Kartoffelsalate verwendet, schmeckt zu kaltem Fisch, Huhn und Ei. Man kann außerdem schnelle Dips aus Mayonnaise herstellen.
Rezepte: ●●● *Avocado-Shrimps-Cocktail (S. 14)* ●● *Matjessalat mit Pfirsich und Erdbeeren (S. 178)* ●● *Hähnchenbrust-Salat (S. 179)*

M

Meerrettich

Etwa 20 cm lange Pfahlwurzel der Meerrettichstaude mit beißend scharfem Geruch und Geschmack.
Einkauf: Gibt's frisch von September bis April, außerdem in Gläsern und Tuben bereits fertig gerieben, auch als Sahne-Meerrettich (etwas milder).
Frischer Meerrettich hält sich bis zu 4 Wochen im Kühlschrank.
Meerrettich passt gut zu gekochtem Fleisch und Fisch, in Saucen oder in Eiergerichte.
Rezept: ●● *Radieschen-Rindfleisch-Salat (S. 29)*

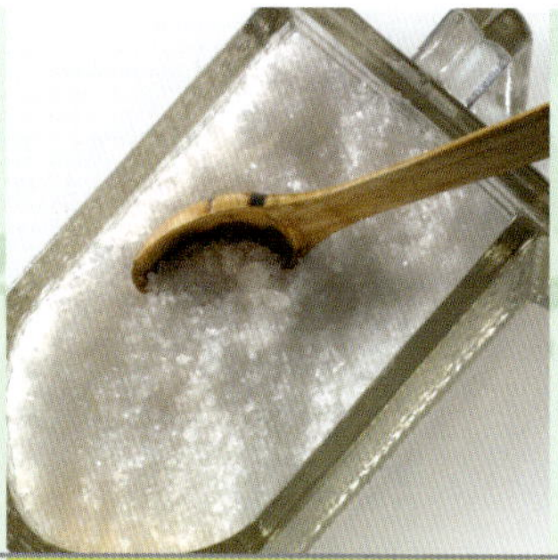

Meersalz

Durch Verdunstung von Meerwasser gewonnen, enthält viele Mineralien und v. a. Jod.
Einkauf: in gut sortierten Lebenmittelgeschäften.
Unraffiniertes französisches Meersalz hat eine leicht graue Färbung und einen charakteristischen Geschmack.
Trocken und luftdicht verschlossen aufbewahren, sonst zieht das Salz Wasser und klumpt.
Meersalz kann in jedem Gericht statt normalem Kochsalz verwendet werden.
Rezept: ●● *Überbackene Austern (S. 73)*

Melone

Es gibt viele verschiedene Sorten, die sich grob in Zuckermelonen mit stark duftendem Fruchtfleisch und den Kernen lediglich in der Mitte, und Wassermelonen, deren Fleisch von Kernen durchsetzt ist, einteilen lassen.
Einkauf: Wassermelonen nur im Sommer, Zuckermelonen bis in den Winter.
Wassermelonen sind gute Durstlöscher. Honigmelonen kann man gut mit Pikantem (wie Parmaschinken) kombinieren. Melone schmeckt auch gut in Obstsalaten und zu Eis.
Rezept: ●●● *Exotischer Fruchtsalat (S. 160)*

Miesmuschel

Die meist blauschwarze, spitz zulaufende Muschel wird 5–10 cm groß. Sie kommt auf der ganzen Welt vor, wird in großen Mengen an Nordsee- und Atlantikküste gezüchtet.
Einkauf: lebendfrisch oder tiefgekühlt, auch als Konserve.
Achtung: Vor der Verwendung müssen alle Muscheln geschlossen sein, nach dem Garen dagegen nur geöffnete Muscheln verwenden!
Kleine Miesmuscheln werden gedämpft, große Exemplare kann man grillen, füllen, gratinieren.

M

Mohn

Samenkörnchen des Schlafmohns (die im Gegensatz zu den Samenkapseln kein Opium enthalten). Hier zu Lande wird v. a. die blaugraue Variante verwendet, in Indien auch die hellgelbe.
Einkauf: in den Backwarenabteilungen von Supermärkten; auch gemahlen und mit Zucker gemischt als fertige Backmischung.
Mohnsamen schmecken am besten, wenn sie in einer trockenen beschichteten Pfanne kurz angeröstet werden. Dann z. B. auf Blätterteiggebäck streuen oder für süße oder pikante Füllungen verwenden.

Möhre

Auch Karotte, gelbe Rübe oder Mohrrübe genannt. Haupterntezeit ist von Mai bis September.
Einkauf: Junge Möhren mit frischem Kraut kaufen. Abgepackte Möhren sind weniger saftig und süß, halten sich aber länger.
Möhren schmecken roh, gedünstet und gebraten. Sie zerfallen auch bei langen Garzeiten nicht.
Rezepte: ●●● *Thai-Gemüse mit roten Linsen (S. 43)* ●● *Zackenbarsch mit Gemüsestreifen (S. 89)* ●● *Hähnchenkeule mit Oliven (S. 102)* ●● *Kaninchenkeulen mit Honig-Pumpernickel-Kruste (S. 108)* ●● *Reisauflauf mit Sesam und Fisch (S. 128)*

Morchel

Der Pilz mit dem wabenartig strukturierten Hut ist von angenehm würzigem Geschmack.
Einkauf: Frische Morcheln sind selten auf dem Markt – Saison ist nur von April bis Juni, oft werden sie getrocknet angeboten oder in Dosen und im Glas.
Getrocknete Morcheln vor dem Verwenden einweichen. Frische Pilze sofort verarbeiten.
Verfeinern bereits in geringen Mengen Suppen und Saucen, sind in Butter gedünstet leckere Beilage.
Rezepte: ●●● *Morchelrahmsauce (S. 37)* ● *Wildschweinrückensteaks mit Morcheln (S. 109)* ●● *Tagliatelle mit Morcheln (S. 148)*

Mozzarella

Wird in seinem Heimatland Italien traditionell aus Büffelmilch hergestellt, die milde Variante aus Kuhmilch ist aber weiter verbreitet.
Einkauf: Büffel-Mozzarella gibt's in Feinkostgeschäften, Kuhmilch-Mozzarella in jedem Supermarkt.
Klassiker: Mozzarella mit Tomaten und Basilikum. Mozzarella eignet sich auch hervorragend zum Überbacken von Aufläufen, Gratins oder Toasts.
Rezepte: ●●● *Gebackener Mini-Mozzarella auf Tomatencarpaccio (S. 66)* ●●● *Rigatoni-Salat mit Mozzarella (S. 140)* ●●● *Fladenbrot mit Parmaschinken und Rucola (S. 179)*

N

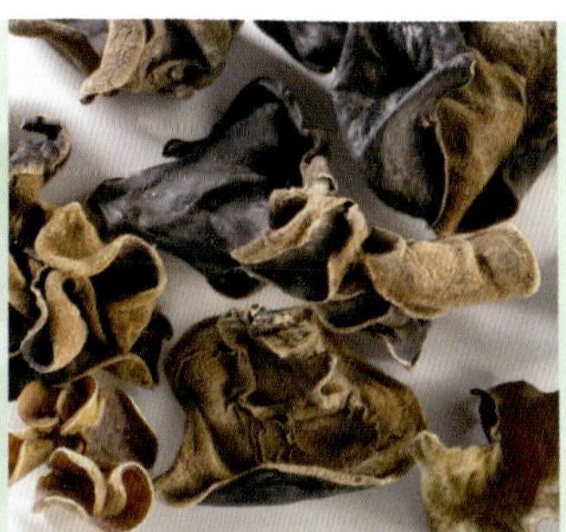

Mu-Err-Pilz

Auch Chinesische Morchel und Wokenohr genannt; wächst an Holunderstämmen, Nussbäumen, Weiden und Ulmen. Wird in China und den USA gezüchtet. Weniger wegen seines Geschmacks als vielmehr wegen seiner gefalteten, gekräuselten Form geschätzt.
Einkauf: Getrocknet das ganze Jahr über erhältlich.
Pilze vor dem Verwenden einweichen und gründlich waschen.
Passt hervorragend in asiatische Suppen und pfannengerührte Gerichte.
Rezepte: ●● *Gemüse und Pilze mit Tofu (S. 42)* ●● *Chinesischer Hühnertopf (S. 184)*

Mürbeteig

Aus Mehl, kalter Butter, Wasser und – je nachdem, ob er süß oder salzig werden soll – auch noch weiteren Zutaten rasch gekneteter Teig; einfach herzustellen und sehr vielseitig.
Einkauf: Wer Mürbeteig nicht selbst machen möchte, kauft ihn tiefgekühlt in der Packung. Gibt's in jedem Lebensmittelladen. Dann nur noch auftauen und ausrollen.
Mürbeteig ist die ideale Basis für Quiches aller Art, ein vielseitiger Tortenboden; eignet sich gut für süßes und pikantes Kleingebäck.
Rezept: ●●● *Oma Käfers Kirschkuchen (S. 167)*

Muskat

Frucht des tropischen Muskatbaumes; besteht aus Muskatnuss (Samenkern) und -blüte (Samenmantel), die etwas feiner schmeckt.
Einkauf: Muskatnuss und Muskatblüte gibt es getrocknet ganz oder gemahlen.
Schmeckt z. B. in Käsesaucen, zu Spinat und Kürbis, in Gewürzkuchen. Beim Garen frühzeitig zufügen.
Rezepte: ●● *Kürbis-Honig-Suppe (S. 41)* ●●● *Spinat-Bällchen mit Parmesan (S. 44)* ●●● *Greyerzer-Tarte mit Feigenragout (S. 55)* ●●● *Kartoffel-Kohlrabi-Gratin (S. 118)* ●● *Mais-Crêpes (S. 125)* ●● *Überbackene Rösti mit Egerlingen (S. 186)*

Nektarine

Ein Steinobst, Kreuzung aus Pfirsich und Pflaume. Hat eine glatte Schale. Kommt ursprünglich aus Asien, wird heute aber auch aus den Mittelmeerländern, Israel, Südafrika, Mittel- und Südamerika importiert. Hauptsaison ist Juli/August.
Einkauf: Oft kommen Nektarinen recht hart in den Handel, sie reifen aber bald nach und sollten dann schnell gegessen werden.
Schmecken gut pur, im Obstsalat oder in Desserts.
Rezept: ●● *Panna Cotta mit Himbeersauce (s. Käfer-Tipp; S. 164)*

R

Rosmarin

Immergrüne Staude mit nadelförmigen Blättern; kommt aus den Mittelmeerländern. Rosmarin hat einen strengen kampferartigen Geschmack, daher nur in kleinen Mengen verwenden.
Einkauf: frisch von April bis Herbst, auch getrocknet und gerebelt im Gewürzregal.
Passt ideal zu mediterranen Fleischgerichten – besonders zu Lamm –, zu Fisch, Geflügel und Bohnen.
Rezepte: ● *Artischockenböden im Strudelteig (S. 34)* ●● *Schweinelendensteaks in Pfefferkruste (S. 106)* ●● *Rehkoteletts mit Haselnusskruste (S. 109)*

Rösti

Nationalgericht in der deutschsprachigen Schweiz aus gekochten geriebenen Kartoffeln. Kartoffelteig wird in einer Pfanne ausgestrichen und knusprig gebacken.
Einkauf: Gibt's als Teig und fertig tiefgekühlt im Supermarkt, auch in Beuteln oder Dosen.
Schmecken lecker als Beilage zu Fleisch oder Geflügel, man kann aber auch feine (und schnelle!) Vorspeisen damit zaubern, indem man sie z. B. mit Räucherlachs, Crème fraîche und Dill serviert.
Rezepte: ●●● *Grundrezept Rösti (Käfer-Tipp; S. 95)* ●●● *Kartoffel-Sauerkraut-Rösti (S. 122)* ●● *Überbackene Rösti mit Egerlingen (S. 186)*

Rotbarbe

Ein kleiner leuchtend roter Fisch, der bis zu 20 cm lang wird. Gehört zu den Meerbarben und schwimmt vorwiegend im Mittelmeer und im Schwarzen Meer.
Einkauf: frisch oder tiefgekühlt. Frische Fische haben leuchtend rote Kiemen, klare Augen und glänzende Haut und riechen frisch nach Meer.
Vom Händler küchenfertig vorbereiten lassen oder die Fische im Ganzen braten und grillen (sie sind grätenarm).
Rezept: ●● *Rotbarbenfilets mit Basilikum-Tomaten (S. 85)*

Rotbarsch

Der Speisefisch schlechthin. Wird auch Goldbarsch genannt und gehört nicht zur Barschfamilie, sondern zu den Stachelflossern.
Einkauf: Rotbarsch gibt's überall dort, wo es Fisch gibt; meist filetiert, frisch oder tiefgekühlt – auch gesalzen oder geräuchert.
Rotbarsch ist ungeheuer vielseitig, am besten schmecken die Fischfilets gebraten, paniert oder gebacken.
Rezepte: ●● *Rotbarschfilet auf Fenchel (S. 77)* ●● *Reisauflauf mit Sesam und Fisch (S. 128)*

R

Rote Bete

Auch Rote Rübe genannt, gedeiht im gemäßigten Klima. Gibt's fast das ganze Jahr über; Haupterntezeit ist im Oktober. Rote Bete ist von angenehm süßem Geschmack.
Einkauf: Nicht zu große, pralle Knollen ohne seitliche Wurzeln mit unverletzter Schale kaufen. Gibt's auch geschält und vakuumverpackt sowie sauer eingelegt.
Frische Rote Bete sind im Kühlschrank bis zu 3 Tage haltbar. Schmecken roh geraspelt als Salat, gekocht in Suppen oder gekocht und sauer eingelegt.
Rezepte: ●●● *Gebackene Rote Bete (S. 45)* ●●● *Filetgulasch »Stroganoff« (S. 98)*

Rote Grütze

V. a. in Norddeutschland beliebtes Mus aus verschiedenen roten und schwarzen Beeren und Sauerkirschen, mit etwas Stärke angedickt.
Einkauf: Rote Grütze gibt's fertig in Dosen und Gläsern in Feinkostläden und Supermärkten. Man kann sie aus tiefgekühlten Früchten auch leicht selbst herstellen (s. u.). Dazu schmeckt flüssige oder geschlagene Sahne.
Minirezept: Für 4 Portionen 250 g Früchte mit 1 Essl. Zucker, 1 Gewürznelke, etwas Zimtpulver und 1 Essl. Speisestärke verrühren, kurz aufkochen, abkühlen lassen.
Rezept: ●●● *Rote Grütze mit Sahne (S. 189)*

Rotkohl

Bildet wie der → Weißkohl feste, runde bis ovale Köpfe aus, ist von etwas süßlicherem Geschmack. Saison ist September bis März.
Einkauf: Frische Kohlköpfe sollten eng anliegende Außenblätter haben. Auch bereits fertig zubereitet (geraspelt und mit Gewürzen gegart) als Konserve zu kaufen.
Frischer Rotkohl hält sich im Kühlschrank etwa 1 Woche. Schmeckt frisch geraspelt als Rohkost; gegart ist Rotkohl eine typische Beilage zu Wild, Gans oder Ente – oft in Kombination mit Äpfeln und Esskastanien.
Rezept: ●●● *Rotkraut (Käfer-Tipp; S. 111)*

Rüben

Ein seit der Antike bekanntes Gemüse. Es gibt verschiedene Sorten: die kleine weiße kugelige Mairübe und das kleine längliche hellgelbe Teltower Rübchen sind die bekanntesten und feinsten. Die so genannten Herbstrüben, rund und mit grüner bzw. roter Schale, schmecken kräftiger.
Einkauf: Auf glatte unbeschädigte Knollen achten.
Halten sich im Gemüsefach des Kühlschranks etwa 1 Woche. Mairüben und Teltower Rübchen schmecken lecker gedünstet, Herbstrüben auch im deftigen Eintopf.

● *einfach* | ●● *noch einfacher* | ●●● *supereinfach*

Rucola

Auch Rauke genannt; hat aus Italien kommend in den letzten Jahren bei uns Karriere gemacht. Von ausgeprägt würzigem Geschmack.
Einkauf: Gibt's das ganze Jahr über in Supermärkten; auf frische knackige Blätter achten.
Hält sich 1–2 Tage luftig in einem Plastikbeutel verpackt im Gemüsefach des Kühlschranks.
Schmeckt toll in gemischten Blattsalaten. Fein auch in Pastasaucen.
Rezepte: ●● *Tomatencarpaccio mit Rucola (S. 29)* ●●● *Rucola-Pesto auf Baguette (S. 175)* ●●● *Fladenbrot mit Parmaschinken und Rucola (S. 179)*

Safran

Gewürz mit blumigem und leicht bitterem Aroma und gelber Farbstoff zugleich; aus den Blütennarben des Safrankrokusses, der im Vorderen Orient heimisch ist. Für 1 Kilo Safran braucht man etwa 80 000 von Hand geschnittene Blütennarben: kein Wunder, dass er das teuerste Gewürz der Welt ist.
Einkauf: fein vermahlen oder als Fäden in Kleinstportionen; auf Haltbarkeitsdatum achten.
Schön zum Würzen von orientalischen Speisen, hellen Saucen, Fischgerichten, Risotto, Paella.
Rezepte: ●●● *Kichererbsen-Dip (S. 36)* ●● *Risotto mit Venusmuscheln (S. 129)*

Sahne

Man unterscheidet nach Fettgehalt sowie gesäuerter und ungesäuerter (süßer) Sahne.
Einkauf: Es gibt Schlagsahne (süße Sahne; mind. 30 % Fett), Crème double (süße Sahne; mind. 40 % Fett), saure Sahne (mind. 10 % Fett). Crème fraîche (gesäuert; mind. 30 % Fett).
Saure Sahne und Crème fraîche eignen sich für Suppen, Saucen, Ofengerichte und für kalte Dips. Süße Sahne lässt sich in pikanten und süßen Gerichten verwenden.
Rezepte: ●● *Reisauflauf mit Sesam und Fisch (S. 128)* ●●● *Räucherlachs-Häppchen (S. 175)* ●●● *Rote Grütze mit Sahne (S. 189)*

Saibling

Gehört zu den Lachsfischen, wird bis zu 60 cm lang; lebt in kalten Flüssen und Seen. Der dunklere heißt Bachsaibling, der hellere silbrige Fisch ist der Seesaibling. Saibling gilt wegen seines zarten und ausgesprochen schmackhaften Fleisches als Delikatesse.
Einkauf: Die meisten Fische im Handel kommen aus Züchtungen; frisch als ganzer Fisch zu kaufen, vom Händler ausnehmen lassen.
Saiblinge schmecken köstlich in Butter und Wein gedünstet mit einer legierten Sahnesauce.
Rezept: ●●● *Gebackenes Saiblingfilet (S. 76)*

S

Salami

Kräftig gewürzte, luftgetrocknete gepökelte und/oder geräucherte Dauerwurst aus Rind-, Schweine- oder Eselfleisch. Bekannte Salamisorten kommen aus Ungarn, Eselsalami oft aus Italien. Auch in Deutschland, Frankreich, Dänemark und Amerika wird traditionell Salami hergestellt. Jede Region stellt ganz typische Salamisorten her, die weicher oder härter, von groberer oder feiner Struktur sein und die verschiedensten Formen haben können. Es gibt auch Salamispezialitäten aus Wildschwein- oder Hirschfleisch.
Rezepte: ●●● *Polentagratin (S. 125)* ●● *Italienischer Nudelsalat (S. 141)*

Salbei

Eine der ältesten Heil- und Würzpflanzen; ist im Mittelmeerraum heimisch. Salbeiblätter werden im Mai kurz vor der Blüte geerntet, dann haben sie das meiste Aroma.
Einkauf: Frischen Salbei gibt es den ganzen Sommer über, er wird aber auch getrocknet und gerebelt angeboten.
Salbei ist ideal zum Würzen von mediterranen Gerichten – Salaten, Saucen, Marinaden –, unverzichtbar z. B. für "Saltimbocca alla romana" (Kalbsschnitzel mit Salbei und Marsalawein).
Rezepte: ●●● *Aal-Salbei-Spieße vom Grill (S. 73)* ●●● *Hähnchenbrust mit Salbei und Parmaschinken (S. 102)*

Sardelle

Auch Anchovis genannt. Kleiner, silbrig glänzender fettreicher Fisch (höchstens 20 cm lang) mit intensivem Geschmack, der am besten in Salz eingelegt als Würzmittel zur Geltung kommt. Frische Sardellen kann man braten oder in Fett backen.
Einkauf: frisch beim Fischhändler, eingelegt meist in Dosen in jedem Supermarkt.
Achtung: Unter der Bezeichnung Anchovis werden auch oft in Kräuterlake eingelegte Sprottenfilets angeboten (z. B. Appetitsild).
Rezepte: ●● *Penne mit Blumenkohl und Pinienkernen (S. 143)* ●● *Spaghetti mit Thunfisch und Pilzen (S. 147)*

Sardine

Junger silbriger fettreicher Fisch mit würzigem Geschmack; wird bis zu 15 cm lang (ausgewachsene Fische werden Pilchards genannt). Sardinen schwimmen in großen Schwärmen und sind im Atlantik und im Mittelmeer heimisch.
Einkauf: selten frisch im Handel, am besten beim Fischhändler vorbestellen. Im Supermarkt in Öl eingelegt in Dosen zu kaufen.
Frische Sardinen sind in den Mittelmeerländern sehr beliebt, sie lassen sich gut grillen oder braten und sind sehr würzig.

S

Satay-Sauce

Erdnusssauce, die zu den südostasiatischen Satay- (auch Saté- oder Sateh-) Spießchen aus Hähnchen- oder Schweinefleischwürfeln gereicht wird.
Einkauf: Die typische Satay-Sauce gibt's fertig im Glas im Asienladen oder in Feinkostgeschäften.
Die Spießchen dazu kann man gut selbst machen und im Ofen oder auf dem Holzkohlengrill grillen. Dazu werden Gurkenstückchen und Zwiebeln serviert.
Rezept: ● *Selbst gemachte Saté-Sauce: Saté-Spießchen mit Erdnusssauce (S. 184)*

Sauerkraut

Fein gehobelter Weißkohl, der mit Salz gestampft und zum Gären gebracht wird, wobei sich der im Kohl enthaltene Zucker in Milch- und Essigsäure umwandelt.
Einkauf: frisch aus dem Fass oder abgepackt in Beuteln, auch in Dosen oder Gläsern.
Frisches Sauerkraut sollte gleichmäßig gehobelt, hell und knackig sein. Es hält sich im Kühlschrank etwa 1 Woche.
Schmeckt toll als Rohkost (sehr Vitamin-C-reich), fein auch mit Obst gemischt; gegart ist es eine klassische Beilage zu Wild, fettem Geflügel und Fleisch.
Rezept: ●●● *Kartoffel-Sauerkraut-Rösti (S. 122)*

Schalotte

Zwiebelart, bei der mehrere längliche kleine Zehen unter einer Zwiebelhaut zusammengefasst sind. Schalotten sind die mildesten aller → Zwiebeln und haben einen aromatischen und feinen Geschmack.
Einkauf: Die Zwiebeln sollten fest, ohne schwarze weiche Stellen und grüne Spitzen sein.
Schalotten eignen sich für Eintöpfe, Schmorgerichte, Eingelegtes und schmecken sehr gut roh in Salaten.
Rezepte: ●●● *Fenchelgratin mit Tomaten und Pecorino (S. 55)* ●● *Hähnchenkeule mit Oliven (S. 102)* ●● *Tagliatelle mit Morcheln (S. 148)*

Schellfisch

Der mit dem Kabeljau verwandte Fisch wird bis zu 1 m lang und lebt in Nordsee und Nordatlantik. Beliebter Speisefisch, der auch geräuchert sehr gut schmeckt.
Einkauf: frisch oder tiefgekühlt als Filets oder in Stücken. Hier zu Lande seltener auch als Räucherfisch (in dieser Form v. a. in England als »smoked haddock« beliebt).
Mit seinem fettarmen, feinen Fleisch eignet sich Schellfisch besser zum Kochen als zum Grillen oder Braten. Schmeckt gut in Eintöpfen oder Suppen.

S

Schinken

Gepökelte Keule von Schwein oder Rind. Zu den trockengepökelten (luftgetrockneten) Schinken gehören Parma- und Serrano-Schinken. Manche Sorten werden nach dem Pökeln geräuchert, z. B. Schwarzwälder Schinken. Lachsschinken ist geräuchertes Rückenfleisch. Zu den gegarten Schinken gehört Prager Schinken.
Rezepte: ●●● *Radicchio mit Parmaschinken (S. 26)* ●●● *Hähnchenbrust mit Salbei und Parmaschinken (S. 102)* ●●● *Spaghetti mit Mascarpone-Schinken-Sauce (S. 147)* ●●● *Fladenbrot mit Parmaschinken und Rucola (S. 179)* ●● *Blätterteigquiche mit Schinken (S. 180)*

Schmant

Sauermilchprodukt, das schon »in« war, lange bevor Crème fraîche modern wurde. Hat ca. 20 % Fett, liegt damit im Fettgehalt zwischen Crème fraîche und saurer Sahne.
Einkauf: im Kühlregal großer Supermärkte.
Achtung: Schmant nicht in kochend heiße Gerichte rühren, dann flockt er aus.
Ideal für Gerichte, für die saure Sahne oder Joghurt nicht sahnig genug und Crème fraîche zu üppig ist.
Rezept: ●●● *Gebackene Rote Bete (S. 45)*

Schnittlauch

Kommt ursprünglich aus Asien, heute wächst er überall und kann auch leicht auf der Fensterbank gezogen werden.
Einkauf: geschnitten oder im Topf; soll ohne gelbe Spitzen sein. Hält sich im Kühlschrank feucht und in Folie verpackt ca. 3 Tage.
Achtung: Schnittlauch nicht hacken, sondern mit einem scharfen Messer schneiden. Immer erst gegen Ende der Garzeit zugeben.
Schnittlauch gehört in Salate, Suppen, Quark- und Eierspeisen, Kartoffel- und Fischgerichte.
Rezepte: ●● *Kohlrabi-tarte mit Parmesan (S. 55)* ●●● *Kräuterquark auf Pumpernickel (S. 62)*

Schokolade

Wird aus Kakaomasse (aus der Kakaobohne), Zucker, Milch oder Sahne(-pulver) und je nach Sorte aromagebenden Bestandteilen, z. B. Nüssen hergestellt.
Einkauf: Es gibt verschiedenste Sorten von Tafelschokolade mit großen Qualitätsunterschieden, außerdem → Kuvertüre und Blockschokolade zum Kochen und Backen sowie Schokoladentröpfchen, -streusel und -raspel zum Verfeinern und Verzieren.
Mit Schokolade kann man schöne Desserts zubereiten. In Spanien und Mexiko gibt es traditionelle Fleischgerichte mit Schokolade.
Rezept: ●● *Tiramisu mit Amaretto-Schoko-Sauce (S. 162)*

Scholle

Auch Goldbutt genannter Plattfisch mit großen roten oder orangegelben Flecken, der im Salzwasser lebt und bis zu 90 cm lang werden kann. Im Geschäft gibt's aber in der Regel kleinere Exemplare (20–30 cm).
Einkauf: frisch oder tiefgekühlt im Ganzen oder als Filets.
Scholle schmeckt lecker gebraten, gedünstet oder auch frittiert. Die klassischen englischen Fish and Chips werden mit in Ausbackteig frittierter Scholle zubereitet.
Rezepte: ●●● *Scholle im Kräuterröstimantel (S. 86)* ●●● *Schollenfilets mit Speck und Croûtons (S. 86)*

Schweinefleisch

Bei Schweinefleisch gibt es große Qualitätsunterschiede: Billiges Fleisch ist oft auf Grund von schlechten Aufzuchtbedingungen blass, wässrig und geschmacklos
Einkauf: Gutes Schweinefleisch ist kräftig rosa gefärbt bis hellrot und von zarten Fettäderchen durchzogen. Möglichst beim Schlachter kaufen, der garantiert, dass das Fleisch aus artgerechter Tierhaltung stammt – oder gleich Fleisch vom Biobauern kaufen.
Rezepte: ●● *Schweinelendensteaks in Pfefferkruste (S. 106)* ●● *Schweinekotelett mit Speck-Zwiebel-Füllung (S. 106)* ● *Schweinefilet in Blätterteig (S. 107)*

Seelachs

Wird wegen seines schwarzen Mauls auch Köhler genannt, schwimmt in Nordatlantik und Pazifik. Der mit dem Kabeljau verwandte Fisch hat ein mildes Aroma und ein leicht graues Fleisch von grober Struktur. Hat mit echtem Lachs nichts zu tun, wird aber gefärbt in Fischkonserven als Lachsersatz angeboten.
Einkauf: frisch oder tiefgekühlt als Filets beim Fischhändler, aber auch an der Fischtheke des Supermarkts. Gibt's auch geräuchert.
Seelachsfilets schmecken lecker paniert und gebraten.
Rezept: ●● *Rotbarschfilet auf Fenchel (s. Käfer-Tipp; S. 77)*

Seeteufel

Auch als Lotte bekannter Salzwasserfisch mit breitem, flachem Kopf; wird bis 1,50 m lang. Seeteufelfleisch schmeckt ähnlich wie das von Hummer und Languste. Die Filets, die ausschließlich aus dem Schwanzstück stammen, haben ein festes Fleisch und fast keine Gräten.
Einkauf: Beim Fischhändler wird das Schwanzstück angeboten, mit oder ohne Haut.
Seeteufel wird am besten gebraten und mit einer feinen Sauce serviert. Kann auch gut als Hummerersatz verwendet werden.
Rezept: ●●● *Kabeljaufilet in Senfbutter (s. Käfer-Tipp; S. 77)*

Seezunge

Feinster unter den kleinen Plattfischen; auch als Sole bekannt. Seezunge hat ein zartes, fein strukturiertes Fleisch. In den Handel gelangen Exemplare bis zu etwa 40 cm.
Einkauf: frisch oder tiefgekühlt beim Fischhändler, im Ganzen oder als Filets; am besten sind sie von September bis April.
Seezunge eignet sich zum Füllen, zum Sautieren und Dämpfen, sie schmeckt auch super im Ganzen gebraten oder als Seezungenröllchen in feiner Sauce.
Rezepte: ●● *Seezungenfilets im Kräutermantel (S. 87)* ● *Seezungenstreifen mit Artischocken (S. 87)*

Sellerie

In der Küche werden → Staudensellerie und Knollensellerie verwendet. Beide haben einen frischwürzigen Geschmack.
Einkauf: Die Knolle sollte beim Daranklopfen nicht hohl klingen, Blattgrün soll frisch aussehen. Hält sich etwa 1 Woche im Gemüsefach des Kühlschranks.
Schmeckt gut als Rohkost, geraspelt im Salat (mit Sauerrahm-Zitronen-Dressing), gekocht und gedünstet in Suppen, als Beilage oder paniert und ausgebacken.
Rezepte: ●●● *Selleriesalat mit Äpfeln (S. 45)* ●● *Zackenbarsch mit Gemüsestreifen (S. 89)* ●● *Kartoffel-Sellerie-Püree (S. 121)*

Senf

Senf wird aus den schwarzen (scharfen), braunen oder weißen (milden) Samen von Senfpflanzen unter Zusatz von Wasser, Essig und Gewürzen hergestellt.
Einkauf: Es gibt viele verschiedene Sorten. Bekannt sind Süßer Senf (für die Weißwurst), Dijon-Senf (hell und scharf), Düsseldorfer Senf (sehr scharf). Ganze Senfkörner braucht man für Eingelegtes, Marinaden und Beizen.
Senf gehört u. a. zu gegrillter oder gekochter Wurst und zu Fleisch; schmeckt auch gut in warmen und kalten Saucen.
Rezepte: ●●● *Käsesalat mit Senfsauce (S. 63)* ●●● *Kabeljaufilet in Senfbutter (S. 76)*

Sesamöl

Wird aus gerösteten (asiatisches Öl, nussig aromatisch) oder aus ungerösteten Sesamsamen (europäisches Öl, mild) hergestellt. Sesamöl kann hoch erhitzt werden.
Einkauf: in gut sortierten Lebensmittelläden, meist im Spezialitätenregal.
Lecker in Salatsaucen für Blattsalate oder Rohkost, sehr beliebt für asiatische Gerichte aus dem Wok mit Fleisch, Geflügel oder Fisch.
Rezepte: ●● *Asiatischer Rettichsalat (S. 29)* ●●● *Asiatisches Paprika-Sprossen-Gemüse (S. 43)* ●● *Reisauflauf mit Sesam und Fisch (S. 128)*

S

Sharonfrucht

Eine Neuzüchtung aus der → Kaki mit orangeroter Farbe und von leicht quadratischer Form; wird v. a. aus Israel importiert. Sie hat eine dünne Schale, ein saftiges Fruchtfleisch und schmeckt sehr aromatisch nach Birne und Aprikose.
Einkauf: in Obstgeschäften und gut sortierten Supermärkten. Nach dem Kauf bald verbrauchen. Sharonfrüchte schmecken pur aus der Hand, püriert in cremigen Desserts oder auch in Obstsalat.
Minirezept: *Von 2 Sharonfrüchten (oder Kakis) die Haut abziehen, Früchte würfeln und unter den exotischen Fruchtsalat (S. 160) mischen.*

Shiitake-Pilz

Ursprünglich aus Asien wird er heute auch bei uns gezüchtet. Hat ein festes Fleisch und einen erdigen, fleischähnlichen Geschmack.
Einkauf: das ganze Jahr über frisch auf dem Markt, in Supermärkten oder Feinkostläden, auch getrocknet oder in Dosen.
Frische Pilze sind in Papier im Kühlschrank bis zu 7 Tage haltbar. Ideal in asiatischen Gerichten, in Suppen und Salaten oder gedünstet als Beilage. Schmecken auch gebraten, paniert oder gefüllt und überbacken hervorragend.
Rezepte: ●● *Gemüse und Pilze mit Tofu (S. 42)* ●● *Glasnudeln mit Gemüse (S. 136)*

Shrimps

Als Shrimps werden kleine (etwa 2,5 cm lange) und in Amerika auch mittelgroße Garnelen (bis zu 15 cm) bezeichnet. Letztere werden bei uns jedoch meist unter dem Namen »Prawns« angeboten. Alle haben ein ausgesprochen schmackhaftes, festes und süßliches Fleisch.
Einkauf: Frische Shrimps gibt's beim Fischhändler; im Supermarkt gibt es sie tiefgekühlt (gegart, mit Schale oder geschält) sowie in Salzlake eingelegt als Konserve.
Rezept: ●●● *Avocado-Shrimps-Cocktail (S. 14)*

Sojabohnensprossen

Gekeimte Mungobohnenkerne; schmecken frisch und knackig.
Einkauf: das ganze Jahr über im gut sortierten Supermarkt erhältlich.
Die Sprossen sind 1–2 Tage im Kühlschrank haltbar.
Achtung: Vor der Verwendung blanchieren, das macht das natürliche Gift Phasin unschädlich. Schmecken toll in Salaten und asiatischen (Wok-)Gerichten.
Rezepte: ●● *Asiatischer Rettichsalat (S. 29)* ●●● *Asiatisches Paprika-Sprossen-Gemüse (S. 43)* ●● *Chinesische Eiernudeln mit Gemüse und Riesengarnelen (S. 136)* ●● *Chinesischer Hühnertopf (S. 184)*

S

Sojasauce

Würzige Flüssigkeit, die durch Fermentieren von gegarten Sojabohnen und Weizen hergestellt wird. Muss mehrere Monate bis zu Jahren reifen.
Einkauf: in Supermärkten und Asienläden. Dunkle Sorten schmecken kräftiger.
Geöffnete Flaschen sind im Kühlschrank fast unbegrenzt haltbar. Sojasauce wird v. a. in asiatischen Gerichten verwendet – für Dips und Marinaden sowie universell in der warmen Küche.
Rezepte: ●● *Gemüse und Pilze mit Tofu (S. 42)* ●● *Glasnudeln mit Gemüse (S. 136)* ● *Saté-Spießchen mit Erdnusssauce (S. 184)*

Sonnenblumenkerne

Die Samen der Sonnenblumen sind ölhaltig und enthalten viel Vitamin E. Aus ihnen wird das Sonnenblumenöl gewonnen. Die leckeren Kerne kann man vielseitig in der Küche verwenden.
Einkauf: Es gibt sie ungeröstet und bereits geröstet in Supermärkten, Reformhäusern, Bioläden.
Geröstete Sonnenblumenkerne schmecken über Salate oder Gemüse gestreut, ungeröstete Kerne kann man in Brot- und Kuchenteige mischen.
Rezept: ●● *Radicchio-Spinat-Salat mit Sonnenblumenkernen (S. 26)*

Spaghetti

Der Name kommt vom italienischen »spago«, Bindfaden. Es gibt sie in verschiedenen Stärken und Längen.
Einkauf: in allen Lebensmittelgeschäften; in Feinkostläden gibt's auch gefärbte Spaghetti.
Spaghetti schmecken mit den verschiedensten Saucen, z. B. klassisch mit Tomatensauce, als Spaghetti bolognese oder carbonara.
Rezepte: ●●● *Spaghetti mit Olivenpaste und Tomaten (S. 147)* ●●● *Spaghetti mit Mascarpone-Schinken-Sauce (S. 147)* ●● *Spaghetti mit Thunfisch und Pilzen (S. 147)* ●●● *Orangenspaghettini mit Erdbeerragout (S. 163)*

Spargel

Weißer Spargel wächst unter Erdwällen. Saison ist hier von Ende April bis Ende Juni. Grüner Spargel wächst am Tageslicht und hat ein kräftigeres Aroma. Er ist das ganze Jahr über erhältlich. *Einkauf:* Guter Spargel hat gerade Stangen, feste, geschlossene Köpfe, frische Schnittenden. Bleibt in ein feuchtes Tuch gewickelt im Gemüsefach des Kühlschranks einige Tage frisch. Köstlich mit Butter, in Salaten, mit Schinken oder überbacken.
Rezepte: ●● *Spargel klassisch mit Sauce hollandaise (S. 47)* ●●● *Gebratener grüner Spargel (S. 47)* ●● *Thai-Curry mit Hähnchenbrust und Spargel (S. 103)*

● *einfach* | ●● *noch einfacher* | ●●● *supereinfach*

Spätzle

Eine Nudelart, die v. a. in Baden-Württemberg sehr beliebt ist. Der zähflüssige Nudelteig (mit Eiern) wird ins kochende Wasser gehobelt, es entstehen kleine längliche oder knopfförmige Nudeln.
Einkauf: Es gibt getrocknete, vorgekochte abgepackte Spätzle, die nur noch kurz gekocht werden müssen sowie bereits fertig gegarte tiefgekühlte Spätzle.
Lecker als Beilage zu Fleisch oder Geflügel oder als Käsespätzle.
Rezepte: ●●● *Käsespätzle (S. 187)* ●●● *Spätzle mit Pilzen (Variante S. 187)*

Spinat

Man unterscheidet zarten Frühlingsspinat, Sommerspinat und derberen Winterspinat.
Einkauf: frisch und tiefgekühlt. Nicht lagern, schnell verbrauchen.
Achtung: Frischer Spinat fällt beim Kochen stark zusammen. Schmeckt toll roh im Salat, gekocht und gedünstet als Beilage, im Soufflé, zu Eierspeisen oder als Füllung.
Rezepte: ●● *Radicchio-Spinat-Salat mit Sonnenblumenkernen (S. 26)* ●●● *Spinat-Bällchen mit Parmesan (S. 44)* ● *Zucchini mit Spinat-Käse-Füllung (S. 48)* ● *Spinat-Cannelloni (S. 139)* ●●● *Tagliatelle mit Schinken-Spinat-Sauce (S. 149)*

Spitzkohl

Eine Unterart des Weißkohls, ab April auf dem Markt. Spitzkohl hat eine charakteristische Spitzhutform, zarte Blätter und ein dezenteres Aroma als der Weißkohl. Man unterscheidet frühen Spitzkohl und Sommerspitzkohl (hat kräftigere Blätter).
Einkauf: Blätter sollen knackig frisch sein, der Strunk im Anschnitt hell.
Schmeckt als Rohkost, gedünstet als Krautsalat (mit Speck und Kümmel), in Suppen, Eintöpfen, überbacken oder als Beilage zu deftigem Fleisch. Eignet sich gut für Kohlrouladen.

Stachelbeere

Mit der schwarzen Johannisbeere verwandte kugelige Beere mit durchscheinender Schale.
Einkauf: von Juni bis August aus heimischem Anbau auf dem Markt. Nur frisch aussehende, pralle Früchte kaufen.
Im Kühlschrank höchstens 1–2 Tage aufbewahren.
Stachelbeeren eignen sich für Dessert und als Tortenbelag. Grüne Stachelbeeren kann man gut zu Marmelade einkochen.
Minirezept: *Gelbe und rote Stachelbeeren sind köstlich pur mit etwas Zucker und flüssiger Sahne.*
Rezept: ●●● *Weintrauben-Stachelbeer-Gelee (S. 167)*

Staudensellerie

Auch Bleich-, Stiel- oder Stangensellerie genannt. Das saftig-würzige Gemüse hat hier von August bis November Saison.
Einkauf: Das ganze Jahr über in fast allen Lebensmittelgeschäften erhältlich. Frische Blätter und knackige Stangen zeugen von Qualität.
Bleibt im Gemüsefach des Kühlschranks bis zu 2 Wochen frisch. Schmeckt lecker roh mit Dips oder Frischkäsefüllung, gekocht in Gemüsemischungen oder überbacken.
Rezepte: ●● *Staudenselleriemousse (S. 37)* ●● *Reisauflauf mit Sesam und Fisch (S. 128)*

Steinbeisser

Salzwasserfisch; auch Katfisch oder gestreifter Seewolf genannt. Nicht zu verwechseln mit dem teuren Wolfsbarsch (obwohl beide auch als → Loup de mer angeboten werden).
Einkauf: ohne Kopf und bereits gehäutet beim Fischhändler, frisch oder tiefgekühlt im Ganzen, als Filets oder in Scheiben.
Die Filets sind super zum Dünsten, Braten oder Pochieren und für Suppen und Ragouts.
Minirezept: *4 Steinbeißerfilets mit Salz, Pfeffer, Koriander, Zitronensaft würzen, mit Gemüsescheibchen in gebutterte Alufolien wickeln. Im Ofen bei 180° 30 Minuten backen.*

Steinbutt

Größter und feinster Plattfisch; in Mittelmeer und Nordatlantik heimisch. Sein festes weißes Fleisch wird beim Garen zart und saftig. Kleine Exemplare kommen als Baby-Steinbutt in den Handel.
Einkauf: frisch als Filets oder Koteletts, kleine Fische auch im Ganzen.
Achtung: Wer sich Steinbutt beim Fischhändler filetieren lässt, sollte unbedingt Kopf und Gräten mitnehmen. Sie ergeben einen besonders guten Fond.
Kleinere Fische im Ganzen im Backofen garen, Filets braten oder pochieren.
Rezept: ● *Steinbutt-Cordon-bleu mit Räucherlachs (S. 88)*

Steinpilz

Einer der leckersten Pilze; rangiert gleich nach Trüffel und Morchel. Wächst nur wild.
Einkauf: während der Saison (August/September) frisch auf dem Markt und im Gemüseladen. Auch als Konserve, getrocknet und als Würzpulver zu kaufen.
Frische Pilze innerhalb von 1 Tag verarbeiten. Getrocknete Pilze vor der Verwendung einweichen.
Schmecken frisch im Salat, gebraten, gedünstet, gegrillt. Getrocknete Pilze sind in Saucen fein.
Rezepte: ●●● *Steinpilzomelett (S. 59)* ● *Gnocchi mit Steinpilzen und Tomatensauce (S. 125)* ●●● *Penne mit Steinpilzen und Auberginen (S. 143)*

T

Strudelteig

Ein besonders dünner Teig aus Mehl, Salz, Öl und Wasser. Er wird mit zerlassener Butter bestrichen, bevor man die süße oder pikante Füllung darin einwickelt.
Einkauf: Strudelteig gibt's fertig zu kaufen im Kühlregal von Lebensmittelläden.
Klassischer süßer Strudel ist in Österreich und Süddeutschland beliebt, u. a. mit Äpfeln, Nüssen, Rosinen gefüllt und gebacken. Strudelteig eignet sich auch hervorragend für pikante Füllungen.
Rezept: ● *Artischockenböden im Strudelteig (S. 34)*

Taco-Shells

Knusprige Fladen aus Maismehl, Wasser und Öl, ursprünglich aus der mexikanischen Küche.
Einkauf: Taco-Shells gibt es fertig gebacken in Feinkostläden und gut sortierten Supermärkten zu kaufen (in Kartons).
Werden als Hüllen für verschiedenste pikante Füllungen verwendet. Ideal für die schnelle Küche.
Minirezept: *Taco-Shells im Backofen kurz kross backen und mit gebratenem Rinderhackfleisch, Tomatenscheiben, Salat und geraspeltem Käse füllen, mit Taco-Sauce (gibt's fertig) würzen.*
Rezept: ●● *Taco-Shells mit Avocado und Mais (S. 185)*

Tagliatelle

Etwa 2 cm breite streifenförmige Nudeln. Es gibt sie als Hartweizengrieß- oder Eiernudeln.
Passen zu den verschiedensten Saucen und als Beilage zu Wild.
Minirezept: *Selbst gemachte Tagliatelle: 50 g Hartweizengrieß, 150 g Mehl, 1/2 Teel. Salz, 100–150 ml lauwarmes Wasser zum elastischem Teig verkneten, nach 1 Stunde ausrollen, in Streifen schneiden, etwas trocknen lassen, ca. 5 Minuten garen.*
Rezepte: ●● *Jakobsmuscheln auf Orangennudeln (S. 74)* ●● *Tagliatelle mit Morcheln (S. 148)* ●●● *Tagliatelle mit Schinken-Spinat-Sauce (S. 149)*

Tatar

Zartes, besonders mageres Hackfleisch vom Rind.
Einkauf: Tatar frisch vom Händler durch den Fleischwolf drehen lassen.
Tatar verdirbt rasch, deshalb noch am gleichen Tag verwenden.
Tatar ist hochwertiges Fleisch, das roh ausgezeichnet schmeckt.
Minirezept: *Tatar mit Salz und Pfeffer würzen, in jede Portion in die Mitte eine Vertiefung drücken, je 1 rohes Eigelb hineinsetzen, mit gehackten Sardellenfilets, Zwiebelwürfeln, Kapern und Petersilie garnieren. Dazu Schwarzbrot reichen.*
Rezept: ●● *Kaviar auf angebratenem Tatar (S. 177)*

T

Thunfisch

Der größte Fisch aus der Stachelflosser-Familie. Schwimmt in allen Weltmeeren in warmen Gewässern. In der Küche werden u. a. der riesige Rote Thunfisch und der kleine Echte Bonito für Steaks sowie der Weiße Thunfisch v. a. für Konserven verwendet.
Einkauf: frisch als Koteletts; Thunfisch in Konserven gibt es naturell (im eigenen Saft) oder in Öl eingelegt.
Frischer Thunfisch schmeckt köstlich gebraten oder gegrillt.
Rezepte: ●● *Spaghetti mit Thunfisch und Pilzen (S. 147)* ●●● *Cracker mit Thunfisch-Käse-Aufstrich (S. 175)* ●●● *Thunfischsalat mit Paprika (S. 178)*

Thymian

Mit dem → Majoran verwandtes Würzkraut. Frischer Thymian hat von Juni bis September Saison.
Einkauf: Frischer Thymian sollte kräftig duften (ein Blättchen zerreiben). Es gibt ihn aber auch getrocknet und gerebelt.
Frischer Thymian hält in einem Schraubdeckelglas im Kühlschrank einige Tage. Man kann ihn auch als Sträußchen trocknen. Würzt Suppen, Saucen, Fleisch- und Fischgerichte und Gemüse. Thymian kann man mitkochen.
Rezepte: ● *Artischockenböden im Strudelteig (S. 34)* ●● *Entenbrust mit Orangenfilets (S. 111)* ●● *Couscous mit Riesengarnelen und Tomaten (S. 116)*

Tintenfisch

Man unterscheidet Sepia, Kalmar und Oktopus bzw. Krake. Essbar sind der schlauchförmige Körper, Kopf und Arme. Tintenfische haben einen Beutel mit tintenartiger Flüssigkeit, die zum Färben z. B. von Nudeln verwendet wird.
Einkauf: frisch beim Fischhändler. Tintenfischringe gibt's auch tiefgekühlt.
Frische Tintenfische schmecken im Ganzen bzw. in Streifen geschnitten geschmort oder frittiert.
Minirezept: *Tiefgefrorene panierte Tintenfischringe ausbacken und mit Remoulade und/oder Zitronensaft servieren.*
Rezept: ●● *Würzige Tintenfischringe (S. 185)*

Toastbrot

Die rechteckigen Weißbrotscheiben sind frisch ideal für Sandwiches oder als Unterlage für schnell belegte kleine Häppchen zu Wein und Bier. Die getoasteten Scheiben sind universelle Beigabe zu Suppen, Salaten und Dips.
Einkauf: in verschiedenen Sorten bereits in Scheiben geschnitten zu kaufen.
Lässt sich (ungetoastet) gut einfrieren, vor der Verwendung die Scheiben einfach in gefrorenem Zustand in den Toaster stecken.
Rezepte: ●●● *Tomaten-Käse-Suppe (S. 67)* ●● *Lachssuppe mit Kaviar und Estragon (S. 81)* ●●● *Räucherlachs-Häppchen (S. 175)*

T

Tofu

Ein kulinarisches Chamäleon, das aus eingeweichten pürierten Sojabohnen hergestellt wird – auch »Quark der Asiaten« genannt. Wegen seines neutralen Geschmacks nimmt er andere Aromen gut an. Wird in der vegetarischen Küche als hochwertiger Eiweißlieferant geschätzt.
Einkauf: im Kühlregal von gut sortierten Supermärkten, Bioläden, Reformhäusern, asiatischen Spezialgeschäften; auch geräuchert erhältlich.
Man kann Tofu braten, dünsten, marinieren oder auch milchfreie Dessertcremes damit kreieren.
Rezept: ●● *Gemüse und Pilze mit Tofu (S. 42)*

Tomate

Einkauf: Früchte sollten fest und gleichmäßig rot sein. Die besten kommen aus sonnigem Freiland. Gibt's auch in Dosen, als Püree, Saft, Paste, → Ketchup.
Rezepte: ●● *Tomatencarpaccio mit Rucola (S. 29)* ●●● *Tortilla mit Tomaten (S. 59)* ●●● *Käfers Tomatenbutter (S. 64)* ●● *Rotbarbenfilets mit Basilikum-Tomaten (S. 85)* ●● *Couscous mit Riesengarnelen und Tomaten (S. 116)* ●●● *Spaghetti mit Olivenpaste und Tomaten (S. 147)* ●● *Fleischtomaten mit Hüttenkäse und Basilikum (S. 176)* ●●● *Schnelle Tomatensuppe mit Croûtons (S. 183)*

Tomaten, getrocknete

Eiertomaten, die an der Sonne getrocknet werden, bis sie eine ledrige Konsistenz haben. Das Trocknen konzentriert das Aroma, das eine intensive süß-aromatische Note hat.
Einkauf: Hier meist in Olivenöl eingelegt erhältlich, in Gläsern im Supermarkt, offen in Feinkostgeschäften und griechischen oder italienischen Lebensmittelläden.
Achtung: Sparsam verwenden. Getrocknete Tomaten sind fein im Salat, auf Röstbroten (z. B. mit Mozzarella und Basilikum) oder auf der Pizza.

Traubenkernöl

Ein Feinschmeckeröl, das aus Weintraubenkernen gepresst wird. Das kaltgepresste unraffinierte Öl schmeckt intensiv fruchtig und nussig zugleich.
Einkauf: in Feinkostläden und Feinkostabteilungen großer Supermärkte.
Hält sich kühl und dunkel über 1 Jahr.
Passt sehr gut zu Salaten mit Geflügel oder Fisch und zu Blattsalaten. Es eignet sich auch zum Kurzbraten von Fleisch, kann auch mit neutralen Ölen gemischt verwendet werden.
Rezept: ●● *Kartoffel-Trüffel-Püree mit Feldsalat (S. 121)*

W

Vanille

Die schlauchartigen Fruchtkapseln wachsen an einer Kletterorchidee, die in Mexiko heimisch ist. Sie werden fermentiert, wobei sich das feine Aroma entwickelt.
Einkauf: Es gibt ganze und zu Pulver vermahlene Schoten – mit Zucker vermischt als Bourbon-Vanillezucker.
Frische Vanillestangen längs aufschneiden, das Mark herauskratzen und zum Verfeinern von Süßspeisen aller Art verwenden.
Rezepte: ●● *Aprikosenauflauf (S. 155)* ●● *Birnen-Quitten-Schaum (S. 157)* ●● *Süße Spaghetti mit Himbeersauce (S. 163)* ●● *Panna cotta mit Himbeersauce (S. 164)*

Wacholderbeeren

Samen des zu den Zypressen gehörenden Wacholderstrauches, der in den nördlichen Klimazonen beheimatet ist. Beeren werden im Herbst geerntet und getrocknet. Sie haben einen herben und strengen Geschmack.
Einkauf: getrocknet im Gewürzregal jedes Supermarkts. Luftdicht verschlossen aufbewahren.
Wacholderbeeren geben Marinaden, Wild, Gemüse wie Sauerkraut oder Rote Bete, Suppen und Saucen eine herbe Würze.
Rezept: ●● *Rehkoteletts mit Haselnusskruste (S. 109)*

Walnuss

Der Wärme liebende Walnussbaum wächst auch hier zu Lande in milden Gegenden. Seine Früchte haben im Spätherbst und Winter Saison.
Einkauf: das ganze Jahr über erhältlich; am besten in der Schale kaufen, geschälte Nüsse werden schnell ranzig oder sind chemisch behandelt, damit sie länger halten (muss aber auf der Packung stehen).
Lecker pur zum Wein und zu Käse, über Salate und Obstsalate gestreut. Eine wertvolle Backzutat in feinem Gebäck und Broten.
Rezept: ●● *Chicoreesalat mit Walnüssen (S. 17)*

Walnussöl

Es wird aus frischen Walnüssen gepresst, hat ein duftiges, feines Nussaroma und eine klare hellgelbe Farbe. Das hochwertige Öl sollte nur in der kalten Küche verwendet werden.
Einkauf: in Feinkostläden und gut sortierten Supermärkten.
Hält ca. 1 Jahr, sollte aber immer luftdicht verschlossen sein sowie dunkel und kühl stehen.
Walnussöl gibt Saucen für Blattsalate eine delikate Note, es passt auch hervorragend zu Salaten mit Hülsenfrüchten.
Rezept: ●●● *Chicoreesalat mit Roquefort (S. 17)*

W

Weinessig

Wahrscheinlich zufällig aus sauer gewordenem Wein entstanden, ist Weinessig aus der Küche nicht mehr wegzudenken. Er wird durch Vergären von mit Essigbakterien versetztem Wein hergestellt.
Einkauf: Es gibt viele verschiedene Sorten. Grundsätzlich unterscheidet man Weißweinessig (milder) und Rotweinessig (kräftiger).
Achtung: Je edler der Wein, desto wertvoller (und teurer) der daraus hergestellte Essig.
Rezepte: ●● *Endiviensalat mit Parmesan und Croûtons (S. 19)* ●●● *Friséesalat mit gratiniertem Ziegenkäse (S. 21)* ●● *Auberginenpüree (S. 36)*

Weintraube

Gehört mit zu den ältesten Obstsorten. Es gibt viele verschiedene Sorten von Tafeltrauben: rote und weiße, süßere und säuerliche, solche mit Kernen und kernlose.
Einkauf: Europäische Trauben haben erst ab dem Spätsommer Saison. Inzwischen wird Importware jedoch das ganze Jahr über angeboten.
Im Kühlschrank aufbewahren. Trauben schmecken pur, im Dessert oder Obstsalat, zu Käse und zu hellem Fleisch.
Rezepte: ●● *Forelle mit Mandeln (S. 73)* ●●● *Obstsalat mit Mascarponecreme (S. 160)* ●●● *Weintrauben-Stachelbeer-Gelee (S. 167)*

Weisskohl

Wird in ganz Europa angebaut. Es gibt frühe (→ Spitzkohl), mittelfrühe, späte Sorten und Wintersorten.
Einkauf: nur makellose feste Köpfe kaufen. Auch als → Sauerkraut erhältlich.
Hält sich im Gemüsefach des Kühlschranks ca. 2 Wochen.
Zarter Kohl schmeckt gut als Rohkost, ansonsten serviert man Weißkohl gedünstet, in Eintöpfen, Aufläufen und als Krautwickel.
Minirezept: *Weißkohlstreifen mit Öl, Speck- und Zwiebelwürfeln, Zucker andünsten, Gemüsebrühe, Kümmel und Salz dazugeben, zugedeckt etwa 30 Minuten garen.*

Wildschwein

Sein Fleisch ist magerer und kräftiger im Geschmack als das vom Hausschwein.
Einkauf: In Feinkostgeschäften an der Fleischtheke wird ganzjährig Fleisch von Frischlingen und jungen Tieren angeboten (Keiler von Juni bis Januar). Rücken und Schlegel gibt es auch tiefgekühlt.
Der Rücken und die Keulen eignen sich gut zum Braten, die Rippchen kann man grillen, andere Stücke können geschmort oder als Ragout zubereitet werden.
Rezept: ● *Wildschweinrückensteaks mit Morcheln (S. 109)*

Wirsing

Nach Weiß- und Rotkraut die wichtigste Kohlart; hat einen knackigen Biss und feinen Geschmack.
Einkauf: Gibt's frisch das ganze Jahr über. Auf fest geschlossene Köpfe achten, die äußeren Blätter sollen nicht welk sein; auch als Tiefkühlgemüse erhältlich.Frischer Wirsing ist bis zu 1 Woche im Kühlschrank haltbar. Schmeckt gut als Beilage zu deftigen Fleisch- und Wurstgerichten, in Suppen und Eintöpfen.
Minirezept: *Wirsingstreifen blanchieren, mit Speckwürfeln, Butter, Sahne 4–6 Minuten garen, mit Salz, Pfeffer und Muskat würzen.*
Rezept: ●● *Irish Stew (S. 98)*

Z

Zackenbarsch

In den warmen Zonen der Weltmeere findet man viele verschiedene Arten mit einem Gewicht zwischen 1 und mehreren hundert Kilogramm. Er hat festes saftiges weißes Fleisch und kann auf viele Arten zubereitet werden.
Einkauf: als Filets an der Fischtheke in größeren Supermärkten oder im Fischgeschäft, frisch oder tiefgekühlt.
Schmeckt hervorragend gebraten, gekocht, gedünstet und gegrillt. Wird häufig ganz auf Gemüsebett serviert.
Rezept: ●● *Zackenbarsch mit Gemüsestreifen (S. 89)*

Zander

Im ungarischen Plattensee heimischer Raubfisch, der zur Lachsfamilie gehört – wird auch Schill oder Hechtbarsch genannt. Sein Fleisch hat einen nussartigen Geschmack und ist sehr mürbe.
Einkauf: frisch als ganzer Fisch (küchenfertig vorbereiten lassen), tiefgekühlt ganz oder als Filets.
Achtung: Zander sollte unbedingt ganz frisch sein, er verdirbt sehr schnell!
Zanderfilets schmecken gut im Ganzen gebraten, pochiert, mit cremiger Sauce serviert oder in exquisiten Fischsuppen.
Rezept: ●● *Zander mit Tomaten und Frühlingszwiebeln (S. 89)*

Ziegenfrischkäse

Ungereifter Käse aus Ziegenmilch, der natur oder mit Gewürzen verfeinert erhältlich ist, hat 45–50 % Fett i. Tr.
Einkauf: offen an der Käsetheke in Supermärkten, in größerer Auswahl in Feinkostgeschäften; auch abgepackt erhältlich.
Im Kühlschrank in Folie gewickelt einige Tage haltbar. Möglichst bald verbrauchen. Am besten pur zu einem Stück Schwarzbrot oder knusprigem Baguette genießen.
Rezepte: ●●● *Friséesalat mit gratiniertem Ziegenkäse (S. 21)* ●●● *Ravioli mit Kräuter-Käse-Sauce (S. 144)* ●●● *Minipaprikaschoten mit Ziegenfrischkäse (S. 176)*

Z

Zimt

Eines der ältesten Gewürze der Welt, das einzige Rindengewürz, das auch in der modernen Küche verwendet wird. Es gibt zwei Sorten: Ceylon-Zimt ist hell und schmeckt süßlich, Kassia-Zimt ist dunkler und schärfer.
Einkauf: Hier wird meist Ceylon-Zimt verkauft, als Pulver und als Stangenzimt.
Zimtpulver ist ein klassisches Backgewürz. Man kann es auch mit Zucker mischen und über Süßspeisen streuen. Stangenzimt würzt süße Saucen und Getränke.
Rezepte: ●●● *Orientalischer Gurkensalat (S. 23)* ●●● *Zwetschgenröster (S. 169)* ●●● *Rote Grütze mit Sahne (S. 189)*

Zitrone

Zitrusfrucht, die im Mittelmeerraum und überall dort, wo es warm ist, wächst. In der Küche verwendet werden sowohl Saft als auch Schale.
Einkauf: Kleine, schwere Zitronen sind saftiger als die dicken größeren. Für Gerichte, in denen die abgeriebene Zitronenschale verwendet wird, unbedingt unbehandelte Zitronen kaufen.
Rezepte: ●● *Gebackene Austernpilze mit Zitronen-Kräuter-Dip (S. 39)* ●●● *Käfers Zitronenbutter (S. 64)* ●● *Birnen-Quitten-Schaum (S. 157)*

Zitronenblätter

Blätter der Kaffir-Limette, die in den Tropen Südostasiens heimisch ist.
Einkauf: Gibt's frisch, tiefgekühlt oder getrocknet im Asien- oder Feinkostladen.
Frische Blätter halten sich ca. 1 Woche im Kühlschrank, besser ist es aber, sie einzufrieren.
Getrocknete Blätter vor der Verwendung 5 Minuten in Wasser einweichen.
Rezept: ●●● *Thai-Gemüse mit roten Linsen (S. 43)*

Zitronenmelisse

Ein in früheren Zeiten für seine Heilkräfte geschätztes Kraut.
Einkauf: Gibt's von Sommer bis Herbst im Bund frisch geschnitten oder im Topf auf dem Markt, beim Gemüsehändler oder im Feinkosthandel zu kaufen.
Lässt sich gut einfrieren.
Achtung: Zitronenmelisse nicht erhitzen!
Zitronenmelisse verleiht kalten und warmen Getränken Desserts und Eis ein frisches Aroma; passt in Salate, helle Saucen, zu hellem Fleisch und zu Fisch, besonders zu Aal oder in Chutneys.
Rezept: ●●● *Rote Grütze mit Sahne (S. 189)*

Z

Zucchini

Stammt vom südamerikanischen Riesenkürbis ab, wächst aber auch in unseren Breiten. Saison des milden, nussartig schmeckenden Gemüses ist hierzulande von Mai/Juni bis Oktober.
Einkauf: das ganze Jahr über erhältlich, im Sommer (in Gemüseläden und Feinkostgeschäften) auch mit Blüten, die eine besondere Delikatesse sind.
Im Kühlschrank bis zu 2 Wochen haltbar.
Rezepte: ● *Zucchini mit Spinat-Käse-Füllung (S. 48)* ●● *Zucchinigratin mit Mandeln (S. 49)* ●●● *Fusilli mit Garnelen und Zucchini (S. 134)*

Zuckerschote

Auch Zuckererbse oder Kaiserschote genannt. Eine Erbsensorte, bei der die zarte Schote mitverzehrt werden kann.
Einkauf: das ganze Jahr über; Hauptsaison ist hier von September bis Dezember.
Zuckerschoten halten sich im Kühlschrank einige Tage.
Minirezept: *Gegarte Zuckerschoten pürieren, Geflügelfond und kalte Butterflocken unterrühren, mit Salz, Zucker, Pfeffer würzen.*
Rezepte: ●●● *Frischkäsesoufflé mit Zuckerschoten (S. 57)* ●●● *Fettuccine mit Zuckerschoten und Parmaschinken (S. 135)*

Zwetschge

Die länglichen Zwetschgen reifen als letzte Sorte der Pflaumenfamilie im Spätsommer, schmecken daher auch am süßesten (kriegen die meiste Sonne ab). Sie lassen sich leicht entsteinen.
Einkauf: Zwetschgen sollten prall und fest aussehen, keine rissige oder verschrumpelte Haut haben.
Gekühlt höchstens 3 Tage haltbar.
Zwetschgen eignen sich (besser als die übrigen Pflaumensorten) gut zum Kochen und Backen, außerdem für Kompott oder Pflaumenmus.
Rezepte: ●●● *Zwetschgenkompott (S. 168)* ●●● *Zwetschgenröster (S. 169)*

Zwiebel

Es gibt viele Sorten; die wichtigsten sind die braunschalige Zwiebel – zum Dünsten, Rösten, Schmoren und für die berühmte Zwiebelsuppe –, die rote Zwiebel, die v. a. wegen ihrer Farbe für Salate und Rohkost geeignet ist, die milde weiße Zwiebel, die Silberzwiebel, die bei uns v. a. sauer eingelegt im Handel ist, die → Frühlingszwiebel, die → Schalotte und die milde Gemüsezwiebel, die auf Hamburger, Sandwiches und Salate gehört.
Rezepte: ●● *Schweinekotelett mit Speck-Zwiebel-Füllung (S. 107)* ●●● *Spiegeleier mit roten Zwiebeln und Croûtons (S. 177)*

Menüvorschläge

Ausgefallen und raffiniert

Kohlrabi-Tarte mit Parmesan 55
Gemüsespieße im Backteig 39
Obstsalat mit Mascarponecreme 160

✣

Kopfsalatherz mit gebackenem Bries 25
Renkenfilet mit Graupenragout 77
Birnen-Quitten-Schaum 157

✣

Radicchio-Spinat-Salat mit Sonnenblumenkernen 26
Fusilli mit Garnelen und Zucchini 134
Joghurt-Limetten-Creme mit Erdbeermark 157

Edel und verführerisch

Avocado-Shrimps-Cocktail 14
Tagliatelle mit Morcheln 148
Exotischer Fruchtsalat 160

✣

Chicoreesalat mit Roquefort 17
Steinbutt-Cordon-bleu mit Räucherlachs 88
Kirschen in Portweinsauce 167

✣

Friséesalat mit gratiniertem Ziegenkäse 21
Zackenbarsch mit Gemüsestreifen 89
Orangenspaghettini mit Erdbeerragout 163

✣

Jakobsmuscheln mit Artischockenstreifen 75
Gnocchi mit Steinpilzen und Tomatensauce 125
Joghurt-Limetten-Creme mit Erdbeermark 157

✣

Kaviar auf angebratenem Tatar 177
Seezungenfilets im Kräutermantel 87
Apfeltarte 155

Herzhaft und aromatisch

Feldsalat mit Apfel und Pinienkernen 20
Rehkoteletts mit Haselnusskruste 109
Apfeltarte 155

✣

Kartoffel-Speck-Suppe mit Kräutern 122
Fleischpflanzerl 105
Rote Grütze mit Sahne 189

✣

Kürbis-Honig-Suppe 41
Wildschweinrückensteaks mit Morcheln 109
Bratäpfel mit Marsala 155

Klassiker ganz modern

Gebratener grüner Spargel 47
Lachsforelle in der Salzkruste 81
Süßer Nudelauflauf mit Nüssen 189

✣

Lachs auf Gemüse-Pfifferling-Vinaigrette 81
Schweinefilet in Blätterteig 107
Erdbeeren mit Rhabarbergrütze 159

✣

Minestrone 41
Putenschnitzel mit Spinat-Gorgonzola-Füllung 101
Panna cotta mit Himbeersauce 164

✣

Radieschen-Rindfleisch-Salat 29
Rotbarschfilet auf Fenchel 77
Aprikosenauflauf 155

✣

Riesengarnelen mit Basilikum-butter 82
Züricher Geschnetzeltes 95
Weintrauben-Stachelbeer-Gelee 167

✣

Spinat-Bällchen mit Parmesan 44
Kalbsleber Berliner Art 101
Mango-Parfait mit Erdbeeren 158

✣

Überbackene Austern 73
Filetgulasch »Stroganoff« 98
Panna cotta mit Himbeersauce 164

✣

Zucchini mit Spinat-Käse-Füllung 48
Kabeljaufilet in Senfbutter 76
Rote Grütze mit Sahne 189

Aus den Küchen der Welt

Asiatischer Rettichsalat, 29, zu Hosomaki-Sushi mit Avocado und Nigri-Sushi mit Lachs 126
Thai-Curry mit Hähnchenbrust und Spargel 103
Flambierte Bananen 157

✣

Staudenselleriemousse 37
Couscous mit Riesengarnelen und Tomaten 116
Flambierte Bananen 157

✣

Taco-Shells mit Avocado und Mais 185
Mexikanische Hühnerbeinchen 103
Süßer Nudelauflauf mit Nüssen 189

✣

Tomaten mit Kefircreme 63
Lammcurry mit gerösteten Mandeln 101
Birnen-Quitten-Schaum 157

✣

Saté-Spießchen mit Erdnusssauce 184
Chinesische Eiernudeln mit Gemüse und Riesengarnelen 136
Exotischer Fruchtsalat 160

Mediterran inspiriert

Avocado mit Jakobsmuscheln 14
Hähnchenbrust mit Salbei und Parmaschinken 102
Mango-Parfait mit Erdbeeren 158

✣

Batavia-Fisch-Röllchen 15
Kalbspiccata alla Milanese 94
Erdbeerherzen in Champagner 159

✣

Eichblattsalat mit Austernpilzen und Speckvinaigrette 18
Risotto mit Venusmuscheln 129
Obstsalat mit Macarponecreme 160

✣

Endiviensalat mit Parmesan und Croûtons 19
Fettuccine mit Zuckerschoten und Parmaschinken 135
Überbackene Erdbeeren 158

✣

Gebackener Mini-Mozzarella auf Tomatencarpaccio 66
Rinderbrust mit Salsa verde 96
Tiramisu mit Amaretto-Schoko-Sauce 162

✣

Schnelle Tomatensuppe mit Croûtons 183
Hähnchenkeule mit Oliven 102
Früchtepizza 189

Thunfischsalat mit Paprika 178
Spinat-Cannelloni 139
Obstsalat mit Mascarponecreme 160

Rezeptregister von A–Z

Aal-Salbei-Spieße vom Grill 73
Apfel
Apfeltarte 155
Feldsalat mit Apfel und Pinienkernen 20
Früchtepizza 189
Gänsebraten mit Preiselbeeren 111
Kalbsleber Berliner Art 101
Knusprig gebratene Frühmastente 111
Obstsalat mit Mascarponecreme 160
Selleriesalat mit Äpfeln 45
Aprikose
Aprikosenauflauf 155
Bellini-Cocktail 190
Artischocke
Artischocken auf provenzalische Art 34
Artischockenböden im Strudelteig 34
Jakobsmuscheln mit Artischockenstreifen 75
Radicchio-Spinat-Salat mit Sonnenblumenkernen 26
Seezungenstreifen mit Artischocken 87
Asiatischer Rettichsalat 29
Asiatisches Paprika-Sprossen-Gemüse 43
Aubergine
Artischockenböden im Strudelteig 34
Auberginenpüree 36
Glasnudeln mit Gemüse 136
Paprika-Auberginen-Gemüse mit Gorgonzola 42
Penne mit Steinpilzen und Auberginen 143
Auster: Überbackene Austern 73
Austernpilz
Eichblattsalat mit Austernpilzen und Speckvinaigrette 18
Gebackene Austernpilze mit Zitronen-Kräuter-Dip 39
Graupenrisotto mit Austernpilzen 129
Avocado
Avocado mit Jakobsmuscheln 14
Avocado-Shrimps-Cocktail 14
Hosomaki-Sushi mit Avocado 126
Taco-Shells mit Avocado und Mais 185

Bambussprossen: Gemüse und Pilze mit Tofu 42
Banane
Bananen-Milch-Shake 190
Flambierte Bananen 157
Früchtepizza 189
Obstsalat mit Mascarponecreme 160
Bärlauch: Kartoffelgratin mit Greyerzer 118
Basilikum
Batavia-Fisch-Röllchen 15
Fettuccine mit Gorgonzola 135
Fleischtomaten mit Hüttenkäse und Basilikum 176
Gebackener Mini-Mozzarella auf Tomatencarpaccio 66
Mangoldgemüse mit Basilikum 41
Riesengarnelen mit Basilikumbutter 82
Rotbarbenfilets mit Basilikum-Tomaten 85
Rucola-Pesto auf Baguette 175
Thai-Curry mit Hähnchenbrust und Spargel 103
Überbackene Makkaroni 139
Batavia-Fisch-Röllchen 15
Bellini-Cocktail 190
Birnen-Quitten-Schaum 157
Blätterteigquiche mit Gemüse (Variante) 180
Blätterteigquiche mit Schinken 180
Blätterteigquiche mit Spinat (Variante) 180
Blumenkohl: Penne mit Blumenkohl und Pinienkernen 143
Blutwurst: Kartoffelgröstl 119
Bohnenkerne
Minestrone 41
Schnelles Chili con Carne 183
Bratäpfel mit Marsala 155
Bries: Kopfsalatherz mit gebackenem Bries 25
Broccoli: Thai-Gemüse mit roten Linsen 43
Brot
Fladenbrot mit Parmaschinken und Rucola 179
Friséesalat mit gratiniertem Ziegenkäse 21
Kaninchenkeulen mit Honig-Pumpernickel-Kruste 108
Kräuterquark auf Pumpernickel 62
Räucherlachs-Häppchen 175
Rucola-Pesto auf Baguette 175
Tomaten-Käse-Suppe 67
Brunnenkresse
Chicoreesalat mit Roquefort 17
Friséesalat mit Portweinsauce und Gartenkresse 21
Butter
Käfers Knoblauchbutter (Variante) 64
Käfers Kräuterbutter 64
Käfers Tomatenbutter (Variante) 64
Käfers Zitronenbutter (Variante) 64
Spargel klassisch mit Sauce hollandaise 47

Cannelloni: Spinat-Cannelloni 139
Champignon
Artischocken auf provenzalische Art 34
Friséesalat mit Portweinsauce und Gartenkresse 21
Gefüllte Champignons mit Parmesan 39
Schweinefilet in Blätterteig 107
Tomaten mit Kefircreme 63
Tortellini mit Curry und Champignons 149
Züricher Geschnetzeltes 95
Chester: Blätterteigquiche mit Schinken 180
Chicoree
Chicoreesalat mit Roquefort 17
Chicoreesalat mit Walnüssen 17
Chicoreeschiffchen mit Garnelen 17
Chinakohl: Gemüse und Pilze mit Tofu 42
Chinesische Eiernudeln mit Gemüse und Riesengarnelen 136
Chinesischer Hühnertopf 184
Cocktailsauce: Chicoreeschiffchen mit Garnelen 17
Couscous
Couscous mit Blattspinat (Variante) 117
Couscous mit Hähnchenbrust und Koriander 117
Couscous mit Riesengarnelen und Tomaten 116
Couscous mit Rosinen und Mandeln (Variante) 117
Cracker mit Thunfisch-Käse-Aufstrich 175
Croûtons
Endiviensalat mit Parmesan und Croûtons 19
Gefüllte Champignons mit Parmesan 39
Kartoffel-Trüffel-Püree mit Feldsalat 121
Pörkölt vom Karpfen 84
Schnelle Tomatensuppe mit Croûtons 183
Schollenfilets mit Speck und

Croûtons 86
Spiegeleier mit roten Zwiebeln und Croûtons 177

D

Dill: Krabben-Dill-Rührei 59
Egerling
Spätzle mit Pilzen (Variante) 187
Tagliatelle mit Morcheln 148
Überbackene Rösti mit Egerlingen 186
Züricher Geschnetzeltes 95
Eichblattsalat
Eichblattsalat mit Austernpilzen und Speckvinaigrette 18
Eichblattsalat mit Hähnchenbrust 18
Eier
Aprikosenauflauf 155
Blätterteigquiche mit Gemüse (Variante) 180
Blätterteigquiche mit Schinken 180
Blätterteigquiche mit Spinat (Variante) 180
Endiviensalat mit Estragondressing 19
Friséesalat mit Portweinsauce und Gartenkresse 21
Gemüse mit pochierten Eiern 66
Gorgonzolasouffle 57
Krabben-Dill-Rührei 59
Pochierte Eier im Feldsalatnest 20
Spiegeleier mit roten Zwiebeln und Croûtons 177
Steinpilzomelett 59
Thunfischsalat mit Paprika 178
Tiramisu mit Amaretto-Schoko-Sauce 162
Tortilla mit Tomaten 59
Eiernudeln: Chinesische Eiernudeln mit Gemüse und Riesengarnelen 136
Eingelegter Radicchio 26
Eis
Erdbeerherzen in Champagner 159
Flambierte Bananen 157
Früchtepizza 189
Kirschen in Portweinsauce 167
Orangenspaghettini mit Erdbeerragout 163
Zwetschgenkompott 168
Emmentaler
Italienischer Nudelsalat 141
Kartoffel-Kohlrabi-Gratin 118
Käsesalat mit Senfsauce 63
Käsespätzle 187
Lasagne mit Hackfleisch und Tomaten 139
Überbackene Rösti mit Egerlingen 186
Endivie
Endiviensalat mit Estragondressing 19
Endiviensalat mit Parmesan und Croûtons 19
Ente
Entenbrust mit Orangenfilets 111
Knusprig gebratene Frühmastente 111
Erbsen
Hähnchenbrust-Salat 179
Überbackene Makkaroni 139
Erdbeere
Erdbeeren mit Rhabarbergrütze 159
Erdbeerherzen in Champagner 159
Joghurt-Limetten-Creme mit Erdbeermark 157
Mango-Parfait mit Erdbeeren 158
Matjessalat mit Pfirsich und Erdbeeren 178
Orangenspaghettini mit Erdbeerragout 163
Rote Grütze mit Sahne 189
Überbackene Erdbeeren 158
Erdnuss: Saté-Spießchen mit Erdnusssauce 184
Estragon
Endiviensalat mit Estragondressing 19
Lachssuppe mit Kaviar und Estragon 81
Exotischer Fruchtsalat 160

F

Farfalle mit fünf Gemüsen 134
Feige: Greyerzer-Tarte mit Feigenragout 55
Feldsalat
Feldsalat mit Apfel und Pinienkernen 20
Kartoffel-Trüffel-Püree mit Feldsalat 121
Pochierte Eier im Feldsalatnest 20
Fenchel
Jakobsmuscheln auf Orangennudeln 74
Rotbarschfilet auf Fenchel 77
Fettuccine
Fettuccine mit Gorgonzola 135
Fettuccine mit Zuckerschoten und Parmaschinken 135
Filetgulasch »Stroganoff« 98
Fladenbrot mit Parmaschinken und Rucola 179
Flambierte Bananen 157
Fleischpflanzerl 105
Fleischtomaten mit Hüttenkäse und Basilikum 176
Forelle mit Mandeln 73
Frischkäse
Cracker mit Thunfisch-Käse-Aufstrich 175
Frischkäsesouffle mit Zuckerschoten 57
Gartenkresse im roten Töpfchen 22
Selbst gemachte Ravioli (Variante) 144
Süße Spaghetti mit Himbeersauce 163
Taco-Shells mit Avocado und Mais 185
Frisée
Friséesalat mit gratiniertem Ziegenkäse 21
Friséesalat mit Portweinsauce und Gartenkresse 21
Früchtepizza 189
Frühlingszwiebel
Chinesische Eiernudeln mit Gemüse und Riesengarnelen 136
Couscous mit Riesengarnelen und Tomaten 116
Fettuccine mit Gorgonzola 135
Gebratener grüner Spargel 47
Zander mit Tomaten und Frühlingszwiebeln 89
Fusilli
Fusilli mit Garnelen und Zucchini 134
Linsensuppe mit Tomaten und Balsamessig 183

G

Gänsebraten mit Preiselbeeren 111
Garnele
Chicoreeschiffchen mit Garnelen 17
Chinesische Eiernudeln mit Gemüse und Riesengarnelen 136
Couscous mit Riesengarnelen und Tomaten 116
Fusilli mit Garnelen und Zucchini 134
Riesengarnelen mit Basilikumbutter 82
Riesengarnelen mit Kartoffeln und Tomaten 82
Gartenkresse im roten Töpfchen 22
Gebackene Austernpilze mit Zitronen-Kräuter-Dip 39
Gebackene Rinderbrustscheiben (Variante) 96
Gebackene Rote Bete 45
Gebackener Mini-Mozzarella auf Tomatencarpaccio 66
Gebackener Schafkäse mit Oliven 67
Gebackenes Saiblingfilet 76
Gebratener grüner Spargel 47
Gefüllte Champignons mit Parmesan 39
Gemüse
Artischockenböden im Strudelteig 34
Blätterteigquiche mit Gemüse (Variante) 180

Chinesische Eiernudeln mit Gemüse und Riesengarnelen 136
Chinesischer Hühnertopf 184
Farfalle mit fünf Gemüsen 134
Gemüse mit pochierten Eiern 66
Gemüse und Pilze mit Tofu 42
Gemüsespieße im Backteig 39
Glasnudeln mit Gemüse 136
Hähnchenkeule mit Oliven 102
Kartoffel-Speck-Suppe mit Kräutern 122
Lachs auf Gemüse-Pfifferling-Vinaigrette 81
Linsensuppe mit Tomaten und Balsamessig 183
Minestrone 41
Reisauflauf mit Sesam und Fisch 128
Rinderbrust mit Salsa verde 96
Thai-Gemüse mit roten Linsen 43
Zackenbarsch mit Gemüsestreifen 89
Geschmorter Kopfsalat 25
Gewürzgurke
Filetgulasch »Stroganoff« 98
Kaviar auf angebratenem Tatar 177
Glasnudeln
Chinesischer Hühnertopf 184
Glasnudeln mit Gemüse 136
Gnocchi
Gnocchi mit Gorgonzolasauce 187
Gnocchi mit Steinpilzen und Tomatensauce 125
Gorgonzola
Fettuccine mit Gorgonzola 135
Gnocchi mit Gorgonzolasauce 187
Gorgonzolasouffle 57
Paprika-Auberginen-Gemüse mit Gorgonzola 42
Putenschnitzel mit Spinat-Gorgonzola-Füllung 101
Zucchinigratin mit Mandeln 49
Grapefruit
Avocado mit Jakobsmuscheln 14
Exotischer Fruchtsalat 160
Graupen
Graupenrisotto mit Austernpilzen 129
Renkenfilet mit Graupenragout 77
Graved Lachs: Pochierte Eier im Feldsalatnest 20
Greyerzer
Greyerzer-Tarte mit Feigenragout 55
Kartoffelgratin mit Greyerzer 118
Gurke
Friséesalat mit Portweinsauce und Gartenkresse 21
Gurkensalat mit Nordseekrabben 23
Orientalischer Gurkensalat 23

H

Hackfleisch
Fleischpflanzerl 105
Kaviar auf angebratenem Tatar 177
Königsberger Klopse mit Kapernsauce 104
Lasagne mit Hackfleisch und Tomaten 139
Schnelles Chili con Carne 183
Hähnchen
Chinesischer Hühnertopf 184
Couscous mit Hähnchenbrust und Koriander 117
Eichblattsalat mit Hähnchenbrust 18
Hähnchenbrust mit Salbei und Parmaschinken 102
Hähnchenbrust-Salat 179
Hähnchenkeule mit Oliven 102
Mexikanische Hühnerbeinchen 103
Thai-Curry mit Hähnchenbrust und Spargel 103
Haselnuss
Eichblattsalat mit Hähnchenbrust 18
Rehkoteletts mit Haselnusskruste 109
Süßer Nudelauflauf mit Nüssen 189
Himbeere
Eichblattsalat mit Hähnchenbrust 18
Panna cotta mit Himbeersauce 164
Rote Grütze mit Sahne 189
Süße Spaghetti mit Himbeersauce 163
Honig
Flambierte Bananen 157
Kaninchenkeulen mit Honig-Pumpernickel-Kruste 108
Kirschen in Portweinsauce 167
Mexikanische Hühnerbeinchen 103
Obstsalat mit Mascarponecreme 160
Hosomaki-Sushi mit Avocado 126
Hüttenkäse: Fleischtomaten mit Hüttenkäse und Basilikum 176

I

Ingwer
Asiatisches Paprika-Sprossen-Gemüse 43
Chinesische Eiernudeln mit Gemüse und Riesengarnelen 136
Gemüse und Pilze mit Tofu 42
Glasnudeln mit Gemüse 136
Innereien
Kalbsleber Berliner Art 101
Kopfsalatherz mit gebackenem Bries 25
Irish Stew 98
Italienischer Nudelsalat 141

J

Jakobsmuschel
Avocado mit Jakobsmuscheln 14
Jakobsmuscheln auf Orangennudeln 74
Jakobsmuscheln mit Artischockenstreifen 75
Joghurt
Gebackene Austernpilze mit Zitronen-Kräuter-Dip 39
Italienischer Nudelsalat 141
Joghurt-Limetten-Creme mit Erdbeermark 157
Orientalischer Gurkensalat 23
Panna cotta mit Himbeersauce 164

K

Kabeljaufilet in Senfbutter 76
Käfers Kartoffelsalat 119
Käfers Knoblauchbutter (Variante) 64
Käfers Kräuterbutter 64
Käfers Tomatenbutter (Variante) 64
Käfers Zitronenbutter (Variante) 64
Kalbfleisch
Kalbsleber Berliner Art 101
Kalbspiccata alla Milanese 94
Züricher Geschnetzeltes 95
Kaninchenkeulen mit Honig-Pumpernickel-Kruste 108
Kapern
Königsberger Klopse mit Kapernsauce 104
Kopfsalatherz mit gebackenem Bries 25
Rigatoni-Salat mit Mozzarella 140
Rinderbrust mit Salsa verde 96
Kapstachelbeere:
Exotischer Fruchtsalat 160
Karpfen: Pörkölt vom Karpfen 84
Kartoffel
Irish Stew 98
Käfers Kartoffelsalat 119
Kartoffelgratin mit Greyerzer 118
Kartoffelgröstl 119
Kartoffel-Kohlrabi-Gratin 118
Kartoffel-Oliven-Püree 121
Kartoffel-Sauerkraut-Rösti 122
Kartoffel-Sellerie-Püree 121
Kartoffel-Speck-Suppe mit Kräutern 122
Kartoffel-Trüffel-Püree mit Feldsalat 121
Polentagratin 125
Riesengarnelen mit Kartoffeln und Tomaten 82
Scholle im Kräuterröstimantel 86
Seezungenstreifen mit Artischocken 87
Thai-Gemüse mit roten Linsen 43

Rezeptregister

Käse
Käsesalat mit Senfsauce 63
Käsespätzle 187
Überbackene Makkaroni 139
Kaviar
Kaviar auf angebratenem Tatar 177
Lachssuppe mit Kaviar und Estragon 81
Renkenfilet mit Graupenragout 77
Kefir: Tomaten mit Kefircreme 63
Kerbel
Avocado-Shrimps-Cocktail 14
Forelle mit Mandeln 73
Kräuterquark auf Pumpernickel 62
Spargel klassisch mit Sauce hollandaise 47
Steinbutt-Cordon-bleu mit Räucherlachs 88
Ketchup: Mexikanische Hühnerbeinchen 103
Kichererbse
Kichererbsen-Dip 36
Minestrone 41
Kirsche
Kirschen in Portweinsauce 167
Oma Käfers Kirschkuchen 167
Süßer Nudelauflauf mit Nüssen 189
Kiwi
Exotischer Fruchtsalat 160
Früchtepizza 189
Obstsalat mit Mascarponecreme 160
Knoblauch: Käfers Knoblauchbutter (Variante) 64
Knusprig gebratene Frühmastente 111
Kohlrabi
Kartoffel-Kohlrabi-Gratin 118
Kohlrabi-Tarte mit Parmesan 55
Kokosflocken: Süße Spaghetti mit Himbeersauce 163
Königsberger Klopse mit Kapernsauce 104
Kopfsalat
Geschmorter Kopfsalat 25
Kopfsalatherz mit gebackenem Bries 25
Koriander
Asiatisches Paprika-Sprossen-Gemüse 43
Avocado mit Jakobsmuscheln 14
Couscous mit Hähnchenbrust und Koriander 117
Gemüse und Pilze mit Tofu 42
Korinthen: Selleriesalat mit Äpfeln 45
Krabbe
Gurkensalat mit Nordseekrabben 23
Krabben-Dill-Rührei 59
Kräuter
Artischocken auf provenzalische Art 34
Artischockenböden im Strudelteig 34
Auberginenpüree 36
Couscous mit Riesengarnelen und Tomaten 116
Eingelegter Radicchio 26
Fenchelgratin mit Tomaten und Pecorino 55
Gänsebraten mit Preiselbeeren 111
Gebackene Austernpilze mit Zitronen-Kräuter-Dip 39
Jakobsmuscheln auf Orangennudeln 74
Käfers Kräuterbutter 64
Kartoffelgröstl 119
Kartoffel-Speck-Suppe mit Kräutern 122
Kräuterquark auf Pumpernickel 62
Mangoldgemüse mit Basilikum 41
Mini-Paprikaschoten mit Ziegenfrischkäse 176
Morchelrahmsauce 37
Ravioli mit Kräuter-Käse-Sauce 144
Rigatoni-Salat mit Mozzarella 140
Rotbarschfilet auf Fenchel 77
Scholle im Kräuterröstimantel 86
Schweinefilet mit Schweizer Kräutersauce 106
Seezungenfilets im Kräutermantel 87
Selbst gemachte Ravioli (Variante) 144
Tomaten mit Kefircreme 63
Überbackene Austern 73
Wildschweinrückensteaks mit Morcheln 109
Zackenbarsch mit Gemüsestreifen 89
Kresse
Chicoreesalat mit Roquefort 17
Friséesalat mit Portweinsauce und Gartenkresse 21
Gartenkresse im roten Töpfchen 22
Gurkensalat mit Nordseekrabben 23
Tortellini mit Curry und Champignons 149
Kürbis
Kürbis-Honig-Suppe 41
Orecchiette mit Linsen und Kürbis 143

L

Lachs
Lachs auf Gemüse-Pfifferling-Vinaigrette 81
Lachssuppe mit Kaviar und Estragon 81
Nigri-Sushi mit Lachs 126
Lachsforelle in der Salzkruste 81
Lamm
Irish Stew 98
Lammcurry mit gerösteten Mandeln 101
Lasagne mit Hackfleisch und Tomaten 139
Leberwurst: Kartoffelgröstl 119
Limette
Bellini-Cocktail 190
Flambierte Bananen 157
Joghurt-Limetten-Creme mit Erdbeermark 157
Linsen
Linsensuppe mit Tomaten und Balsamessig 183
Orecchiette mit Linsen und Kürbis 143
Thai-Gemüse mit roten Linsen 43
Lollo bianco
Italienischer Nudelsalat 141
Lollo bianco mit Oliven und Paprika 25
Loup de mer: Batavia-Fisch-Röllchen 15

M

Maisgrieß: Polentagratin 125
Mais (Gemüsemais)
Mais-Crêpes 125
Taco-Shells mit Avocado und Mais 185
Thai-Curry mit Hähnchenbrust und Spargel 103
Makkaroni
Minestrone 41
Überbackene Makkaroni 139
Mandel
Aprikosenauflauf 155
Bratäpfel mit Marsala 155
Couscous mit Rosinen und Mandeln (Variante) 117
Flambierte Bananen 157
Forelle mit Mandeln 73
Lammcurry mit gerösteten Mandeln 101
Zucchinigratin mit Mandeln 49
Mango
Exotischer Fruchtsalat 160
Mango-Parfait mit Erdbeeren 158
Mangoldgemüse mit Basilikum 41
Mascarpone
Obstsalat mit Mascarponecreme 160
Spaghetti mit Mascarpone-Schinken-Sauce 147
Tiramisu mit Amaretto-Schoko-Sauce 162
Überbackene Erdbeeren 158
Matjessalat mit Pfirsich und Erdbeeren 178
Mayonnaise
Avocado-Shrimps-Cocktail 14
Hähnchenbrust-Salat 179
Käsesalat mit Senfsauce 63
Matjessalat mit Pfirsich und Erdbeeren 178

Schweinefilet mit
Schweizer Kräutersauce 106
Meerrettich: Radieschen-Rindfleisch-Salat 29
Melone: Exotischer Fruchtsalat 160
Mexikanische Hühnerbeinchen 103
Minestrone 41
Mini-Paprikaschoten mit
Ziegenfrischkäse 176
Minze
Exotischer Fruchtsalat 160
Orientalischer Gurkensalat 23
Möhre
Kaninchenkeulen mit Honig-Pumpernickel-Kruste 108
Thai-Gemüse mit roten Linsen 43
Morchel
Morchelrahmsauce 37
Tagliatelle mit Morcheln 148
Wildschweinrückensteaks mit
Morcheln 109
Mozzarella
Artischockenböden im Strudelteig 34
Fladenbrot mit Parmaschinken und Rucola 179
Gebackener Mini-Mozzarella auf
Tomatencarpaccio 66
Geschmorter Kopfsalat 25
Rigatoni-Salat mit Mozzarella 140
Zucchini mit Spinat-Käse-Füllung 48

N
Nigiri-Sushi mit Lachs 126
Nougat: Süßer Nudelauflauf mit
Nüssen 189
Nudeln (außerhalb des Nudelkapitels)
Italienischer Nudelsalat 141
Linsensuppe mit Tomaten und Balsamessig 183
Minestrone 41
Orangenspaghettini mit
Erdbeerragout 163
Süßer Nudelauflauf mit Nüssen 189

O
Obstsalat mit Mascarponecreme 160
Olive
Gartenkresse im roten Töpfchen 22
Gebackener Schafkäse mit Oliven 67
Hähnchenkeule mit Oliven 102
Kartoffel-Oliven-Püree 121
Lollo bianco mit Oliven und Paprika 25
Würzige Tintenfischringe 185
Olivenpaste
Kartoffel-Oliven-Püree 121
Spaghetti mit Olivenpaste und
Tomaten 147
Oma Käfers Kirschkuchen 167
Orange
Chicoreesalat mit Walnüssen 17
Entenbrust mit Orangenfilets 111
Exotischer Fruchtsalat 160
Jakobsmuscheln auf Orangennudeln 74
Orangenspaghettini mit
Erdbeerragout 163
Orecchiette mit Linsen und Kürbis 143
Orientalischer Gurkensalat 23

P
Panna cotta mit Himbeersauce 164
Paprikaschote
Asiatisches Paprika-Sprossen-Gemüse 43
Lollo bianco mit Oliven und Paprika 25
Mini-Paprikaschoten mit
Ziegenfrischkäse 176
Paprika-Auberginen-Gemüse mit
Gorgonzola 42
Pörkölt vom Karpfen 84
Thunfischsalat mit Paprika 178
Würzige Tintenfischringe 185
Parmaschinken
Fettuccine mit Zuckerschoten und
Parmaschinken 135
Fladenbrot mit Parmaschinken und Rucola 179
Hähnchenbrust mit Salbei und
Parmaschinken 102
Radicchio mit Parmaschinken 26
Parmesan
Endiviensalat mit Parmesan und Croûtons 19
Gefüllte Champignons mit Parmesan 39
Geschmorter Kopfsalat 25
Kalbspiccata alla Milanese 94
Kohlrabi-Tarte mit Parmesan 55
Kopfsalatherz mit gebackenem
Bries 25
Penne mit Steinpilzen und
Auberginen 143
Riesengarnelen mit Basilikumbutter 82
Risotto mit Venusmuscheln 129
Rucola-Pesto auf Baguette 175
Spaghetti mit Mascarpone-Schinken-Sauce 147
Spaghetti mit Olivenpaste und
Tomaten 147
Spinat-Bällchen mit Parmesan 44
Spinat-Cannelloni 139
Tomatencarpaccio mit Rucola 29
Zucchini mit Spinat-Käse-Füllung 48
Pecorino
Fenchelgratin mit Tomaten und Pecorino 55
Rucola-Pesto auf Baguette 175
Penne
Penne mit Blumenkohl und Pinienkernen 143
Penne mit Steinpilzen und
Auberginen 143
Pfifferling: Lachs auf Gemüse-Pfifferling-Vinaigrette 81
Pfirsich
Bellini-Cocktail 190
Matjessalat mit Pfirsich und
Erdbeeren 178
Pilze, getrocknet
Chinesischer Hühnertopf 184
Gemüse und Pilze mit Tofu 42
Gnocchi mit Steinpilzen und
Tomatensauce 125
Morchelrahmsauce 37
Tagliatelle mit Morcheln 148
Wildschweinrückensteaks mit Morcheln 109
Pinienkerne
Feldsalat mit Apfel und
Pinienkernen 20
Penne mit Blumenkohl und Pinienkernen 143
Ravioli mit Kräuter-Käse-Sauce 144
Rucola-Pesto auf Baguette 175
Spinat-Cannelloni 139
Tomatencarpaccio mit Rucola 29
Pistazie
Erdbeerherzen in Champagner 159
Roquefortdip mit Pistazien 62
Pochierte Eier im Feldsalatnest 20
Polentagratin 125
Pörkölt vom Karpfen 84
Preiselbeere: Gänsebraten mit Preiselbeeren 111
Pute
Putenschnitzel mit Spinat-Gorgonzola-Füllung 101
Saté-Spießchen mit Erdnusssauce 184

Q
Quark
Kohlrabi-Tarte mit Parmesan 55
Kräuterquark auf Pumpernickel 62
Roquefortdip mit Pistazien 62
Überbackene Erdbeeren 158
Quitte: Birnen-Quitten-Schaum 157

Rezeptregister

R

Radiccio
- Eingelegter Radicchio 26
- Radicchio mit Parmaschinken 26
- Radicchio-Spinat-Salat mit Sonnenblumenkernen 26

Radieschen
- Kräuterquark auf Pumpernickel 62
- Matjessalat mit Pfirsich und Erdbeeren 178
- Radieschen-Rindfleisch-Salat 29

Räucherlachs
- Pochierte Eier im Feldsalatnest 20
- Räucherlachs-Häppchen 175
- Steinbutt-Cordon-bleu mit Räucherlachs 88

Ravioli
- Ravioli mit Kräuter-Käse-Sauce 144
- Selbst gemachte Ravioli (Variante) 144

Rehkoteletts mit Haselnusskruste 109

Reis
- Hosomaki-Sushi mit Avocado 126
- Nigri-Sushi mit Lachs 126
- Reisauflauf mit Sesam und Fisch 128
- Sushi-Reis 126

Renkenfilet mit Graupenragout 77
Rettich: Asiatischer Rettichsalat 29
Rhabarber: Erdbeeren mit Rhabarbergrütze 159

Ricotta
- Ravioli mit Kräuter-Käse-Sauce 144
- Selbst gemachte Ravioli (Variante) 144
- Spinat-Bällchen mit Parmesan 44
- Zucchini mit Spinat-Käse-Füllung 48
- Zucchinigratin mit Mandeln 49

Riesengarnele
- Riesengarnelen mit Basilikumbutter 82
- Riesengarnelen mit Kartoffeln und Tomaten 82

Rigatoni-Salat mit Mozzarella 140

Rindfleisch
- Filetgulasch »Stroganoff« 98
- Gebackene Rinderbrustscheiben (Variante) 96
- Radieschen-Rindfleisch-Salat 29
- Rinderbrust mit Salsa verde 96

Risotto mit Venusmuscheln 129

Roquefort
- Chicoreesalat mit Roquefort 17
- Roquefortdip mit Pistazien 62
- Tomaten-Käse-Suppe 67

Rosine
- Couscous mit Rosinen und Mandeln (Variante) 117
- Penne mit Blumenkohl und Pinienkernen 143
- Polentagratin 125

Rosmarin: Schweinelendensteaks in Pfefferkruste 106
Rotbarbenfilets mit Basilikum-Tomaten 85

Rotbarsch
- Reisauflauf mit Sesam und Fisch 128
- Rotbarschfilet auf Fenchel 77

Rote Bete
- Filetgulasch »Stroganoff« 98
- Gebackene Rote Bete 45

Rote Grütze mit Sahne 189

Rucola
- Fladenbrot mit Parmaschinken und Rucola 179
- Ravioli mit Kräuter-Käse-Sauce 144
- Rucola-Pesto auf Baguette 175
- Selbst gemachte Ravioli (Variante) 144
- Tomatencarpaccio mit Rucola 29

S

Sahne (saure, süße)
- Gebackene Rote Bete 45
- Joghurt-Limetten-Creme mit Erdbeermark 157
- Oma Käfers Kirschkuchen 167
- Panna cotta mit Himbeersauce 164
- Pörkölt vom Karpfen 84
- Tagliatelle mit Morcheln 148
- Tagliatelle mit Schinken-Spinat-Sauce 149
- Tiramisu mit Amaretto-Schoko-Sauce 162

Saibling: Gebackenes Saiblingfilet 76

Salami
- Italienischer Nudelsalat 141
- Polentagratin 125

Salbei
- Aal-Salbei-Spieße vom Grill 73
- Forelle mit Mandeln 73

Hähnchenbrust mit Salbei und Parmaschinken 102

Sardelle
- Penne mit Blumenkohl und Pinienkernen 143
- Spaghetti mit Thunfisch und Pilzen 147

Saté-Spießchen mit Erdnusssauce 184
Sauerkraut: Kartoffel-Sauerkraut-Rösti 122
Schafkäse: Gebackener Schafkäse mit Oliven 67

Schinken
- Blätterteigquiche mit Schinken 180
- Hähnchenbrust-Salat 179
- Italienischer Nudelsalat 141
- Spaghetti mit Mascarpone-Schinken-Sauce 147
- Tagliatelle mit Schinken-Spinat-Sauce 149
- Überbackene Makkaroni 139

Schmant: Gebackene Rote Bete 45
Schnelle Tomatensuppe mit Croûtons 183
Schnelles Chili con Carne 183
Schokolade: Tiramisu mit Amaretto-Schoko-Sauce 162

Scholle
- Scholle im Kräuterröstimantel 86
- Schollenfilets mit Speck und Croûtons 86

Schweinefleisch
- Schweinefilet in Blätterteig 107
- Schweinefilet mit Schweizer Kräutersauce 106
- Schweinekotelett mit Speck-Zwiebel-Füllung 107
- Schweinelendensteaks in Pfefferkruste 106

Seezunge
- Seezungenfilets im Kräutermantel 87
- Seezungenstreifen mit Artischocken 87

Selbst gemachte Ravioli (Variante) 144

Sellerie
- Kartoffel-Sellerie-Püree 121
- Selleriesalat mit Äpfeln 45

Senf
- Gebackene Rinderbrustscheiben (Variante) 96
- Kabeljaufilet in Senfbutter 76
- Käsesalat mit Senfsauce 63
- Seezungenfilets im Kräutermantel 87

Sesamsamen
- Asiatischer Rettichsalat 29
- Reisauflauf mit Sesam und Fisch 128
- Tomaten-Käse-Suppe 67

Shiitake-Pilz: Glasnudeln mit Gemüse 136
Shrimps: Avocado-Shrimps-Cocktail 14

Sojabohnensprossen
- Asiatischer Rettichsalat 29
- Asiatisches Paprika-Sprossen-Gemüse 43
- Chinesische Eiernudeln mit Gemüse und Riesengarnelen 136
- Chinesischer Hühnertopf 184
- Radicchio-Spinat-Salat mit Sonnenblumenkernen 26

Spaghetti
- Spaghetti mit Mascarpone-Schinken-Sauce 147
- Spaghetti mit Olivenpaste und Tomaten 147
- Spaghetti mit Thunfisch und Pilzen 147

Spaghettini: Orangenspaghettini mit Erdbeerragout 163

Spargel
- Gebratener grüner Spargel 47
- Spargel klassisch mit Sauce hollandaise 47
- Thai-Curry mit Hähnchenbrust und Spargel 103

Spätzle
- Käsespätzle 187
- Spätzle mit Pilzen (Variante) 187

Speck
Artischocken auf provenzalische Art 34
Eichblattsalat mit Austernpilzen und Speckvinaigrette 18
Kartoffel-Sauerkraut-Rösti 122
Kartoffel-Speck-Suppe mit Kräutern 122
Minestrone 41
Polentagratin 125
Schollenfilets mit Speck und Croûtons 86
Schweinekotelett mit Speck-Zwiebel-Füllung 107
Spinat-Cannelloni 139
Spiegeleier mit roten Zwiebeln und Croûtons 177
Spinat
Blätterteigquiche mit Spinat (Variante) 180
Couscous mit Blattspinat (Variante) 117
Gemüse mit pochierten Eiern 66
Putenschnitzel mit Spinat-Gorgonzola-Füllung 101
Radicchio-Spinat-Salat mit Sonnenblumenkernen 26
Spinat-Bällchen mit Parmesan 44
Spinat-Cannelloni 139
Tagliatelle mit Schinken-Spinat-Sauce 149
Zucchini mit Spinat-Käse-Füllung 48
Stachelbeere: Weintrauben-Stachelbeer-Gelee 167
Staudenselleriemousse 37
Steinbutt Cordon bleu mit Räucherlachs 88
Steinpilz
Gnocchi mit Steinpilzen und Tomatensauce 125
Penne mit Steinpilzen und Auberginen 143
Spaghetti mit Thunfisch und Pilzen 147
Steinpilzomelett 59
Sultanine: Orientalischer Gurkensalat 23
Sushi-Reis 126
Süße Spaghetti mit Himbeersauce 163
Süßer Nudelauflauf mit Nüssen 189

T

Taco-Shells mit Avocado und Mais 185
Tagliatelle
Jakobsmuscheln auf Orangennudeln 74
Tagliatelle mit Morcheln 148
Tagliatelle mit Schinken-Spinat-Sauce 149
Tatar: Kaviar auf angebratenem Tatar 177
Thai-Curry mit Hähnchenbrust und Spargel 103
Thai-Gemüse mit roten Linsen 43
Thunfisch
Cracker mit Thunfisch-Käse-Aufstrich 175
Spaghetti mit Thunfisch und Pilzen 147
Thunfischsalat mit Paprika 178
Tintenfisch: Würzige Tintenfischringe 185
Tiramisu mit Amaretto-Schoko-Sauce 162
Tofu: Gemüse und Pilze mit Tofu 42
Tomate
Artischocken auf provenzalische Art 34
Couscous mit Riesengarnelen und Tomaten 116
Fenchelgratin mit Tomaten und Pecorino 55
Fettuccine mit Gorgonzola 135
Friséesalat mit Portweinsauce und Gartenkresse 21
Gartenkresse im roten Töpfchen 22
Gebackener Mini-Mozzarella auf Tomatencarpaccio 66
Gnocchi mit Steinpilzen und Tomatensauce 125
Käfers Tomatenbutter (Variante) 64
Käsesalat mit Senfsauce 63
Kichererbsen-Dip 36
Lasagne mit Hackfleisch und Tomaten 139
Linsensuppe mit Tomaten und Balsamessig 183
Mangoldgemüse mit Basilikum 41
Penne mit Steinpilzen und Auberginen 143
Riesengarnelen mit Kartoffeln und Tomaten 82
Rigatoni-Salat mit Mozzarella 140
Roquefortdip mit Pistazien 62
Rotbarbenfilets mit Basilikum-Tomaten 85
Schnelle Tomatensuppe mit Croûtons 183
Schnelles Chili con Carne 183
Spaghetti mit Olivenpaste und Tomaten 147
Taco-Shells mit Avocado und Mais 185
Thai-Curry mit Hähnchenbrust und Spargel 103
Thunfischsalat mit Paprika 178
Tomaten mit Kefircreme 63
Tomatencarpaccio mit Rucola 29
Tomaten-Käse-Suppe 67
Tortilla mit Tomaten 59
Zander mit Tomaten und Frühlingszwiebeln 89
Zucchinigratin mit Mandeln 49
Tortellini mit Curry und Champignons 149
Tortilla mit Tomaten 59
Trüffel: Kartoffel-Trüffel-Püree mit Feldsalat 121

U

Überbackene Austern 73
Überbackene Erdbeeren 158
Überbackene Makkaroni 139
Überbackene Rösti mit Egerlingen 186

VW

Venusmuschel: Risotto mit Venusmuscheln 129
Wachteleier: Pochierte Eier im Feldsalatnest 20
Walnuss: Chicoreesalat mit Walnüssen 17
Weintraube
Forelle mit Mandeln 73
Obstsalat mit Mascarponecreme 160
Weintrauben-Stachelbeer-Gelee 167
Wildschweinrückensteaks mit Morcheln 109
Wirsing: Irish Stew 98
Würzige Tintenfischringe 185

Z

Zackenbarsch mit Gemüsestreifen 89
Zander
Batavia-Fisch-Röllchen 15
Zander mit Tomaten und Frühlingszwiebeln 89
Ziegenfrischkäse
Friséesalat mit gratiniertem Ziegenkäse 21
Mini-Paprikaschoten mit Ziegenfrischkäse 176
Ravioli mit Kräuter-Käse-Sauce 144
Selbst gemachte Ravioli (Variante) 144
Ziegenkäse, gereift: Graupenrisotto mit Austernpilzen 129
Zucchini
Fusilli mit Garnelen und Zucchini 134
Zucchini mit Spinat-Käse-Füllung 48
Zucchinigratin mit Mandeln 49
Zuckerschote
Asiatisches Paprika-Sprossen-Gemüse 43
Fettuccine mit Zuckerschoten und Parmaschinken 135
Frischkäsesouffle mit Zuckerschoten 57
Züricher Geschnetzeltes 95
Zwetschge
Zwetschgenkompott 168
Zwetschgenröster 169
Zwiebel
Artischocken auf provenzalische Art 34
Kalbsleber Berliner Art 101
Käsespätzle 187
Spiegeleier mit roten Zwiebeln und Croûtons 177